Philip Scheidemann

Der Zusammenbruch

Scheidemann, Philipp: Der Zusammenbruch – Zerfall
und Niedergang des Deutschen Reiches
Nachdruck der Originalausgabe von 1921
Hamburg, SEVERUS Verlag 2012.

ISBN: 978-3-86347-213-9
Druck: SEVERUS Verlag, Hamburg
Der SEVERUS Verlag ist ein Imprint der Diplomica Verlag
GmbH.

**Bibliografische Information der Deutschen
Nationalbibliothek:**
Die Deutsche Nationalbibliothek verzeichnet diese
Publikation in der Deutschen Nationalbibliografie;
detaillierte bibliografische Daten sind im Internet über
http://dnb.d-nb.de abrufbar.

© **SEVERUS Verlag**
http://www.severus-verlag.de, Hamburg 2012
Printed in Germany
Alle Rechte vorbehalten.

Der SEVERUS Verlag übernimmt keine juristische
Verantwortung oder irgendeine Haftung für evtl.
fehlerhafte Angaben und deren Folgen.

SEVERUS
Verlag

Inhaltsverzeichnis.

1. Vorwort VII
2. An der Schwelle des Weltkriegs 1
3. Die Stellungnahme der S.P.D. zum Kriege 6
   Die ersten Vorstandssitzungen. — Der Reichskanzler v. Bethmann Hollweg vor den Vorständen der Reichstagsfraktionen. — Der Bruch der belgischen Neutralität und die Internationale.
4. Für einen Frieden der Verständigung 21
   Der Scheidemann-Frieden. — Der Hunger. — Die Kartoffeln des Herrn von Gamp. — Neue Diskussionen über Bewilligung der Kriegskredite. — Das „größere Deutschland". — „Ich denke nicht daran, die Kriegsziele der Alldeutschen zu verwirklichen." Die letzte Kundgebung der einigen sozialdemokratischen Partei. — Enge Fühlungnahme mit den österreichischen Parteigenossen. — Die Friedensinterpellation vom 6. Dezember 1915. — „Ein Wort für die Monarchie." — Der Kampf für die Demokratisierung. — „Zeit zur Tat." — „Reichskanzler Scheidemann."
5. Der rücksichtslose U-Boot-Krieg 45
   Das Jahr des Unheils 1917. — Besprechung mit Zimmermann. — Der Kanzler sagt nicht ja und nicht nein. — Die S.P.D. lehnt den U-Boot-Krieg ab. — Quessel und Cohen dafür. — Telegrammwechsel mit Gompers. — Unterredung mit dem Botschafter Grafen Bernstorff.
6. Die zwei Massenstreiks 1917 und 1918 60
   Die Unterdrückung der Arbeiter. — Der Fall Eckardstein. — Aprilstreik 1917. — Die Forderungen der Leipziger Arbeiter. — Massenstreik 1918. — Die Situation vor dem Streik. — Unser Eintritt ins Streikkomitee. — Der nachmalige Reichspräsident als Verbrecher. — Straßendemonstrationen. — Ich werde von der Polizei mißhandelt. — Die Rolle der Unabhängigen und die Borniertheit der Regierung. — „In geordneten Bahnen."
7. Der Kampf um die Friedensresolution 80
   Auftakt der Parlamentarisierung. — „Wenn der Kanzler ginge, würde das den Frieden erleichtern." — „Die Bekehrung des Matthias." — Stresemann immer noch für die Annexion Kurlands. — Der Kaiser „ringt mit sich". — „Militärische Vernehmung durch die O.H.L." — Der Zeitgenosse Michaelis. — Mitarbeit Ludendorffs an der Resolution. — Wie ich es auffasse!

                                                                        Seite
8. **Die Antwort an den Papst** 106
   Die Fortsetzung der Politik der Halbheiten. — Um Gottes willen
   Schluß! — Der Siebenerausschuß. — Ein Zwischenspiel: Spahns
   falscher Zungenschlag. — Auf dem roten Sofa. — In 3 bis 4
   Wochen Verhandlungen mit England. — Hornberger Schießen!

9. **Die Stockholmer Konferenz** 115
   Die Hoffnung in allen Schützengräben. — Die mühseligen Vorbereitungen. — Elsaß-Lothringen. — Vielleicht eine Grenzberichtigung. — Die Parteiresolution: Ohne Annexionen und Kriegsentschädigungen! — Die Regierung gegen unsere Formel. — Ludendorff hat Verständnis für eine Lösung der elsaß-lothringischen Frage. — Wir informieren Stauning für einen Bericht an Albert Thomas. — Viktor Adler. — Die Ermordung Stürghs. — Ein Abend in Kopenhagen. — Beim Grafen Rantzau. — Dänemark und der U-Bootkrieg. — Die Verhandlungen in Stockholm. — Das Stockholmer Memorandum. — Ein lebendiger Franzose. — Ohne Annexionen: für alle, nicht nur für u n s ! — Beim schwedischen Außenminister. — „Après la guerre."

10. **Ein Weg zum revolutionären Rußland** 149
    Begrüßung der Revolution. — Reise Borgbjergs nach Petersburg. — David soll sich mit einem A.- und S.-Rat an der Ostfront treffen. — Borgbjergs Bericht. — Brest-Litowsk. — Der Herzog von Kurland. — Konkurrenzkampf der deutschen Fürsten.

11. **Berliner Kleinkrieg** 157
    Zurück von Stockholm. — Niemand will die herannahende Katastrophe sehen. — Die Revolution im Reichstag. — Die glückliche Formulierung des Stockholmer Memorandums. — Zimmermann über die Dummheit der O. H. L. — Der Kanzler ist trostlos. Eine sozialdemokratische Denkschrift fürs Hauptquartier. — Verfassungsausschuß und Regierungssabotage. — Kampf um die Kommandogewalt. — Der unwahrhaftige Kriegsminister.

12. **Die erste parlamentarische Regierung und der Zusammenbruch** 172
    Max Prinz von Baden wird Reichskanzler. — Soll die Sozialdemokratie in die Regierung eintreten? — Ich bin dagegen und werde zum Staatssekretär bestimmt. — „Exzellenz Scheidemann." — Die Amnestie, Dittmann und Liebknecht. — Der Brief des Prinzen Max an seinen Vetter Hohenlohe. — Ich bin für Rücktritt des Reichskanzlers und werde überstimmt. — Der Notschrei aus dem Hauptquartier. — Wie es an der Front aussah. — Ludendorff will neue Truppen. — Eine Begegnung mit dem Kaiser. — Sturmvögel von der Wasserkante. — Noske in Kiel. — Trostlosigkeit auf der ganzen Linie. — Noskes Bericht. — Der Kampf

um die Abdankung des Kaisers. — Zensurgelüste. — Kein Kabinettsmitglied für das Bleiben Wilhelms II. — Mein Brief an den Kanzler. — Die letzten Tage. — Ultimatum der sozialdemokratischen Partei. — Nicht schießen lassen. — Der Tag des Zusammenbruchs! —

13. **Die Revolution** 209
Die Volksbeauftragten. — Das verschwundene Heer. — Der Kongreß der A.- und S.-Räte. — Die Reichskonferenz der Bundesstaaten. — Die auswärtige Politik und die Unabhängigen. — Die Putsche gegen die Republik. — Der erste Putsch von rechts. — Die blutige Weihnacht. — Die „Regierung" Liebknecht-Ledebour und der Januarputsch.

14. **Der Friedensvertrag und das Kabinett Scheidemann** 239
Der Versuch, in Verhandlungen zu kommen. — Das Kabinett ändert meine Rede. — „Dieser Vertrag ist nach Auffassung der Reichsregierung unannehmbar." — Die Agitation der Unabhängigen: Sofortige Unterzeichnung. — Der Reichspräsident mit mir einverstanden. — Die Gegenvorschläge und die Konferenz in Spa. — Erzberger verlangt eine Aussprache über die Folgen von Annahme und Ablehnung. — Mein Kampf um die Ablehnung. — Mein Rücktritt und die Vollendung des Zusammenbruchs.

Vorwort.

Das vorliegende Buch soll Einblick gewähren in mancherlei Vorgänge vor und nach dem Zusammenbruch des Reichs, die nur wenige so unmittelbar aktiv und passiv miterlebt haben, wie der Verfasser. Es sind bereits einige Bücher über den Krieg und die Umgestaltung, die dem Zusammenbruch folgte, erschienen. Nahezu alle diese Bücher sind Verteidigungsschriften zugunsten oder zur Entlastung der betreffenden Autoren, also Tendenzbücher. Es ist Aufgabe einer objektiven Geschichtforschung, die Wahrheit festzustellen. Dabei werden auch die Schriften derer zu beachten sein, die das Bedürfnis hatten, sich zu rechtfertigen, zu entschuldigen oder zu verteidigen. Ein solches Bedürfnis hat der Verfasser dieses Buches nicht. Er will an der Hand der von ihm nahezu sechs Jahre lang gemachten Aufzeichnungen und auf Grund seiner Erlebnisse Schilderungen geben, die weitere Kreise interessieren und für die zukünftigen Geschichtschreiber nicht ganz wertlos sein dürften. Daß bei den Schilderungen die eigene Person des Verfassers und seine Partei im Vordergrund stehen, ist erklärlich, denn alle seine Erlebnisse machte er ja fast ausschließlich als der Vertreter seiner Partei. Vor dem Kriege gehörte er jahrelang dem Vorstand der Sozialdemokratischen Partei an. Im Kriege war er als Vorsitzender der sozialdemokratischen Reichstagsfraktion auch vielfach deren Sprecher. Ob er Staatssekretär, Volksbeauftragter oder Ministerpräsident war, jedes Amt übte er aus als beauftragter Vertreter seiner Partei.

Der Verfasser war so oft gezwungen, im Reichstag, auf Parteitagen, in der Presse und in Versammlungen seine Partei zu vertreten, daß ihm und seiner Partei feindlich gesinnte Parteien und Politiker sich in der Geschmacklosigkeit gefielen, die von ihm vertretene Partei als die der „Scheidemänner" zu bezeichnen.

Oft ist der Verfasser auch persönlich verantwortlich gemacht worden für Entscheidungen seiner Partei, die er selbst bekämpft hatte, zu deren Vortrag er aber als Parteivertreter schließlich verpflichtet war. Das ist häufiger vorgekommen, als nach außen hin aus Gründen der Parteidisziplin bekanntgeworden ist. Ein markantes Beispiel wurde freilich von einem Vertreter des Parteivorstandes auf dem Weimarer Parteitag im Sommer 1919 bekanntgegeben, daß nämlich der Abgeordnete Scheidemann im Plenum des Reichstags den auf Stimmenthaltung lautenden Beschluß der Fraktion bei dem Brest-Litowsker Friedensvertrag vertreten mußte, obwohl er in der Fraktion den Vertrag auf das entschiedenste bekämpft und seine Ablehnung gefordert hatte.

Das Buch erscheint auf vielfache Anregungen hin — niemand zuliebe und niemand zuleid. Es bringt Episoden aus bewegter Zeit, nicht etwa eine zusammenhängende Darstellung. Die geschilderten Episoden fallen aber ausnahmslos in sehr kritische Abschnitte der Kriegszeit und der Monate, die dem Zusammenbruch am 9. November folgten. Aus den Schilderungen geht hervor, daß der Zusammenbruch des Reichs geradezu unvermeidlich kommen mußte als Folge des Krieges, und daß alles, was nach dem Zusammenbruch kam, sich mehr oder weniger zwangsläufig vollzogen hat.

Ph. Sch.

An der Schwelle des Weltkrieges.

Die Sozialdemokratische Partei Deutschlands war vor dem Kriege taktisch und politisch auf eine friedliche Entwicklung zur Demokratie und über die Demokratie zum Sozialismus eingestellt. Die Ergebnisse der Reichstagswahlen ließen mit Sicherheit erkennen, daß in verhältnismäßig kurzer Zeit die große Mehrheit des deutschen Volkes hinter der Sozialdemokratie stehen werde. 1912 hatte ja schon jeder dritte Wähler sozialdemokratisch gewählt. Wie lange konnte es also noch dauern, bis jeder zweite, ja bis die Mehrheit hinter uns stand! Daß wir nicht gewillt waren, uns dann noch von einer Minderheit beherrschen, politisch mißhandeln und wirtschaftlich ausbeuten zu lassen, war eine Selbstverständlichkeit. Gegenstand des Streits aber waren innerhalb der Partei die von einer bestimmten Gruppe ausgehenden Bestrebungen, schon vor Feststellung der Mehrheit auf unserer Seite durch „fortgesetzte Straßendemonstrationen, Massenstreiks usw." die politische Macht zu erobern.

Ich gehörte zu denen, die diese besonders von den Frauen Luxemburg und Zetkin propagierte Taktik ablehnten. Es schien mir nicht nur unserm Parteiprogramm, auf dessen wissenschaftliche Grundlage wir uns allezeit mit Stolz beriefen, zuwiderzulaufen, daß eine Minderheit sich mit Gewalt in den Besitz der politischen Macht zu setzen versuchte; es war sicherlich auch undemokratisch und — bei Lichte besehen — sehr dumm. Denn wenn die sichere Aussicht besteht, daß eine revolutionäre Partei in zehn oder fünfzehn Jahren — und was bedeuten die im Leben eines Volkes! — nahezu automatisch die Mehrheit des Volkes auf ihrer Seite und damit das unbestreitbare Recht erworben hat, die politische Macht auszuüben, dann erschien es mir unverantwortlich, vorzeitig das Volk in einen Bürgerkrieg zu stürzen, bei dem nach meiner Überzeugung der Sieg nicht hätte errungen werden können, durch den aber die sozialdemokratische Bewegung auf unabsehbare Zeit hinaus zurückgeworfen worden wäre. Auf mehreren Parteitagen kam es dieser verschiedenartigen Auffassung wegen zu heftigen Auseinandersetzungen. Lebhaft erinnere ich mich an den letzten Kampf, den ich mit Frau Rosa Luxemburg auf dem Parteitag in Jena 1913 hatte. Je klarer hervortrat, daß die Putschisten auf eine Mehrheit in der Partei nicht rechnen konnten, um so heftiger und häßlicher wurde der Kampf von ihnen geführt. Wäre der Krieg nicht ausgebrochen, der zur Trennung führte, so würde es meines Erachtens dennoch zu einer Spaltung der Partei gekommen sein, freilich mit einer andern Gruppierung, denn bekanntlich verließen uns im Kriege auch einige Männer, die bis dahin zu den von den Frauen Luxemburg und Zetkin am meisten gehaßten und bekämpften Revisionisten gehört hatten. Ich erinnere nur an Eduard Bernstein.

Wenngleich die Sozialdemokratie sich vollkommen klar darüber war, daß im Zeitalter des Imperialismus die Kriegsgefahren sich ständig steigern müßten, so lebte sie doch der Hoffnung, daß nicht nur die sozialdemokratischen Parteien der europäischen Großstaaten bereits stark genug seien, um den Ausbruch eines Krieges aufhalten zu können; sie nahm auch an, daß der Ausgang eines Krieges für jeden Großstaat derart zweifelhaft sei, daß alle Staaten bemüht sein würden, mit allen ihren Kräften dem Ausbruch eines Krieges entgegenzuwirken. Mit andern Worten: die Sozialdemokratie rechnete immer mit der Möglichkeit eines Krieges, aber auch damit, daß die Wahrscheinlichkeit seiner Verhütung noch größer sein werde.

Bestärkt wurde diese Auffassung in den letzten Jahren vor dem Krieg durch den überaus glücklichen Verlauf der deutschfranzösischen Verständigungskonferenzen in Bern (1913) und Basel (Pfingsten 1914). In Bern war Bebel noch zugegen gewesen. In Basel sah und sprach ich Jaurès zum letzten Male. Die Berner Konferenz, für die Öffentlichkeit angeregt und propagiert von Ludwig Frank, in Wirklichkeit aber von Friedrich Stampfer vorgeschlagen, hatte einen so guten Eindruck hinterlassen, daß in

Basel schon Vertreter bürgerlicher Parteien aus Frankreich sowohl wie aus Deutschland erschienen waren. Aus Deutschland waren einige Zentrumsleute und Demokraten vertreten; aus Frankreich neben andern die bekannten Politiker Augagneur und Constant d'Estournelle. Die deutsche Reichsregierung hat diese Konferenz gern gesehen, ihren Verlauf mit lebhaftem Interesse verfolgt und die erfreulichen Ergebnisse mir gegenüber mit großer Genugtuung festgestellt.

Wenige Wochen nach Bern brach die Katastrophe über uns herein.

* * *

Ich hatte zwei Wochen lang Hochtouren in den Dolomiten gemacht und kam am 24. Juli 1914 in Mittenwald a. d. Isar an, um mich dort, wie ich das seit Jahren getan hatte, nun eine Woche wirklich auszuruhen. Ich konnte aber der Versuchung nicht widerstehen und bestieg am 25. Juli noch die westliche Karwendelspitze. Infolgedessen erfuhr ich erst a b e n d s von dem österreichischen Ultimatum an Serbien. Ich war starr vor Empörung, überlegte aber nicht lange, sondern ging in eine Buchhandlung und — kaufte mir ein umfangreiches Taschenbuch, um von nun ab Tagebuch zu führen. Die Zukunft schien mir trostlos. Am Abend schon begann ich mit meinen Eintragungen, und ich schrieb dann bis Weimar — Nacht für Nacht, oft nach wirklich aufregenden Tagen — 26 dicke Bücher voll. Sie mögen später, soweit die Eintragungen allgemeines Interesse haben, unretouchiert veröffentlicht werden. Ich stütze mich bei der Niederschrift dieses Buches auf meine Tagebücher, aus denen ich mancherlei wörtlich übernehme. Ich zitiere hier gleich die Niederschriften aus den letzten Tagen vor dem Kriege.

Aus meinem Tagebuch.

25. Juli 1914. Ich empfinde das Ultimatum als eine Ungeheuerlichkeit und bin mir vollständig im klaren, daß Österreich den Krieg will.

26. Juli. Mein Geburtstag. Ich trete ins 50. Jahr; schade, schon! Ich lese neue Zeitungen. Kein Zweifel: ein Wunder muß geschehen, wenn noch alles gut gehen soll. Wir gehen über die Grenze nach Scharnitz, der ersten Eisenbahnstation in Tirol. Dort — so nahm ich an — müßte etwas zu erfahren sein, wenn Österreich wirklich an die Mobilmachung gehe. Richtig! Im Stationsgebäude hingen schon die „Kundmachungen" über die Einschränkungen im Eisenbahnbetriebe vom 28. Juli ab, dem „ersten Mobilmachungstag". Sofort zurück auf bayerischen Boden, damit ich von da aus dem „Vorwärts" telegraphieren konnte. Abends schon Abfahrt über München nach Berlin.

28. Juli. Von ½10 Uhr ab Sitzung des Parteivorstandes in Gemeinschaft mit der Kontrollkommission. . . . Ebert ist noch nicht nach Berlin zurückgekehrt. . . . Abends große Demonstration in der Friedrichstadt gegen den Krieg und die Kriegsschreier, die sich schon tagelang unter den Linden breitgemacht hatten. Unsere Demonstration war gewaltig, vermochte aber nicht dauernd das Übergewicht über die patriotischen Schreier, die zumeist Schüler waren, zu behalten. Die Polizei verhielt sich ziemlich reserviert.

30. Juli. Der „Berl. Lokalanzeiger" gibt ein Extrablatt heraus folgenden Inhalts:

„Mobilmachung in Deutschland.

Die Entscheidung ist gefallen, gefallen in dem Sinne, wie es nach den Nachrichten der letzten Stunden erwartet werden mußte:

Wie wir erfahren, hat Kaiser Wilhelm soeben die sofortige Mobilisierung des deutschen Heeres und der deutschen Flotte angeordnet.

Der Schritt Deutschlands ist die notgedrungene Antwort auf die drohenden kriegerischen Vorbereitungen Rußlands, die sich nach Lage der Dinge gegen uns nicht minder wie gegen unsern Bundesgenossen Österreich-Ungarn richten."

Dieses Blatt wurde um die Mittagszeit verbreitet. Sobald es in unsere Hände kam, reisten Ebert und Braun im Parteidienst nach Zürich ab. Wir konnten ihnen jedoch noch auf dem Bahnhof ein neues Flugblatt desselben „Berl. Lokalanz." zustellen lassen, das folgenden Inhalt hatte:

„Durch einen groben Unfug sind heute mittag Extrablätter des Berliner Lokalanzeiger verbreitet worden mit der Meldung, daß Deutschland die Mobilmachung des Heeres und der Flotte angeordnet habe. Wir stellen fest, daß diese Meldung unrichtig ist."

Ob jemals die hinter diesem Treiben steckenden Kriegshetzereien gänzlich aufgedeckt werden können?

Die Stellungnahme der S.P.D. zum Kriege.

Die ersten Vorstandssitzungen. — Der Reichskanzler v. Bethmann Hollweg vor den Vorständen der Reichstagsfraktionen. — Hermann Müller in Paris. — Der Bruch der belgischen Neutralität und die Internationale.

Die ersten Vorstandssitzungen.

Die ersten Augusttage, die dem politischen Einblick in den Krieg gewidmet waren, werden am lebhaftesten zur Darstellung kommen, wenn ich sie in den Niederschriften jener Nächte gebe, die noch ganz die Aufregung und die Einzeleindrücke der unaufhörlichen Besprechungen widerspiegeln. Die Stellungnahme zu der Kreditbewilligung irgendwie färben zu wollen, hieße der Sozialdemokratie unrecht tun, der die Ereignisse nur zu sehr recht gegeben haben. Ich folge also nicht der unehrlichen Methode jener, die heute, in Kenntnis der „Deutschen Dokumente zum Kriegsausbruch", schon damals alles gewußt haben wollen, sondern gebe aktenmäßig die Erwägungen und Beschlüsse jener verhängnisvollen Augusttage.

31. Juli. Parteivorstandssitzung. Die Mobilmachung wurde jede Minute von uns erwartet. Wir berieten noch einmal alle zu treffenden Maßnahmen und regelten alle Angelegenheiten, da wir mit sehr törichtem Vorgehen der Behörden, also auch mit der Schutzhaft, rechneten. — Haase berichtet über die letzte Sitzung des Internationalen Bureaus in Brüssel. Abends wiederholen sich die patriotischen Kundgebungen. — Gegen Mittag fand eine Sitzung des Parteivorstandes mit dem Fraktionsvorstand statt. Es wird angefragt, ob nicht die Fraktion berufen werden müsse, um Stellung zu nehmen zu der zu erwartenden Vorlage betreffend die Kriegskredite. Haase suchte, unterstützt von Ledebour, Stimmung zu machen für die Ablehnung der Kredite, wenn der Reichstag einberufen werden sollte. Um zu verhüten, daß ein übereilter Beschluß in dieser Sitzung gefaßt werde, plädierte ich für

eine Aussetzung des Beschlusses, die Fraktion zu berufen; wir sollten nichts übereilen. Jedenfalls wollte ich vor der Festlegung des Fraktionsvorstandes Gelegenheit haben, mit Fischer, David und Molkenbuhr über die Kredite zu reden. Ebert, von dem ich mit Bestimmtheit annehmen konnte, daß er meinen Standpunkt teilen würde, war leider im Auslande. — Wir einigten uns schließlich dahin, Müller sofort nach Brüssel zu senden, damit er in Gemeinschaft mit Huysmans nach Paris reise, um Stimmung zu machen für eine einheitliche Abstimmung bzw. für einheitliche Erklärungen im Reichstage und in der französischen Deputiertenkammer. — Müller reiste sofort ab. Gegen mittag wurde der sogenannte „drohende Kriegszustand" erklärt. Damit übernahm der Oberbefehlshaber, General von Kessel, sozusagen auch die Redaktion des „Vorwärts".

1. August. Die Nachricht von der Ermordung des Genossen Jaurès läuft ein — eine entsetzliche Botschaft. Ich verfasse sofort ein Beileidstelegramm für die „Humanité", das folgenden Wortlaut hatte:

„Tief erschüttert vernehmen wir die entsetzliche Botschaft, daß Euer, daß unser aller Jaurès nicht mehr unter den Lebenden ist. Kein schwererer Verlust konnte Euch, konnte uns alle in dieser ernsten Zeit treffen. Das deutsche Proletariat neigt sich vor dem Genius dieses großen Vorkämpfers und beklagt es aus tiefstem Herzen, daß gerade jetzt der Mann nicht mehr auf dem Platze sein kann, der sein Leben lang gekämpft hat für die Verständigung zwischen Frankreich und Deutschland. Sein Wirken wird unvergänglich sein in der Geschichte des internationalen Sozialismus und der menschlichen Kultur."

Das Telegramm geht dringend ab, es wird aber wohl niemals ankommen. — In Berlin hat die Spannung ihren Höhepunkt erreicht; es herrscht eine ungeheure Bewegung. Man will Gewißheit haben. Abends um 6 Uhr kommt sie: Mobilmachung!

2. August. $^{1}/_{2}$11 Uhr vormittags im Parteivorstandssaale Konferenz mit dem Parteivorstand. Ledebour kommt wie gewöhnlich eine halbe Stunde zu spät. Aussprache über die Kredite, da nunmehr feststeht, daß der Reichstag am 4. August zu-

sammentritt. Haase und Ledebour sprechen für Ablehnung der Kredite, alle übrigen: David, Fischer, Molkenbuhr und ich, sprechen für die Bewilligung. Eine Einigung ist unmöglich. Daß von einer Enthaltung keine Rede sein kann bei uns 111 Mann, betonen alle. In diesen Stunden empfand ich mehr als jemals zuvor das Fehlen Bebels, der immer Sinn für die Wirklichkeit hatte. Haase versagte als Parteiführer nach meinem Gefühl in geradezu katastrophaler Weise. David sprach ausgezeichnet; Molkenbuhr nüchtern wie gewöhnlich, aber mit durchschlagenden Argumenten. Der kluge Fischer wurde so aufgeregt, daß er während seiner Rede einen Nervenchok bekam und zu weinen begann. Haase und Ledebour waren nicht zu überzeugen, schienen aber doch froh zu sein, daß sie in der Minderheit blieben. Es wurde verabredet, abends um 9 Uhr in der Vorwärtsredaktion wieder zusammenzukommen und dann die beiderseits zu formulierenden Erklärungen für ein Ja und ein Nein zu beraten. Wir wollten wenigstens, gleichviel wer die Mehrheit in der Fraktion bekam, beiderseits einzuwirken versuchen auf den Wortlaut der abzugebenden Erklärung. — Um 5 Uhr nachmittags kamen David, Fischer, Molkenbuhr, Schöpflin, Wels, Südekum und ich in dem Garten Goehres in Zehlendorf zusammen und formulierten dort nach stundenlanger Beratung eine Erklärung. — Abends 9 Uhr erneuter Kampf im Vorwärts mit Haase und Ledebour. Von diesen hatte keiner eine Erklärung im Wortlaut, aber jeder hatte eine unfertige Skizze. Wir gingen erst gegen Mitternacht auseinander. Ich verbrachte eine schlaflose Nacht. Wird es gelingen, die Mehrheit der Fraktion für ja zu gewinnen oder nicht? — In meiner Wohnung war im Laufe des Tages eine Einladung des Reichskanzlers von Bethmann Hollweg eingelaufen zu einer Besprechung am 3. August, vormittags 12 Uhr, in seinem Palais.

3. August. Früh 10 Uhr Fraktion. Haase berichtet über unsere bisherigen Verhandlungen und manches andere. Es wird beschlossen, die Sitzung zu vertagen, bis Haase und ich vom Reichskanzler zurückgekommen seien. — Ich war beruhigt, nachdem ich fünf Minuten im Fraktionssaal gewesen war. Einige der radikalsten unserer Genossen erklärten mir, daß sie die Bewilligung für selbstverständlich hielten, so u. a. Hoch.

Der Reichskanzler v. Bethmann Hollweg vor den Vorständen der Reichstagsfraktionen.

Wilhelmstraße 77, in dem historischen Parterresaal, der nach dem Garten hinausgeht: Anwesend waren zunächst Staatsminister Delbrück, Unterstaatssekretär Wahnschaffe, der Chef der Reichskanzlei, sowie die Abgeordneten von Westarp, Spahn, Erzberger, Blankenhorn, Prinz Schönaich-Carolath, Kaempf, Wiemer, Fischbeck, Schulz-Bromberg, v. Morawski, Scheele, Haase und ich. — Wir sprachen in zwangloser Weise, ohne Platz zu nehmen, über die Vorlagen, die in Verbindung mit der Kreditvorlage angenommen werden sollten.

Erzberger fragte auch nach der nicht vorhandenen Vorlage einer Novelle zum Diätengesetz. Delbrück wollte die Wünsche der Erschienenen hören. Haase und ich verständigten uns durch einen Blick, und noch bevor ein anderer das Wort nehmen konnte, wiesen wir „in der jetzigen Situation jede Entschädigung ab". Nicht alle machten gute Miene zu dieser Wendung, aber da niemand das Wort weiter wünschte, alle vielmehr zustimmend nickten, stellte Delbrück, der helläugige Pfiffikus, schmunzelnd fest, „daß eine Diätenvorlage nicht gewünscht werde".

Gegen ½ 1 Uhr kam der Kanzler. Er sah sehr zermürbt aus. Er drückte jedem die Hand; ich hatte das Gefühl, daß er mir die Hand auffällig fest und lange drückte, und als er dann sagte: „Guten Morgen, Herr Scheidemann!" da war es mir, als hätte er mir zu verstehen geben wollen: Du, jetzt ist unser herkömmlicher Krakeel vorläufig hoffentlich vorüber! — Es wird von ihm selbst abhängen! Auch in dieser ernsten Situation kam der Humor zu seinem Recht. Der Welfe Scheele entschuldigte sich bei Bethmann Hollweg, daß er in einem grauen Anzug gekommen sei. Der Reichskanzler sagte „Bitte!" und wandte sich einem andern zu. Bethmann Hollweg nahm dann an der Spitze der Tafel Platz. Zu seiner Rechten saßen der Reihe nach Delbrück, Spahn, ich, Haase usw., zur Linken von Bethmanns saß der alte Kaempf.

Der Reichskanzler hielt uns dann die Rede, die er am nächsten Tage im Reichstag vortrug; hier und da machte er mehr oder weniger vertrauliche Bemerkungen, die er in seiner Reichstagsrede unterdrückte. Je näher der Reichskanzler zum Schluß kam, um so bewegter wurde er; er wußte vor Aufregung nicht, wo er mit den langen Armen hin sollte. Zeitweilig schlug er mit beiden Fäusten auf den Tisch. Geradezu tonlos war seine Stimme geworden, als er sagte: „Mein Gewissen ist rein!" Er tat mir aufrichtig leid. Ich fühlte ihm nach, wie schwer es ihm geworden sein mag, dem Kaiser den Rat zur Mobilmachung zu geben. Ich verglich Bethmann Hollweg in diesen Minuten mit seinem Vorgänger Bülow und sagte mir: ein Glück im Unglück, daß Bülow jetzt nicht Kanzler ist. Ich habe doch im Laufe der Jahre die Augen offengehalten und bin dabei zu der Überzeugung gekommen, daß man Bethmann Hollweg viel Unrecht getan und daß man ihn falsch eingeschätzt hat, weil man sich durch Bülows Schwätzereien hatte irreführen lassen.

Kaempf dankte dem Kanzler für die Mitteilungen, und Bethmann Hollweg bat, sich sofort entfernen zu dürfen, da ihn viel Arbeit erwarte. Kein Wunder. Bei der Verbeugung, die Bethmann dann zum Abschied machte, sah ich, daß er seinen schmalen Stehkragen vollkommen durchgeschwitzt hatte. Möglich, daß der Ärmste seit Tagen nicht aus den Kleidern herausgekommen war. —

Delbrück wurde nun von einem der Abgeordneten interpelliert wegen der Haltung Italiens, darüber habe Bethmann Hollweg nichts gesagt. Der schlaue Fuchs wußte von nichts. Unbefriedigt ging man über Italien zur Tagesordnung über und besprach die zweckmäßigste Behandlung der Gesetzentwürfe im Plenum des Reichstages.

Da die Herren sich so gehabten, als ob die einstimmige Annahme aller Vorlagen, also auch der Kreditvorlage, absolut sicher sei, machten Haase und ich darauf aufmerksam, daß unsere Fraktion noch nicht endgültig beschlossen habe. Erzberger meinte dazu spöttisch: „Na, so klug sind Sie schon, daß Sie in diesem Falle zustimmen!" Alle lächelten. Haase hatte durch die ganze Tonart, in der er sich an der Aussprache beteiligte, bei keinem Menschen den Gedanken aufkommen lassen, daß er für seine Person nicht für eine Annahme der Kredite sei. Das empörte mich geradezu, weil er bis in die letzte Minute hinein, bevor wir ins Reichskanzlerpalais gingen, alle Minen hatten springen lassen, um sein Nein durchzusetzen. Auf dem Wege vom Palais zum Restaurant Zollernhof, wo wir gemeinsam speisten, habe ich ihm das auch gesagt. Er antwortete: „Ich habe immer hervorgehoben, daß die Fraktion einen Beschluß noch nicht gefaßt hat." Das Verhalten Haases, ganz abgesehen von seiner prinzipiellen Stellungnahme, war mir überaus unsympathisch.

Es war also im Kanzlerpalais vereinbart worden: Kaempf sollte nach der Kanzlerrede eine kleine Ansprache halten, in der er feststellte, daß das Haus einstimmig die Kredite annehme und daß selbst diejenigen zustimmten, die sonst grundsätzliche Gegner des Krieges seien. Das schluckte Haase. Ich warf dazwischen, daß wir uns ja wegen des Wortlauts, auf den es uns („je nach dem Ausfall der Fraktionsentscheidung") sehr ankomme, mit Kaempf verständigen könnten. Damit waren alle, Kaempf eingeschlossen, einverstanden.

Nun wurde gewünscht, daß nach Kaempf überhaupt niemand aus dem Hause das Wort nehmen sollte. Dagegen wandten wir, Haase und ich, uns sehr entschieden. Wir müßten unsere Abstimmung auf jeden Fall kurz motivieren, gleichviel, wie die Fraktion sich entscheiden werde. Neue Auseinandersetzung. Ich wies auf die besondere Lage unserer Partei hin, für die die übrigen Herren Verständnis haben müßten. Schließlich Einigung auf folgender Grundlage: Der Wortlaut unserer Erklärung sollte den übrigen Parteiführern bis abends 9 Uhr übermittelt werden, damit sie eventuelle Gegenerklärungen formulieren könnten. Haase gab hierzu das feierliche Versprechen ab, daß dazu auf keinen Fall Veranlassung gegeben werden solle. Unter gar keinen Umständen werde unsere Erklärung irgendeine Partei angreifen, sondern wahrscheinlich ganz allgemein die Verantwortung für die Politik ablehnen, die unseres Erachtens zum Kriege geführt habe. In der Form werde sie dem Augenblick angemessen würdig sein. Allgemeines Einverständnis.

Aber noch eine Klippe war zu umschiffen: das Hoch auf den Kaiser. „Was werden Sie tun?" fragten uns die Herren. Ich nahm schleunigst das Wort, um Haase zuvorzukommen. Ich bat, uns nicht neue Schwierigkeiten zu machen. Die Sitzung werde doch im Weißen Saale des Schlosses eröffnet werden. Dort werde zum Beginn und zum Schluß je ein Kaiserhoch ausgebracht werden. Die Sitzung im Reichstage sei dann nur die Fortsetzung; da sei ein drittes Hoch doch wohl kein dringendes Bedürfnis. Lebhafter Widerspruch. Ja, fuhr ich fort, wenn es ohne das dritte Hoch absolut nicht geht, dann bringen Sie doch ein Hoch aus auf Volk und Vaterland! Es gab eine neue lange Aussprache, an der sich Haase beteiligte, ohne einen positiven Vorschlag zu machen. Man redete viel von Traditionen, sprach von „unmöglich, gerade jetzt" usw. Ich „flüsterte" währenddessen dem neben mir sitzenden Abg. Spahn so laut, daß Delbrück es hören m u ß t e , ins Ohr: „Äußerstenfalls halte ich ein Hoch auf Kaiser, Volk und Vaterland für angängig". Delbrück griff sofort das Stichwort auf und Haase war später (in der Fraktion) glücklich, „daß die Regierung selbst eine so ‚große Konzession' an die Sozialdemokratie gemacht habe". —

In der Fraktionssitzung ging es sehr stürmisch zu. Ich führte den Vorsitz.

Während der Sitzung erschien Hermann Müller auf dem Plan; er kam direkt aus Paris. Ich gab ihm sofort das Wort, damit er über seine Erlebnisse berichte. Ich gestehe, daß ich sehr besorgt war; je nachdem er berichten würde, mußte die Fraktion sich entscheiden! Wird er der Situation vollkommen gewachsen sein? Ohne daß er den bisherigen Gang der Verhandlungen kannte, schilderte er anschaulich, was er erlebt hatte. Ich füge den von ihm selbst vor Jahr und Tag geschriebenen Bericht hier bei:

In Paris während der Mobilmachung.

In den Abendstunden des 1. August, bald nach meiner Ankunft in Paris, fanden um 7¹/₂ Uhr und 10¹/₂ Uhr Sitzungen mit einer Anzahl Genossen der französischen Parteileitung und der sozialistischen Kammergruppe Frankreichs statt. Es war an dem Tage nach der Ermordung von Jaurès, von der ich am selben Morgen bei meiner Ankunft in Brüssel Kenntnis erhielt. Die französischen Parteigenossen standen noch ganz unter dem niederschmetternden Eindruck des tragischen Todes des großen französischen Sozialisten, der sich bis zur letzten Stunde bemüht hatte, das ganz Europa bedrohende Unheil abzuwenden.

Der Empfang, den mir die französischen Genossen bereiteten, war so herzlich, wie bei allen meinen früheren Besuchen in Frankreich. Bis zu meiner Abreise waren sie in jenen schicksalsschweren Stunden in freundlichster Weise um mich bemüht.

Den Vorsitz führte bei diesen Besprechungen der Genosse Marcel Sembat. Nach der Begrüßung gab ich als Zweck meines Besuches an, daß der deutsche Parteivorstand mich nach Paris gesandt habe zu einer Aussprache über die politische Situation, die sich in den letzten beiden Tagen so ungeheuer verschärft hätte. Noch am 29. Juli habe das Int. Bureau in seiner Sitzung in Brüssel beschlossen, den für Ende August in Wien vorgesehenen internationalen Sozialistenkongreß schon am 9. August in Paris abzuhalten. In Anbetracht der gegenwärtigen gespannten internationalen Lage hielte es der Parteivorstand für unmöglich, den Kongreß am 9. August in Paris abzuhalten, wenigstens könnten deutsche Parteigenossen in größerer Zahl, soweit sich das zurzeit übersehen lasse, an diesem Kongresse nicht teilnehmen. Nach Rücksprache mit dem Gen. Huysmans habe deshalb heute morgen das Exekutivkomitee des Internationalen Bureaus ein Zirkular versandt, durch das der auf den 9. August festgesetzte Kongreß auf unbestimmte Zeit vertagt würde. Die deutsche Parteileitung sehe die internationale Lage außerordentlich kritisch an, wenn auch noch nicht alle Hoffnung auf Entspannung der Lage aufgegeben zu werden brauchte. Die deutsche Regierung, insbesondere Bethmann Hollweg und der Kaiser seien für Aufrechterhaltung des Friedens bemüht. Die Entscheidung liege in Petersburg. Wenn es nun gegen unseren Willen zum Kriege kommen würde, so würde für die sozialistischen Parlamentsfraktionen die Abstimmung über die Kriegskredite in den nächsten Tagen aktuell werden. Offiziös sei bekannt, daß der deutsche Reichstag zum nächsten Dienstag einberufen werden würde; die Fraktion würde wahrscheinlich am Tage vorher zusammentreten, deshalb sei auch über die Frage der Stellungnahme zu den Kriegskrediten eine Aussprache sehr erwünscht. Die deutschen Genossen würden großen Wert darauf legen, sich in dieser Frage mit den französischen Genossen einig zu wissen, wenn auch schon aus staatsrechtlichen Gründen eine gegenseitige Bindung nicht stattfinden könne, und die deutsche Reichstagsfraktion und die französische Kammerfraktion völlig selbständig entscheiden müßten. Außerdem wäre die deutsche sozialistische Reichstagsfraktion nicht versammelt, ich sei daher nicht in der Lage, im Auftrage der Fraktion Erklärungen abzugeben. Aber auch abgesehen davon, sei eine gegenseitige Aussprache sehr erwünscht, weil eine einheitliche Haltung der deutschen und der französischen Fraktion den gleichen starken Eindruck machen würde, den in früheren Fällen die einheitliche Haltung der beiden Fraktionen machte, z. B. zuletzt noch anläßlich des gemeinsamen deutsch-französischen Manifestes gegen die Rüstungen vom 1. März 1913. Was nun die Auffassungen in der deutschen sozialdemokratischen Partei anlangt, so seien diese über die Abstimmung der Kriegskredite geteilt. 1870 hätte zu Kriegsbeginn ein Teil der Sozialisten sich enthalten und ein Teil hätte im Reichstag für die Kriegskredite gestimmt. Das würde diesmal sicher nicht eintreten, sondern die Fraktion würde ein einheitliches Votum abgeben. Vor meiner Abreise habe eine Besprechung mit Mitgliedern des Parteivorstandes und des Fraktionsvorstandes stattgefunden, in der die Meinungen geteilt waren, aber über einen bestimmten Vorschlag keine Entscheidung getroffen worden sei. Soweit ich persönlich die Stimmung in den Fraktionskreisen kenne, wolle eine starke Strömung in der Fraktion gegen die Kriegskredite stimmen, ein Teil würde bereit sein, in Rücksicht auf die von Rußland drohenden großen Gefahren für die Kriegskredite zu stimmen, und ferner sei intern in Parteikreisen auch die Frage der Stimmenthaltung schon diskutiert worden.

Sembat dankte für diese Ausführungen im Namen der Partei und bemerkte: Auch die französische Partei halte eine solche gegenseitige Aussprache für sehr wertvoll, und es sei dankenswert, daß ich unter den obwaltenden schwierigen Verhältnissen nach Paris gekommen sei, um mit den französischen Genossen über die Situation zu beraten. Jaurès habe bis in die letzten Stunden seines Lebens seinen Einfluß auf die französische Regierung im Sinne des Friedens geltend gemacht, und die französische Partei habe die Überzeugung, daß die französische Regierung auf Rußland im Sinne des Friedens einwirke. Was die Frage der Kriegskredite anbetrifft, so sei auch in Frankreich die Kammerfraktion nicht versammelt. Auch die französische Kammerfraktion würde, wenn ein Krieg ausbrechen sollte, erst in der kommenden Woche über die Frage der Kriegskredite selbständig zu entscheiden haben. Über die heutige Aussprache würde der Fraktion nach ihrem Zusammentritt berichtet werden. Sembat regte dann an, ob man nicht im Deutschen Reichstag und in der französischen Kammer eine Erklärung gleichen Inhalts abgeben könne. Das Manifest vom 1. März 1913 habe doch gute Dienste getan.

Ich erwiderte, daß ich es in der gegenwärtigen Situation nicht für möglich hielte, eine Fassung für eine gemeinsame Erklärung zu finden, die dem gerecht werden könnte, was die Fraktionen der beiden Länder in dieser im einzelnen noch gar nicht übersehbaren Situation zu sagen hätten. Außerdem sei es meiner Auffassung nach technisch ganz unmöglich, sich in etwa zwei Tagen über eine gemeinsame Formulierung zu verständigen. Der Telegraphendraht zwischen Frankreich und Deutschland scheine schon gesperrt zu sein, es sei ja überhaupt fraglich, ob ich bis zum nächsten Montag nach Berlin zurückkommen könne, nachdem in Frankreich bereits die allgemeine Mobilmachung angeordnet sei.

Renaudel war wegen der vorgeschlagenen gemeinsamen Erklärung ganz meiner Meinung. Er meinte ferner: Die Lage der französischen und der deutschen Sozialdemokratie sei auch nicht ganz dieselbe. Die französischen Sozialisten würden von ihrer Regierung über die diplomatischen Vorgänge völlig auf dem Laufenden gehalten, in Deutschland sei das nicht der Fall. Wenn Frankreich, dessen Volk und dessen Regierung den Frieden wolle, von Deutschland angegriffen werden sollte, so müßten die französischen Genossen für das Kriegsbudget stimmen, weil dann dem angegriffenen Frankreich die Mittel zu seiner Verteidigung gewährt werden müßten. In einer solchen Situation könnten sich die französischen Genossen nicht der Stimme enthalten. Die deutschen Genossen wären, wenn Deutschland der Angreifer wäre, in einer anderen Lage. Sie könnten deshalb eventl. gegen die Kriegskredite stimmen.

Ich erwiderte, daß die Frage, ob ein Krieg ein Angriffs- oder ein Verteidigungskrieg sei, beim Ausbruch eines Krieges nicht immer klar zu entscheiden sei. Die Tatsache der Kriegserklärung allein könne nicht dafür maßgebend sein, ob ein Angriffskrieg vorliege. Würde es zu einem großen europäischen Kriege kommen, so habe dieser seine letzten Wurzeln in der kapitalistisch-imperialistischen Expansionspolitik und in dem seit Jahrzehnten in allen Ländern gleichmäßig betriebenen Wettrüsten. Außerdem sei noch in Betracht zu ziehen, daß dieser Krieg sicherlich automatisch auf andere Länder übergreifen würde, weil sich die europäischen Großmächte in zwei Allianzgruppen geschlossen gegenüberständen.

In der auf diese Erklärungen folgenden längeren Debatte wurden in der Hauptsache die Gründe erörtert, die einen Teil der deutschen Genossen bestimmen könnten, gegen die Kriegskredite zu stimmen, und ferner wurde darüber diskutiert, ob eventl. eine einheitliche Haltung der Fraktionen der beiden Länder im Sinne einer Enthaltung in Betracht kommen könne. Die Gründe, die von deutscher Seite für die Abstimmung zugunsten der Kriegskredite angeführt werden konnten, traten in der Debatte zurück, weil sie in derselben Linie lagen, wie die Gründe, die die französischen Genossen für ihr Votum zugunsten der Kriegskredite anführten. Unter den französischen Genossen schien gar keine Stimmung dafür vorhanden zu sein, gegen die Kriegskredite zu stimmen. Unsere französischen Genossen sahen, für den Fall, daß Frankreich in den Krieg einbezogen würde, Frankreich als das vom deutschen Militarismus angegriffene Land an und meinten, daß sich Frankreich deshalb in einer anderen Situation befände als Deutschland. Sie meinten, daß die französische Partei für die Kriegskredite stimmen müsse, weil die freiheitlichen Traditionen Frankreichs bei einem Angriff des deutschen Imperialismus gefährdet seien und die französische Republik dann den Kampf um ihre Existenz zu führen haben würde. Die Vertreter des rechten und des linken marxistischen Flügels der französischen Partei waren sich darin ganz einig; sie betrachteten die Frage hauptsächlich unter dem Gesichtspunkte einer gewaltigen Offensivinvasion des deutschen Militarismus und glaubten, in dieser Situation müsse die Partei dem französischen Vaterlande die Mittel zu seiner Verteidigung bewilligen.

Als ein Genosse während dieser Debatte in besonders scharfer und erregter Weise zum Ausdruck brachte, daß man in Frankreich ganz allgemein Deutschland die Schuld geben würde, wenn es zum Kriege käme, vertrat ich diesem Genossen gegenüber ebenso entschieden als deutsche Auffassung folgenden Standpunkt:

Die deutschen Sozialisten seien gewohnt, ihrer Regierung in schärfster Weise die Wahrheit zu sagen. Wir seien in der Internationale dafür bekannt. Wir hätten in der letzten Zeit noch in aller Öffentlichkeit unserer Regierung die heftigsten Vorwürfe gemacht, weil sie vor Absendung des österreichischen Ultimatums an Serbien sich nicht genügend um diese auch Deutschland berührende Frage gekümmert habe. Aber das sei eine Sache, die jetzt nicht mehr zu ändern sei, und nun stehe es so, daß die größte Gefahr von Petersburg drohe. Wenn es der panslawistischen Kriegspartei gelänge, die allgemeine russische Mobilmachung durchzusetzen, sei der Krieg nicht zu vermeiden. Wir hätten die feste Überzeugung, daß Wilhelm II. und Bethmann Hollweg aufrichtig für die Aufrechterhaltung des Friedens arbeiteten. Ich sei in der letzten Woche in Mittel- und Süddeutschland gewesen, nachdem das österreichische Ultimatum an Serbien bereits bekannt war und man mit der Kriegsmöglichkeit bereits rechnete; ich hätte aber nirgends ein böses Wort gegen Frankreich gehört. Aber allgemein und bis weit in die Kreise der Partei hinein sei man in Deutschland der Auffassung, daß Rußland die Schuld treffen würde, wenn es jetzt zum Weltkrieg käme, und daß Frankreich in der Lage sei, den Weltkrieg zu verhindern, wenn es in Petersburg einen genügenden Druck für Aufrechterhaltung des Friedens ausüben würde.

In der Debatte mußte ich bei Schilderung der verschiedenen Tendenzen und Strömungen, die nach meiner Auffassung in der deutschen Partei vorhanden waren, die Gründe, die gegen eine Bewilligung der Kriegskredite sprachen, stark betonen, weil diese Gründe in der französischen Partei gar kein Echo fanden, aber dennoch in Rechnung gestellt werden mußten, bei den Bestrebungen, eine einheitliche Haltung in beiden Ländern herbeizuführen. Insbesondere mußte mein Bemühen dahin gehen, festzustellen, ob auch nur einige Wahrscheinlichkeit dafür vorhanden war, daß die Fraktion in Frankreich für eine Enthaltung zu haben sein würde. Da von Tendenzen und Strömungen die Rede war, fand keinerlei Festlegung statt. Ich sagte in allem nur meine persönliche Meinung und betonte, daß ich selbst nicht der Fraktion angehöre und in der Beurteilung der Stärke der einzelnen Tendenzen in der Fraktion auf meine allgemeine Kenntnis von der Haltung der Fraktionsgenossen in taktischen Fragen angewiesen sei. Ich hatte bei diesen Unterhaltungen über die Frage der Enthaltung den Eindruck, daß einzelnen Genossen diese Debatte über die Enthaltung schon bedenklich schien. Es entstand deshalb die Frage, ob die deutsche Partei schließlich nicht für die Kriegskredite stimmen würde. In diesem Zusammenhange sagte ich, als meine persönliche Meinung, daß bei einer Aussicht auf eine gemeinsame Enthaltung in beiden Parlamenten ich es für ausgeschlossen hielte, daß die deutsche Fraktion für die Kriegskredite stimmen würde.

Huysmans war der Meinung, daß für Deutschland eine Enthaltung deshalb in Betracht kommen könne, weil Deutschland, Frankreich und Rußland gegenüber in verschiedener Lage sei und die deutsche Fraktion auf das Verhalten Rußlands Rücksicht nehmen müsse.

Sembat faßte den Meinungsaustausch dahin zusammen, daß man angesichts der verschiedenen Strömungen, die in der deutschen Partei vorhanden seien, auch in der französischen Kammerfraktion Stimmenthaltung vorschlagen wolle, damit man vielleicht auf diesem Wege zu einer einheitlichen Haltung der französischen und der deutschen Fraktion käme. Sembat erklärte jedoch ausdrücklich, daß eine dahingehende Bindung nicht möglich wäre, da der Fraktion die Entscheidung vorbehalten bleiben müsse. Ich erklärte hierzu gleichfalls, daß auch ich keine Vollmacht hätte, die deutsche Fraktion zu binden, die über ihre Haltung nächste Woche zu entscheiden hätte.

Ich glaubte, aus der gesamten Situation heraus eine solche Erklärung abgeben zu können, da ich damals sehr stark mit der Möglichkeit rechnete, daß die Fraktion zu einer Enthaltung kommen würde. Ich habe zur damaligen Zeit die Stärke der Gegner der Bewilligung überschätzt und nahm weiter nicht an, daß für eine Enthaltung in der Fraktion gar keine Stimmung vorhanden sein würde.

Die vorliegenden Ausführungen wurden zum großen Teil wiederholt gemacht, da in Paris zwei Besprechungen stattfanden, die erste im Palais Bourbon, die zweite in der Redaktion der „Humanité". Die letztere fand statt, weil noch eine Reihe Genossen, die bei der ersten nicht sein konnten, zugezogen werden sollten; so waren bei der zweiten Albert Thomas und Compère-Morel, während Guesde und Vaillant zu beiden nicht kommen konnten.

Der Verlauf der gesamten Debatte ließ keinen Zweifel darüber, daß die französische Fraktion in der Kammer für die Kriegskredite stimmen würde. Ich habe in der deutschen Reichstagsfraktion dann auch berichtet, daß ich diesen festen Eindruck mitgenommen hätte.

Ich verließ Paris noch in der Nacht, nachdem vereinbart war, daß die Besprechung diskret bleiben soll. Unsere französischen Genossen wollten mich, um meine Rückkehr nach Deutschland zu sichern, auf Vorschlag Longuets mit einem französischen Paß versehen; ich lehnte es jedoch ab, daß deswegen Schritte bei Viviani unternommen würden.

Der vorstehende Bericht ist am 8. März 1915 niedergeschrieben, nachdem Renaudel sich über meinen Besuch in der „Humanité" vom 26. Februar 1915 ausgelassen hatte. Er ist aus dem Gedächtnis niedergeschrieben, weil angesichts der prekären Situation während der Reise Notizen nicht gemacht werden konnten.

Ich wäre wahrscheinlich aus Frankreich nicht mehr herausgekommen, wenn ich nicht bei meiner Festhaltung in Maubeuge als Grund angegeben hätte, daß ich zur Beerdigung von Jaurès nach Paris gekommen wäre und auf Rat meiner französischen Freunde angesichts der Situation Frankreich vor der Beerdigung wieder verlassen hätte.

* * *

Nach dem Bericht Müllers wurde die Debatte fortgesetzt. Über den weiteren Verlauf der Aussprache habe ich in meinem Tagebuch folgende Aufzeichnungen gemacht:

Es sprachen im Namen des Vorstandes: David für Ja, Haase für Nein. Dann ging es in dieser Reihenfolge weiter: Molkenbuhr ja, Ledebour nein, Fischer ja, Lensch nein, Kautsky ja (mit Kautelen), Liebknecht nein, Cohen ja, Herzfeld nein, Frank ja. Dann wurde Schluß gemacht. Auf der Rednerliste standen noch Ströbel vom Vorwärts für Nein, alle anderen waren für Ja gemeldet: Stolten, Scheidemann, Landsberg, Bernstein, Blos, Silberschmidt, Zubeil, Stadthagen, Hoch, Dittmann, Davidsohn, Frohme, Goehre, Schöpflin, Wels. Bei der Abstimmung waren 14 Abgg. für Ablehnung, alle übrigen für Annahme der Kredite. Anwesend waren insgesamt 92 Kollegen. — Es wurde dann eine Kommission gewählt, bestehend aus Kautsky, David, Hoch, Wels und Frank, die bis zum andern Morgen eine entsprechende Erklärung verfassen sollte. Als Grundlage diente unsere (Davids) Formulierung und die von verschiedenen Seiten eingebrachten Änderungsvorschläge (von Kautsky, Stadthagen usw.). — Die Fraktion akzeptierte dann das Hoch auf Kaiser, Volk und Vaterland. Mehrfach wurde verlangt, nicht mit Hoch zu schreien, sondern stillschweigend aufzustehen. Eine Debatte darüber gab es nicht mehr ...

Den Prinzen Schönaich-Carolath, der die Erklärung von mir, wie verabredet war, verlangte, mußte ich auf den andern Morgen vertrösten. Ich tat das gleiche gegenüber Erzberger, von Westarp und Kaempf. Mit letzterem besprach ich den Wortlaut der von ihm nach dem Kanzler zu haltenden Rede. Ich erklärte mich mit seinen Vorschlägen einverstanden, und Kaempf hat dann im Reichstage so geredet, wie er es versprochen hatte.

* * *

Der Bruch der belgischen Neutralität und die Internationale.

Die von der Fraktion beschlossene, von Haase am 4. August 1914 im Reichstag abgegebene Erklärung ist so oft veröffentlicht worden, daß ich sie hier nicht anzuführen brauche. Ausdrücklich will ich aber feststellen, daß nach der Rede des Reichskanzlers am 4. August eine Pause gemacht worden ist, in der die Fraktionen tagten. In der sozialdemokratischen Fraktion machte Ledebour erheblichen Lärm, weil einige Abgeordnete während der Rede Bethmann Hollwegs Bravo gerufen haben sollten. Von Belgien sprachen weder Ledebour noch Liebknecht, noch irgendein anderer, obwohl der Kanzler den Einfall in Belgien ausdrücklich festgestellt hatte. Die kleinliche Krakeelsucht einiger Fraktionsmitglieder war daran schuld, daß die größte und wichtigste Frage vollkommen vergessen wurde und gänzlich unerwähnt blieb.

Auf die sozialdemokratischen Parteien der neutralen Staaten hatten die Meldungen über den Einfall in Belgien und besonders über die Zerstörungen in Löwen furchtbare Wirkungen ausgeübt. Wir erkannten sofort, daß dieser Umschlag der Stimmung für Deutschland äußerst gefährlich werden konnte. Da nicht nur in den skandinavischen Ländern, sondern besonders in Italien und Holland auch die sozialdemokratischen Zeitungen eine uns sehr unfreundliche Stellung einnahmen, wurden Wilhelm Jansson nach Stockholm, Dr. Südekum nach Italien und ich nach Holland geschickt. Wir sollten auf unsere Parteipresse einwirken, damit sie sich strengerer Neutralität befleißige. Jansson konnte in Stockholm nicht sehr viel ausrichten, weil Branting von Beginn des Krieges an sehr ententistisch gesonnen war. Südekum wurde telegraphisch zurückgerufen, nachdem er längere Zeit nichts hatte von sich hören lassen. Seine Mission wurde von den italienischen Sozialisten sehr unfreundlich aufgenommen; erreicht wurde in Italien nicht das geringste. Mehr Glück hatte ich in Holland. Die dortigen Genossen waren zwar auch sehr wenig erbaut von dem Einfall in Belgien, beurteilten ihn vielmehr als ein schweres Verbrechen. Trotzdem versprachen sie nicht nur, sondern hielten dann auch in ihrem Parteiblatt „Het Volk" ihre Neutralität.

Schwierigkeiten ähnlicher Art waren im Verlaufe des Krieges

der sozialdemokratischen Partei in Hülle und Fülle erwachsen. Sie darzustellen, würde den Umfang dieses Buches zu sehr vergrößern. Sie tauchen aber bei der Schilderung der hauptsächlichsten Vorgänge immer wieder auf, sie beherrschen den ganzen Verlauf der Stockholmer Konferenz, wie sie heute noch im Verhältnis einzelner sozialistischer Parteien zur deutschen Sozialdemokratie eine Rolle spielen. Wieviel Verständnis uns und unsrer schwierigen Lage aber auch entgegengebracht worden ist, wird aus der Darlegung zahlreicher Verhandlungen mit neutralen Parteifreunden hervorgehen.

„Für einen Frieden der Verständigung".

Der Scheidemann-Frieden. — Der Hunger. — Die Kartoffeln des Herrn von Gamp. — Neue Diskussionen über Bewilligung der Kriegskredite. — „Das größere Deutschland". — „Ich denke nicht daran, die Kriegsziele der Alldeutschen zu verwirklichen." — Die letzte Kundgebung der einigen sozialdemokratischen Partei. — Enge Fühlungnahme mit den österreichischen Parteigenossen. — Die Friedensinterpellation vom 6. Dezember 1915 — „Ein Wort für die Monarchie." — Der Kampf für die Demokratisierung. — „Zeit zur Tat." — „Reichskanzler Scheidemann".

Es versteht sich von selbst, daß wir in den ersten Kriegswochen und -monaten uns eine gewisse Zurückhaltung auferlegten; wußte doch keiner, ob nicht in kurzer Zeit der Krieg zu Ende und damit die Kriegspolitik überflüssig geworden sei. Ich persönlich hatte allerdings schon Ende 1914 die Gewißheit, daß alle Hoffnungen auf ein baldiges Kriegsende trügerisch seien. Ich begann deshalb, vorläufig ganz und gar auf eigene Faust, eine Versammlungstour durch viele Großstädte mit dem Programm: „Für einen Frieden der Verständigung!" So entstand schon in den ersten Monaten des Kriegs das Schlagwort vom „Scheidemann-Frieden", der von allen rechts von uns Stehenden in der entschiedensten Weise abgelehnt und als Verzicht- und Schandfrieden beschimpft worden ist. „Wo ein Tropfen deutschen Blutes geflossen ist, da bleiben wir", so sagte Bassermann. Was die Herren Stresemann und die noch weiter rechts von ihm politisierenden Männer alles gefordert haben, will ich hier unerörtert lassen.

In demselben Maße aber, in dem die Ansprüche der deutschen Imperialisten laut wurden und sich steigerten, stieg auch die Unzufriedenheit der Masse des arbeitenden Volkes. Bis weit in die Kreise des Kleinbürgertums und der Bauern hinein wuchs der Unwille über eine Kriegspolitik, die das Wort des Kaisers: „Wir führen keinen Eroberungskrieg!" vollkommen in Vergessenheit geraten ließ. Außerdem kam für Arbeiter und Kleinbürger als Grund tiefgehenden Unwillens vor allem der Mangel an allen Gebrauchsgegenständen und Lebensmitteln in Betracht, und ebenso — das braucht kaum betont zu werden — der Schmerz über die furchtbaren Verluste, von denen kaum eine Familie verschont blieb. Im ganzen Lande wütete der Hunger. Ich hatte mit meiner Familie ein wahres Elendsdasein zu führen, da ich unbedingt an dem Grundsatz festhielt, keine Lebensmittel ohne Marken zu beschaffen. Es ist ein Beweis für dreijährige Hungerleiderei, daß ich im Februar 1917 in mein Tagebuch schreiben mußte: „Seit langer Zeit habe ich mich als Gast der wohlhabenden Familie P. gestern abend zum erstenmal wieder sattessen können."

Die Kartoffeln des Herrn von Gamp.

In diesem Zusammenhang gewinnt eine kleine Geschichte besonderen Reiz, die ich mit dem freikonservativen Abgeordneten von Gamp erlebte, besonders weil Gamp als typischer Vertreter des Agrariertums in steter Fehde mit mir lebte.

In einer Kommissionssitzung hatte ich über die Not des Volkes und den Hunger geredet. Nach meiner Rede kam von Gamp zu mir und versicherte, daß er ganz unter dem Eindruck meiner Rede stehe. So könne nur jemand reden, der wisse, was Hunger heißt. Ich antwortete ihm, daß er sich nicht irre, ich wüßte tatsächlich mitunter nicht, woher ich die Lebensmittel für meine Familie und die Enkelkinder, deren Väter im Kriege seien, beschaffen solle. Da ich in meiner Rede besonders auf die Kartoffelnot hingewiesen hatte, fragte er, ob ich auch keine Kartoffeln hätte. „Kein Pfund", antwortete ich ihm und kehrte auf meinen Platz zurück. Als ich abends heimkam, berichtete meine Frau, daß ein elegantes Fuhrwerk vorgefahren sei, um durch einen galonierten Diener einen halben Sack Kartoffeln für uns abzuliefern. Ich habe leider Herrn von Gamp bald darauf wieder aufs heftigste angreifen müssen, stelle aber um so lieber die kleine Kartoffelepisode hier fest, weil sie Herrn von Gamp gewiß zur Ehre gereicht.

Neue Diskussionen über Bewilligung der Kriegskredite.

Es ist unter solchen Umständen selbstverständlich, daß in der Arbeiterschaft und ihrer parlamentarischen Vertretung die Frage der Kriegskredite, die späterhin zur Sprengung der sozialdemokratischen Fraktion führen sollte, immer aufs neue Thema der Auseinandersetzungen war. Diese Diskussionen erklärten sich nicht nur aus prinzipiellen Meinungsverschiedenheiten, sondern auch aus dem Gefühlsmoment, daß eben diese Kriegskredite Mittel für die Fortführung des Zustandes waren, aus dem alle Entbehrungen hervorgingen. Deshalb fanden in der sozialdemokratischen Fraktion des öfteren Debatten statt, ob für die Partei die Pflicht zur Aufrechterhaltung der Landesverteidigung bestehe oder nicht. Eine einfache Berufung auf die Worte von Jaurès und Bebel genügte hier nicht. Die Frage, ob Verteidigungs- oder Angriffskrieg, spielte ausschlaggebend mit und veranlaßte hauptsächlich auch eine Abstimmung über die Landesverteidigungsfrage in der Fraktion, die am 8. März 1915, also neun Monate nach Kriegsbeginn stattfand.

Haase, der spätere Führer der Unabhängigen, überraschte an diesem Tage die Fraktion mit einer Skizze, die er sich für eine im Plenum zu haltende Rede gemacht hatte. Ich habe damals über diesen Redeentwurf und den Verlauf der Fraktionssitzung folgende Notizen in mein Tagebuch gemacht:

Die Fraktion ist beisammen. Kämpfe um die Etatrede, d. h. ein sehr einseitiger Kampf Haases. Er und ich waren im Dezember bereits zu Etatsrednern bestimmt. Ich bin aber in der jetzigen Situation gegen die Rederei. Haase befürchtet nun, obwohl ich meine Gegnerschaft in der Fraktion bekannte, daß ich schließlich doch noch bestimmt werden könnte. Die Rede Haases war natürlich Gift und Galle. Sie enthielt kein Wort für das gefährdete Land, kein Wort der Anerkennung der Pflicht, das Vaterland verteidigen zu müssen. Die Fraktion stutzte an der Rede herum, und Haase machte sehr viele Konzessionen. Schließlich aber mußte erst durch Abstimmung erzwungen werden, daß ein Passus in die Rede kam, der die Verteidigungspflicht ausspricht. Der Antrag kam bezeichnenderweise von dem radikalen Genossen Hoch. Er wurde mit allen Stimmen beschlossen gegen die von Herzfeld, Henke und Liebknecht. Haase wird die Verpflichtung auferlegt, am nächsten Morgen die abgeänderte Rede noch einmal vorzulegen.

Das „größere Deutschland".

Ehe die Etatsrede stattfand, hatte der Reichskanzler eine Konferenz der ausschlaggebenden Parteiführer bei sich zusammenberufen. Von der sozialdemokratischen Fraktion wohnten ihr bei: Molkenbuhr, Robert Schmidt, Haase und ich. Zuerst sprach der Kanzler über die Verhandlungen zwischen Italien und Österreich, die damals unter reger Maklertätigkeit des Fürsten Bülow stattfanden. Dann sprach er über das Kriegsziel: Wir wollen „Sicherung, größere Bewegungsfreiheit und Entwicklungsmöglichkeit für ein stärkeres und größeres Deutschland". Mir liefs eisig kalt über den Rücken, und als er die Wendung von dem größeren Deutschland zum zweiten Male gebrauchte, da schauten wir vier uns an: Molkenbuhr, Robert Schmidt und ich sehr verstimmt, Haase offenbar sehr angenehm berührt. Er hatte nun, was er gebrauchte, das Stichwort für den „Eroberungskrieg", für den wir unmöglich noch Kredite würden bewilligen können.

An den Besprechungen für die formale Behandlung des Etats und über die Art, wie am 10. März die Regie gehandhabt werden sollte, nahm der Reichskanzler nicht mehr teil. Delbrück zog jetzt die Fäden. Alle Abgeordneten redeten uns zu, von einer Rede Abstand zu nehmen, da ja sonst auch die anderen Parteien würden sprechen müssen usw., genau wie im Dezember 1914. Wir überließen es Haase, die „Notwendigkeit" einer Äußerung vor den Verhandlungen der Budgetkommission zu verteidigen. Darüber waren ja alle einig, daß in der zweiten Lesung geredet werden sollte. Schließlich war auch diese Sitzung zu Ende.

Auf dem Heimweg begann ich Haase gegenüber zu erörtern, daß Bethmann Hollweg nach allen seinen sonstigen Darlegungen unmöglich ein durch Gebietszuwachs größeres Deutschland gemeint haben könnte; das erscheine mir ganz ausgeschlossen. Bei großen und größeren Menschen denke man auch nicht an die Zentimeter ihrer Länge usw. Siege Deutschland in diesem Kriege, dann stehe es doch tatsächlich stärker und größer da als vorher, auch wenn es nicht einen Quadratmeter an Gebiet gewinne. Haase widersprach natürlich lebhaft, brach das ihm unangenehme Gespräch aber hastig ab.

„Ich denke nicht daran, die Kriegsziele der Alldeutschen zu verwirklichen."

Diese Konferenz hatte immer noch unter der Rücksicht auf die relativ große Zahl der Teilnehmer gelitten. Der Reichskanzler hatte aber, wie vor allen solchen entscheidenden Reden, den Wunsch, sich ganz vertraulich mit der Sozialdemokratischen Partei vorher auszusprechen. Das beweist mein Tagebuch-Eintrag vom 9. März:

Früh um 8 Uhr kommt ein Bote aus der Reichskanzlei und bittet mich um 10 Uhr zum Reichskanzler. Ich ahnte: Er will uns noch einmal zusetzen, damit von einer Rede im Plenum Abstand genommen wird. Ich bin kurz entschlossen, Haase die Waffe aus der Hand zu schlagen, die ihm Bethmann Hollweg am gestrigen Abend durch eine mißverständliche Wendung gegeben. Ich rufe Wahnschaffe zu, daß der Reichskanzler in der bevorstehenden Unterredung auf sein Kriegsziel zurückkommen müsse, aber so, daß daraus unter gar keinen Umständen Eroberungsabsichten herausgehört werden könnten, wie das gestern abend der Fall gewesen wäre. Absichten, von denen ich überzeugt sei, daß sie Bethmann Hollweg ja auch gar nicht habe.

Wahnschaffe verstand mich sofort, nachdem ich ihn auf unsere Grundsätze aufmerksam gemacht hatte. Der Kanzler empfing uns sehr freundlich und offerierte Zigarren. Ich qualmte drauf los, während er auf Haase einredete. — Im tiefsten Vertrauen — sonst habe niemand Kenntnis davon —: Zarte Keime sprießen in Rußland, Keime, aus denen ein Friede entstehen könnte. Wir würden sie zertreten, wenn wir vom Frieden sprechen. Das werde man deuten als Schwäche, und dadurch wachse in Rußland das Kraftgefühl noch einmal usw. Die Ziele, die die Alldeutschen verlangten, seien Unsinn. „Ich denke nicht daran, sie zu verwirklichen. Belgien annektieren! Ein Land mit einer uns vollkommen fremden, auch sprachfremden Bevölkerung. Ich stelle mir vor, daß wir engere Wirtschaftsbeziehungen mit Belgien kriegen können, vielleicht auch Abmachungen militärischer Art. Und wenn es mir gelänge, die Grenze in den Vogesen ein wenig zu regulieren, die jetzt unterhalb des Kammes läuft, dann wäre das schon von großer Bedeutung, ebenso, wenn man die Schleifung Belforts durchsetzen könnte. An diesen Grenzen haben wir furchtbare Opfer bringen müssen."

Haase und ich — Haase vor mir — stellten mit Genugtuung fest, daß diese Darlegungen uns beruhigten, mindestens hätten sie mancherlei Befürchtungen zerstreut. Bethmann Hollweg sprach dann noch über die Bereitwilligkeit, mit Rußland oder Frankreich Separatfrieden zu schließen, sobald es gehe. Die Hauptsache sei, die Entente zu sprengen. Immer wieder zwischendurch: Nicht vom Frieden reden. Witte habe kürzlich leise Versuche gemacht, die Presse schrieb darüber — sofort war Witte abgetan.

Bethmann Hollweg wies dann auf unsere Genossen in England und Frankreich hin: „Wenn Sie mit denen Fühlung nehmen könnten, sei das gewiß wertvoller, als wenn wir im Reichstage über den Frieden reden. Aber Ihre internationalen Freunde scheinen wenig friedlich gesinnt zu sein." Mit nochmaligen väterlichen Ermahnungen entließ uns der Kanzler schließlich. Ich hatte den Eindruck gewonnen, daß er es nicht allzu tragisch nehmen werde, wenn Haase nach dieser Unterredung redete. Daß Bethmann Hollweg auf Haase großen Eindruck gemacht hatte, war unverkennbar.

Die letzte Kundgebung der einigen Sozialdemokratischen Partei.

Die Rede von Haase entsprach den Besprechungen mit dem Reichskanzler. Ich hatte am 18. März, also eine Woche nach der Haaseschen Rede, die Aufgabe, den Standpunkt meiner Partei zu den innerpolitischen Fragen darzulegen, und ich darf hier als besonders bezeichnend festhalten, daß mir von unabhängiger, also eingeweihter Seite, Jahre hindurch der Vorwurf gemacht wurde, ich hätte in dieser Rede kein Wort für den Verständigungsfrieden gefunden, obwohl ich, im Einverständnis mit den damals zu der Fraktion gehörigen späteren Unabhängigen, am Anfang meiner Rede betont hatte, daß ich die auswärtige Politik nicht berühren würde, da mein Parteifreund Haase am 10. März das dazu Notwendige vorgetragen habe.

Innerhalb der Partei war aber nach wie vor der Kampf gegen einen Eroberungskrieg und für einen Verständigungsfrieden an der Tagesordnung. Am 14., 15. und 16. August tagte der Parteiausschuß zusammen mit der Reichstagsfraktion und veröffentlichte durch Zirkular an sämtliche Parteiorganisationen folgenden Bericht, der die Zustimmung der Gruppe Haase gefunden hatte:

In Wahrnehmung der nationalen Interessen und Rechte des eigenen Volkes und in Beachtung der Lebensinteressen aller Völker erstrebt die deutsche Sozialdemokratie einen Frieden, der die Gewähr der Dauer in sich trägt und die europäischen Staaten auf den Weg zu einer engeren Rechts-, Wirtschafts- und Kulturgemeinschaft führt. Demgemäß stellen wir folgende Richtpunkte für die Friedensgestaltung auf:

1. Die Sicherung der politischen Unabhängigkeit und Unversehrtheit des Deutschen Reiches heischt die Abweisung aller gegen seinen territorialen Machtbereich gerichteten Eroberungsziele der Gegner. Das trifft auch zu für die Forderung der Wiederangliederung Elsaß-Lothringens an Frankreich, einerlei, in welcher Form sie erstrebt wird.

2. Zwecks Sicherung der wirtschaftlichen Entwickelungsfreiheit des deutschen Volkes fordern wir:

    „Offene Tür", d. h. gleiches Recht für wirtschaftliche Betätigung in allen kolonialen Gebieten;

    Aufnahme der Meistbegünstigungsklausel in die Friedensverträge mit allen kriegführenden Mächten;

    Förderung der wirtschaftlichen Annäherung durch möglichste Beseitigung von Zoll- und Verkehrsschranken;

    Ausgleichung und Verbesserung der sozialpolitischen Einrichtungen im Sinne der von der Arbeiterinternationale erstrebten Ziele.

    Die Freiheit der Meere ist durch internationalen Vertrag sicherzustellen. Zu diesem Zweck ist das Seebeuterecht zu beseitigen und die Internationalisierung der für den Weltverkehr wichtigen Meerengen durchzuführen.

3. Im Interesse der Sicherheit Deutschlands und seiner wirtschaftlichen Betätigungsfreiheit im Südosten weisen wir alle auf Schwächung und Zertrümmerung Österreich-Ungarns und der Türkei gerichteten Kriegsziele des Vierverbandes zurück.

4. In Erwägung, daß Annexionen volksfremder Gebiete gegen das Selbstbestimmungsrecht der Völker verstoßen und daß überdies durch sie die innere Einheit und Kraft des deutschen Nationalstaates nur geschwächt und seine politischen Beziehungen nach außen dauernd aufs schwerste geschädigt werden, bekämpfen wir die darauf abzielenden Pläne kurzsichtiger Eroberungspolitiker. Vom Standpunkt des deutschen Interesses nicht minder, wie von dem der Gerechtigkeit halten wir die Wiederherstellung Belgiens darum für geboten.

5. Die furchtbaren Leiden und Zerstörungen, die dieser Krieg über die Menschheit gebracht hat, haben dem Ideal eines durch internationale Rechtseinrichtungen dauernd gesicherten Weltfriedens die Herzen von neuen Millionen gewonnen. Die Erstrebung dieses Zieles muß als höchstes sittliches Pflichtgebot für alle gelten, die an der Gestaltung

des Friedens mitzuarbeiten berufen sind. Wir fordern darum, daß ein ständiger internationaler Schiedsgerichtshof geschaffen werde, dem alle zukünftigen Konflikte zwischen den Völkern zu unterbreiten sind."

* * *

Damit war unsere Stellung nach jeder Seite hin geklärt. Allerdings, der Regierung, die ängstlich auf das Ergebnis gewartet hatte, machten wir eine geringe Freude. Als Wahnschaffe mich zum fünften Male rufen ließ, zeigte ich ihm das Rundschreiben. Er meinte: So würde es vielleicht gehen. Aber, fügte er hinzu, sehr bedauere er den Satz von der Wiederherstellung Belgiens. Er wüßte zwar, daß der Reichskanzler dem absolut zustimme, aber bei einer Verbreitung des Zirkulars an die Armee würde man dadurch Schwierigkeiten mit den Militärs bekommen. Ganz herauslassen könnten wir es auch nicht, denn wenn wir einzelne Sätze streichen, so werde — das habe der Zensursachverständige Major Deutelmoser gesagt — der ganze Wortlaut doch in der „Berner Tagwacht" erscheinen, insbesondere scheine eben den Regierungsvertretern der absolut klare Satz „gegen eine Annexion Belgiens" unerwünscht. Ich erwiderte, daß kein Mensch im Ausland von den deutschen Sozialisten etwas anderes erwarte, als was hier in den Leitsätzen gesagt sei. Trotz aller meiner Gründe war damals unter der alleinseligmachenden Zensur bei Wahnschaffe und Deutelmoser doch nichts anderes zu erreichen, als daß sie gegenüber Zivil- und militärischen Stellen die Verbreitung unserer Leitsätze durchsetzen wollten, aber allerdings ohne den positiven Satz über die Wiederherstellung Belgiens.

Enge Fühlungnahme mit den österreichischen Parteigenossen.

Es war für uns nicht nur durch die Konstellation des Krieges, sondern durch den internationalen Charakter der Partei von höchster Wichtigkeit, daß wir in engster Fühlung und völliger Übereinstimmung mit den österreichischen Parteigenossen vorgingen. Die Sozialdemokratische Partei Österreichs litt darunter, daß dort ohne Parlament, d. h. mit der schärfsten Zensur und ohne jedes Ohr für die Stimmung im Volke regiert wurde. Deshalb konnten die österreichischen Sozialdemokraten sich nicht in der offenen

Weise über Kriegführung und Kriegsziele aussprechen, wie selbst uns dies möglich war. Um hier einen Ausgleich zu schaffen, waren wir bemüht, durch dauernde Zusammenkünfte mit den Österreichern eine Übereinstimmung herzustellen und gleichsam als ihre Wortführer zu fungieren. Bald trafen wir uns in Wien, bald in Berlin, und es darf festgestellt werden, daß zwischen meiner Partei und der österreichischen Bruderpartei fast nie Meinungsverschiedenheiten bestanden.

Als Beispiele für dieses gute Verhältnis will ich einige Notizen aus einer Sitzung zitieren, die am 19. November 1915 in Wien stattgefunden hat und von dem doppelten Bedürfnis diktiert war, den Krieg auf seinen ursprünglichen Charakter als Verteidigungskrieg zurückzuführen und eine gemeinsame Front zwischen den zwei Bruderparteien herzustellen. Ich notierte mir:

Wir verhandelten über die allgemeine politische Lage. Die österreichischen Genossen, abgesehen von Fritz Adler, sind sehr realpolitisch. Sie billigen unser Verhalten und wünschen, daß wir direkt in ihrem Namen mitsprechen, wenn wir im Reichstag über den Krieg reden. Je deutlicher wir über den Frieden sprechen könnten, um so lieber ist es ihnen. Uns auch. — Über den wirtschaftlichen Zusammenschluß zwischen Österreich-Ungarn und dem Deutschen Reiche gab es sehr ausführliche Debatten. Dr. Karl Renner referierte. Es soll demnächst in Berlin eine Konferenz der Reichstagsfraktion und des Parteiausschusses stattfinden, zu der auch die Generalkommission der Gewerkschaften eingeladen werden soll. Da soll dann Renner seinen Vortrag wiederholen. — Von großem Interesse waren auch die Auseinandersetzungen über „Annexionen". „Das ist ein Schlagwort, mit dem wir in Österreich nichts anfangen können", sagte Viktor Adler. Wir — die Österreicher — sind bereit, Polen und Serbien „zu nehmen". Das sei keine Annexion. Austerlitz hielt sogar eine weitere Teilung Polens an Österreich und Deutschland für die „glücklichere" Lösung. — Jedenfalls erwies sich erneut, daß die österreichischen führenden Genossen großes Verständnis für reale Politik haben. Es wurde allseitig gewünscht, daß die Genossen Österreichs mit denen Deutschlands bei allen weiteren Kriegsfragen in engster Gemeinschaft wirken.

Die Friedensinterpellation vom 6. Dezember 1915.

Es war selbstverständlich, daß wir unsere Friedensarbeit nicht nur im stillen und in Verhandlungen mit dem Ausland durchführen konnten, sondern, daß wir auch offensichtliche Kundgebungen herbeiführen mußten, wenn wir auf die feindliche Öffentlichkeit Eindruck zu machen wünschten. Aus diesem Bedürfnis entstand unsere Friedensinterpellation vom 6. Dezember 1915, die ich zu begründen hatte. Um die Art zu skizzieren, in der wir bemüht waren, die Reichsregierung in unserem Sinne zu beeinflussen und dennoch nicht ein Tüpfelchen unserer pazifistischen Überzeugung aufzugeben, will ich eine Unterredung mit Bethmann Hollweg darstellen, die sich um seine und meine Rede bei dieser Interpellation dreht. Ich habe mir folgendes notiert und füge hier zugleich die Niederschriften über die Kanzlerrede hinzu, mit samt dem Eindruck, den sie auf der künftig „unabhängigen" Seite machte.

3. Dezember. Bureau. Ich skizziere meine Rede für die Interpellation. Nachmittags treffe ich Wahnschaffe im Reichstag. Er fragt, ob ich schon die Einladung zum Reichskanzler hätte? Er wünsche mich am nächsten Tage um 12 Uhr zu sprechen. Im Bureau erfuhr ich dann, daß ich telephonisch gebeten worden sei, zum Reichskanzler zu kommen.

4. Dezember. Sonntag. Ich gehe zum Reichskanzler. Er ist sehr aufgeräumt und überaus liebenswürdig. Es sei schade, daß wir doch interpellierten. Na, nun komme es darauf an, nichts zu verderben, deshalb wolle er mit mir reden über seine und meine Reden. Er sei gerade dabei, seine zweite Rede auszuarbeiten, also die, die er auf meine Begründungsrede halten wollte. Ich lachte und sagte ihm dann, daß ich es nicht für richtig halte, wenn er hinten anfinge, er wisse ja gar nicht, was ich reden werde. Er: Na, so ungefähr glaube ich annehmen zu können, daß Sie uns keinen großen Schaden anrichten werden. Ich: Erlauben Sie, Exzellenz, keinen Schaden! Ich hoffe, großen Nutzen stiften zu können.

Er begann dann an der Hand seiner in ein großes Folioheft mit in der Mitte geknickten Bogen und mit Bleifeder geschriebenen

Rede: „Wenn der Herr Abgeordnete Scheidemann gemeint hat, bei den Forderungen unserer Gegner handle es sich um Bluffs, so irrt er; ebenso geht er zu weit, wenn er sagte, daß die bürgerliche Presse des Auslandes der wirklichen Volksstimmung nicht entspreche —". Ich fiel ihm ins Wort: „Wenn Sie wünschen, daß ich Ihnen Gelegenheit gebe, das sagen zu können, bin ich gern bereit, weil ich mir dabei nichts vergebe." Er fuhr fort, zu skizzieren; ich fand, daß er recht verständig disponiert hatte. Ich fiel ihm schließlich wieder ins Wort, als er sagte, daß die kaiserliche Regierung jedem vernünftigen Friedensvorschlag gern nähertreten werde. Ich opponierte gegen das Wort „vernünftig"; entweder solle er es fortlassen, oder ein anderes wählen. Er sagte ohne weiteres zu.

Das Telephon klingelt. Er: „Das ist der Kaiser, der will mich sprechen." Ich: „Bitte, ich werde solange in ein Nebenzimmer gehen!" — „Ich bin Ihnen sehr dankbar!" Nachher holte er mich aus dem Zimmer: „Herr Scheidemann, das ist eine Sache, ich rede mit dem Hauptquartier, und das ist gerade, als spreche ich hier im Zimmer mit dem Herrn." Ich: „Ja, 1870 war's noch anders." Er: „Ach, ich würde gern mit 70 tauschen." Ich: „Ja, leichter war's auf alle Fälle."

Ich sagte ihm nun: „Exzellenz, wär's nicht besser, wenn Sie mir zunächst Ihre erste Rede skizzieren wollten? Darauf muß ich doch vielleicht mit einigen Worten eingehen. Es ist aber besser, wenn ich auch da nicht alles aus dem Handgelenk zu machen brauche." Er: „Sehr gern. Ich werde vor Eintritt in die Tagesordnung ungefähr ¾ Stunden reden. Über Bulgarien und Griechenland, soweit das möglich ist, dann über die Lebensmittelfrage. Schließlich werde ich darauf hinweisen, wie unsere Gegner noch immer den Vernichtungskrieg gegen uns predigen. Festes Zusammenhalten sei deshalb geboten usw. Ich bin da wirklich erst bei dem dürftigsten Skizzieren. Wie lange gedenken Sie zu reden, Herr Scheidemann, und wie haben Sie disponiert?" Ich skizzierte mit einigen Strichen, las ihm aber w ö r t l i c h vor, was ich als Friedensgrundlage aussprechen würde:

„Wenn der Reichsregierung sich die Möglichkeit bietet, einen Frieden zu schließen, der dem deutschen Volke die politische

Unabhängigkeit, die Unversehrtheit des Reiches und die wirtschaftliche Entwicklungsfreiheit sichert, dann fordern wir, daß sie Frieden schließt."

„Ja — ja! Ganz einverstanden."

Das fand er passabel. „Das geht." Er habe nur die Befürchtung, daß die übrigen Parteiredner wieder Annexionspläne vortragen würden, wenn ich gegen „Annexionen" spreche. Vielleicht gehe es, daß ich nur von der Vergewaltigung fremder Völker rede und so ähnlich. — Er werde auf die Zertrümmerungsabsichten der anderen verweisen. Wenn jene diese Pläne aufgäben, dann werde sich erst verhandeln lassen. Deutschland strebe nicht nach einer Weltherrschaft, der Krieg sei immer noch ein Verteidigungskrieg. Wir haben keinen Haß geschürt. Unser Ziel sei, den Krieg durch einen Frieden zu beenden, der die Wiederkehr eines gleichen Überfalles verhütet. Dem Haß der Gegner entsprechend müsse der Schutzwall sein, den wir gebrauchen. Die kleinen Völker müßten als Vorwerke Englands unschädlich gemacht werden durch militärische, politische und wirtschaftliche Sicherung. Die kaiserliche Regierung sei bereit, wenn man ihr mit geeigneten Vorschlägen komme.

Ich machte Einwendungen u. a. wegen der kleinen Völker. Das sei sehr leicht zu mißdeuten in Holland, Dänemark usw. Diese Partie seiner Rede sei der kitzliche Punkt. Das gab er ohne weiteres zu. Er werde eifrigst nach möglichst einwandfreier Fassung suchen. Annektieren wolle er Belgien nicht, aber als Vorposten Englands —? Das gehe nicht.

So unterhielten wir uns eine Stunde und zwanzig Minuten unter vier Augen sehr angeregt.

Zum Schlusse fragte er, wer die Putsche in Berlin anzettele. Ist das Liebknecht? Ich wehrte mich dagegen. Es seien uns die Vorkommnisse selbst sehr peinlich. Wer hinter der Sache stehe, wüßten wir nicht. Er: „Ja, ich mag nicht die Polizei mobil machen, die macht mir das zu ungeschickt. Aber schlimm ist die Sache. Und daß die Zettel in Ihren Zahlabenden verbreitet werden, ist doch bekannt." (Es handelte sich um kleine Zettel, die mit der Schreibmaschine geschrieben und vervielfältigt sind. Text:

„Frieden! Frieden! Sonntag, den ..... um 2 Uhr Unter den Linden."*)

Ich wies auf die große Not hin. Die sei die Urheberin. Usw. usw. — Vor der Saaltür, an die er mich begleitete, begann er noch einmal zu reden: „Ich beneide die Abgeordneten immer, weil sie hinter dem hohen Pult reden können. Da können sie doch ihre Notizen hinlegen und benützen. An meinem Platze kann ich das nicht; ach, und das Memorieren macht doch eine furchtbare Arbeit; außerdem kostet's viel Zeit, und man wird auch immer älter! — Ich sagte ihm, daß er sein Redemanuskript doch in die Hand nehmen möge, das würde ihm niemand verargen. Daß ein Mann in seiner verantwortlichen Stellung derart wichtige Reden nicht aus dem Ärmel schüttle, weiß doch sowieso jeder. — Er: „Nein, nein, das geht nicht. Wenn ich zu viel ablese, ist es eben keine Rede mehr." — Ich sagte ihm darauf, daß ich niemals eine Rede würde halten können, wenn ich sie vorher auswendiglernen sollte.

8. Dezember. Vormittags besuchen mich Dr. David und Landsberg im Bureau. Wels war schon bei mir. Wir besprachen meine Rede, die alle nach meiner Skizze lasen. Einige Bedenken zerstreute ich oder ließ sie gelten. Im allgemeinen waren sie mit ihr zufrieden. Aber was sollte Landsberg noch reden? Ich hätte ihm alles vorweggenommen. Ich vertröstete ihn auf die Debatte, die werde ihm, ebenso wie die Kanzlerrede, Stoff genug geben. Ja, was wird der Reichskanzler sagen? Ich berichtete, was mir Bethmann Hollweg am Sonntag gesagt hatte. Landsberg wollte sehr gern selbst einmal mit dem Reichskanzler reden. — Auf meine sofortige Anfrage bat der Reichskanzler, daß wir nachmittags 4 Uhr zu ihm kommen möchten. — Bethmann Hollweg empfing uns sehr freundlich. Unterhaltung fast genau wie am Sonntag. Landsberg setzte ihm zu wegen der ausgebliebenen Gewerkschaftsvorlage. Außerdem preßte ihm Landsberg das Zugeständnis ab, daß er in seiner Antwortrede auf meine Begründung der Interpellation einen Satz aus einer früheren Rede wiederholen solle: Daß wir kleine Nationen nicht unterdrücken wollten und so ähnlich. — Landsberg ging in die Universität, ich in den Reichstag.

Dort traf ich mit v. Payer zusammen. Er: „Alle bürgerlichen

Parteien haben sich auf eine gemeinsame Erklärung geeinigt für morgen. Hier ist sie — es sind nur etwa zwanzig Zeilen. Spahn wird sie verlesen." — Ich: „Was steht denn darin? Das ist die Hauptsache für mich." Er: „Na, sie ist für mich auch kein Meisterwerk, aber wir haben sie schließlich geschluckt, da die anderen Parteien sie schon akzeptiert hatten." — Ich: „Ich lese da unten zufällig das Wort ‚Gebietserwerbung' — also wohl eine Erklärung für Annexionen?" — Er: „Nein, nein, aber freilich eine Ablehnung Ihres Standpunktes: unter keinen Umständen irgendeine Erwerbung! Was zur Sicherung absolut genommen werden muß, müssen wir halt nehmen." — Lange Aussprache über das Annexionsthema. — Dann er: „Ja, die Erklärung soll den Schluß machen morgen." Ich: „Wie ist das zu verstehen?" Er: „Nach der Antwort des Reichskanzlers auf Ihre Rede soll Landsberg sprechen, dann liest Spahn die Erklärung vor, und dann ist Schluß." Ich: „Erlauben Sie, das ist doch wohl Ihr Ernst nicht! Es ist doch selbstverständlich, daß erst die Erklärung und dann Landsberg kommt." Er: „Nein, das wollen wir gerade nicht. Unsere Erklärung enthält kein Wort der Polemik gegen Ihre Partei. Aber trotzdem ist anzunehmen, daß Ihr Redner auf die Erklärung Bezug nimmt. Es fällt ein Zwischenruf, man weiß, wie es geht — es meldet sich einer zum Wort und die Debatte geht weiter. Das wollen wir verhüten, weil wir die Interpellation sowieso schon als recht schädlich ansehen für die Landesinteressen." — Ich setzte ihm zu, soviel ich konnte — es werde ein Unglück geben, wenn so verfahren werde, wie er wolle. Dagegen spreche die Übung im Hause: Seit längerer Zeit bestehe der Gebrauch, daß die interpellierende Partei das Schlußwort habe usw. Haase werde sofort eine große Geschäftsordnungsdebatte entfesseln, und der Krach sei nicht abzusehen. — Er: Es sei nichts mehr zu ändern, da alle Parteien sich geeinigt hätten. Eventuell werde der Präsident das Wort zur Geschäftsordnung gar nicht geben! — Ich setzte ihm noch einmal zu, leider vergeblich. Als ich sagte: „Wenn es zu einem offenen Bruch bei dieser Gelegenheit kommt, glauben Sie dann, daß es uns unter Umständen nicht geradezu unmöglich gemacht wird, noch für Kriegskredite zu stimmen?" Er: „Ja, lieber Kollege, glauben Sie denn nicht, daß das der Mehrheit unter den bürgerlichen Kollegen längst das liebste gewesen wäre?" — Ich informierte noch per Rohrpost Landsberg.

9. Dezember. Der große Tag. Der Reichskanzler hielt seine beiden Reden genau so, wie er sie in großen Umrissen mir schon geschildert hatte. Er sprach sogar in seiner zweiten Rede die Partie gegen mich, die ganz gegenstandslos war („Bluff" und Presse des feindlichen Auslands). Das hatte er mir schon am Sonntag vorgelesen und, obwohl ich ihm damals schon gesagt habe, daß ich gar nicht die Absicht hätte, davon zu sprechen, sprach er seine Antwortsprüchlein doch genau so her, wie er sie sich skizziert hatte. — Es kam dann, kompliziert durch die Wortmeldungen und -streichungen Landsbergs der Skandal, den ich am Abend zuvor dem Kollegen Payer vorausgesagt hatte!

11. Dezember. Ich erfahre, daß am Dienstag Plenarsitzung ist mit der Kreditvorlage auf der Tagesordnung. Berufe deshalb sofort für Montag früh 9 Uhr den Fraktionsvorstand in den Reichstag; für nachmittags 5 Uhr telegraphisch die ganze Fraktion. Abends sind Ebert, Müller, Braun und ich im Lokal der Generalkommission der Gewerkschaften mit Legien, Bauer, R. Schmidt, Silberschmidt und Jansson beisammen. — Ich sehe der Fraktionsverhandlung mit größter Sorge entgegen, denn viele unserer Genossen sind zu wenig Politiker. Der Krach am Donnerstag hat eine ganze Anzahl verstimmt. Weil Bassermann, Spahn, Westarp und Payer sich als ungeschickte und kurzsichtige Menschen erwiesen (zum wievielten Male?), deshalb sollen Kriegskredite nicht mehr bewilligt werden? Als ob die Kredite bisher bewilligt worden wären, weil die Bassermänner und Spähne uns sympathisch gewesen wären!

13. Dezember. Fraktionssitzung der Kreditvorlage wegen, nachdem eine Fraktionsvorstandssitzung vorausgegangen war, in der wir uns gegen Haase und Hoch für die Annahme der Vorlage aussprachen. In der Fraktion ging's wieder kunterbunt genug her. Es werden wieder die bekannten Reden für und gegen gehalten. Von den Genossen, die sich vor der Abstimmung entfernt hatten oder die abgehalten waren, gingen dann noch mündliche und schriftliche Erklärungen für und gegen ein. Das Gesamtbild gestaltete sich infolgedessen so: Für die Kredite waren 66, dagegen 44 Mitglieder der Fraktion.

14. Dezember. Fraktionssitzung. Folgender Antrag Ledebours gegen Landsberg wurde mit 60 gegen 24 Stimmen abgelehnt: „Die sozialdemokratische Reichstagsfraktion erklärt, daß in der Debatte über die Friedensinterpellationen am 9. Dezember der Genosse Landsberg entgegen der Auffassung der Fraktion es unterlassen hat, entschieden gegen die von den übrigen Parteien proklamierten Annexionsforderungen Stellung zu nehmen, dann obendrein die nicht minder unzweideutigen Annexionspläne des Reichskanzlers beschönigt und somit den annexionistischen Bestrebungen Vorschub geleistet hat."

* * *

Aus dem vorher Geschilderten ergibt sich das Maß von Schwierigkeiten, mit dem wir im Kampf um den Gedanken des Verständigungsfriedens zu rechnen hatten, aber auch die absolut einheitliche Linie, die wir von Beginn des Krieges bis zu seinem Ende aufgenommen haben. Die zwei Pole dieser Stellung waren: einerseits die Verteidigung gegen eine Vernichtung Deutschlands und anderseits der Kampf gegen die Umwandlung des Verteidigungskrieges in einen Eroberungskrieg.

Am 29. Mai hatte ich in einer Reichstagsrede gesagt: „Das höchste und wertvollste Recht für jedes Volk ist in unsern Augen das Recht der Selbstbestimmung ... In Frieden kann man mit Nachbarvölkern nur dann leben, wenn man sie nicht vergewaltigt, wenn man ihr Selbstbestimmungsrecht nicht angetastet hat." Und drei Jahre später, auf der Höhe unserer militärischen Erfolge: „Grundsätzlich sind wir Sozialdemokraten Gegner aller Annexionen und Vergewaltigungen, mögen sie nun leicht oder schwer ausführbar, mit kleinen oder großen Opfern erreichbar, dem erobernden Volk fürs erste nützlich oder schädlich sein." Also ein durchgängiger Wille zum Verständigungsfrieden sans phrase, und es ist die Tragödie des „Zu spät", die Deutschland in allem und allem bis zum heutigen Tag erlebt hat, daß die Träger dieses Willens erst zu Einfluß gelangt sind, als dessen Betätigung uns nicht mehr retten konnte.

Hätte in diesen Jahren des Elends irgendein verantwortlicher Parteigenosse die Aufgabe, immer und immer wieder auf das

Ende des Krieges hinzuarbeiten, vergessen, so wäre er durch die täglich wachsende Not des Volks, also der Parteigenossen im weitesten Sinn, daran erinnert worden. Die Lebensmittel waren in einer fast undenkbaren Weise knapp geworden, die Kriegsverluste hatten in jede Familie Lücken gerissen, und wo diese organischen, nicht zu verhindernden Folgen des Krieges sich noch nicht gezeigt hatten, da war die Regierung durch Schutzhaft, Verurteilung wegen angeblichen Landesverrats oder durch Eingriffe in die Freiheit der Presse dem Empfinden des Volkes zu nahe getreten. Die Brutalität der Behandlung gerade der Arbeiterklassen und ihrer Presse stand im umgekehrten Verhältnis zu den Beteuerungen der Regierungsvertreter.

„Ein Wort für die Monarchie."

Im vorhergehenden habe ich die gerade Linie gezeichnet, die unsern politischen Aktionen zugrunde lag. Was alles von uns und unserm Einfluß auf die Arbeitermassen verlangt wurde, das möchte ich in einem halb lustigen, halb traurigen Zwischenspiel darlegen, das sich in unsre ernste und aufreibende Tätigkeit drängte. Es ist bezeichnend für die trostlose Naivität der im übrigen gewiß sehr kenntnisreichen Geheimräte aus der wilhelminischen Ära. Ich gebe die Eintragungen aus meinem Tagebuch wieder und ersetze lediglich den wohlbekannten Namen des Geheimrats durch ein X.

24. Februar 1917. Geheimrat X. verschleppte mich in ein Zimmer des Bundesrats, um mir einen Vortrag zu halten über die Wichtigkeit der monarchischen Frage. — Ob es nicht denkbar sei, daß ich unter Wahrung unserer grundsätzlichen Stellung zur Staatsverfassung doch ein paar Worte zugunsten der Monarchie sage gegenüber den Junkern, die von uns stets das Nein herauslocken wollten. Wenn „man" einmal einige Worte von mir hätte über die Bedeutung der Monarchie, so wäre damit in Hofkreisen ungemein viel gewonnen. Wir hätten keine Ahnung, wie das Argument, daß wir Antimonarchisten seien, in einflußreichen Kreisen wirke. „Was weiß denn z. B. so ein General? Gar nichts!" — Für die Frage der Neuorientierung wäre schon die Erwähnung, daß die Sozialdemokratie eigentlich nie republikanische Propaganda getrieben habe, wertvoll. — Auf meine Frage, wie er zu diesen

merkwürdigen Vorschlägen komme, ob etwa der Reichskanzler in seiner bevorstehenden Rede über die Monarchie reden wolle, antwortete er: ja, der Reichskanzler muß darüber reden auf Grund der Hetze, die jetzt gegen ihn schlimmer als je zuvor am Hofe betrieben wird. „Und da wäre es von unendlichem Wert, wenn Sie in Ihrer Rede auf den Reichskanzler reagieren würden." — Ich fragte ihn: was der Reichskanzler sonst zu reden gedenke. — Er wich aus, worauf ich ihm sagte, daß ich die auch den Parteiführern gegenüber beobachtete Geheimniskrämerei für sehr dumm halte. Es sei doch viel besser, wenn man vorher wenigstens ungefähr wisse, was kommt, als wenn man aus dem Handgelenk plötzlich auf eine bedeutsame Rede, die man aber nicht immer in allen Einzelheiten richtig abschätzt, antworten muß. Er kam wieder auf seine monarchische Schrulle zurück. Ich antwortete ausweichend, zunächst müsse ich wissen, was der Reichskanzler zu sagen gedenke! — Er versprach nunmehr, sich um die Rede bemühen zu wollen.

27. Februar. Abends zuvor hatte mich Geheimrat X. noch telephonisch gewünscht. Ich sollte zu ihm kommen. „Ich habe keine Zeit." Dann sollte ich am nächsten Vormittag in seine Wohnung kommen. Bedaure, um 11 beginnt der Reichstag schon! Dann morgen früh im Reichstag! Ich: gut. Also X. faßt mich sofort. Er hat die Rede des Reichskanzlers und liest sie mir brockenweise vor mit der Bemerkung: hier will aber der Reichskanzler noch Änderungen vornehmen, da behält er sich die endgültige Formulierung vor usw. — Lange Debatte. Ich möchte unter allen Umständen etwas Freundliches über die Monarchie sagen. Ich lachte ihn aus. Er: „Sie scheinen wirklich den Wert einer solchen Äußerung zu verkennen." Ich: „Sie machen sich keine Vorstellung von dem Schaden, den ich mit einer solchen albernen Rederei anrichten könnte." Er redet immer eindringlicher auf mich ein und zieht schließlich den Entwurf einer Rede aus der Tasche, den ich als Grundlage für einige Sätze gebrauchen könne. Ich klebe die beiden mit Bleistift beschriebenen Blätter meinem Tagebuch ein. Sie lauten:

„Trotz banger Not ist die gesamte deutsche Arbeiterschaft in diesem Kriege treu zu dem obersten Kriegsherrn gestanden.

So treu wie nur irgend jemand. Treuer als die Männer, die in Hotels beraten, wie sie die zivilen und militärischen Spitzen gegeneinander verhetzen könnten und wohl solche Beratungen mit einem Hoch auf Seine Majestät den Kaiser einleiten. Von wem sind denn alle die schleichenden Gerüchte ausgegangen? Von Arbeitern, von Sozialdemokraten? Die Gerüchte — ich scheue mich, sie wiederzugeben, jeder kennt sie — die an die Ehre des Monarchen rührten. Den Kampf gegen die Monarchie hat die deutsche Sozialdemokratie und die deutsche Arbeiterbewegung nie gesucht, auch gar nicht geführt. Gegen Sie hat sie gekämpft, gegen Sie, die unter vielen Banketten und Feiern, Staat, Krone und Vaterland für sich allein in Anspruch nahmen, zur Stärkung Ihrer Macht. Wer hat denn so angelegentlich dafür gesorgt, daß das preußische Wahlrecht trennend zwischen dem preußischen Staat und seiner Spitze auf der einen und den breiten Massen des preußischen Volkes auf der anderen Seite bestehen bleibt? Sie wollen ja, daß wir uns gegen die Monarchie heftig und deutlich bekennen sollen, um uns auszuschließen vom Staate — und wenn Graf Westarp das Bekenntnis zur Monarchie von uns fordert, so will er das N e i n hören, das die Monopolstellung seiner Partei sichert. Sie wollen ja das Alte bestehen lassen, Sie wollen die Massen nicht für den Staat gewinnen, sondern sie dem Staat entfremden und den 4. August von der Verheißung einer besseren Zeit zur lieben Erinnerung herunterdrücken."

Ich habe Herrn X. derart ausgelacht, daß er erschrocken sein Manuskript wieder zurückhaben wollte. Mit der größten Gemütsruhe aber steckte ich es in die Tasche.

Der Kampf für die Demokratisierung.

Die zusammenfassende Darstellung, die ich im vorstehenden gegeben habe, bezieht sich hauptsächlich auf unsere außenpolitische Stellungnahme, indem sie den Willen der Partei zum Verständigungsfrieden immer wieder in den Vordergrund rückt. Inzwischen aber war auch die Unmöglichkeit der innerpolitischen Verhältnisse längst zur Reife gediehen und verlangte eine Lösung. Es verging fast keine Besprechung mit dem Reichskanzler oder mit den maßgebenden Männern des Reichsamts des Innern, in denen wir nicht auf die Unhaltbarkeit der innerpolitischen Verhältnisse hingewiesen hätten. Zur Zeit der Stockholmer Verhandlungen hatten sich die zwei Forderungen: Verständigungsfrieden und Demokratisierung als Ergänzungen derselben Notwendigkeit erwiesen und dieselbe Wichtigkeit erreicht. Der erste große Vorstoß, abgesehen von den steten Erwähnungen in Reden und Artikeln, war der Aufsatz, der von mir unter der Überschrift „Zeit zur Tat" im März 1917 im „Vorwärts" erschien, erhebliches Aufsehen machte und die Regierungsvertreter in eine geradezu unbeschreibliche Aufregung versetzte. Der Artikel, der eine historische Bedeutung erlangt hat, hatte folgenden Wortlaut:

> Feinde ringsum! Es bedarf keiner langen Unterhaltung über die Frage, warum fast die ganze Welt mit ihren Sympathien bei unseren Feinden steht. Die Antwort ist leicht gegeben: alle Welt sieht bei unseren Gegnern nur die mehr oder weniger entwickelte und ausschlaggebende D e m o k r a t i e, bei uns aber nur — P r e u ß e n!
>
> Wir haben immer — freilich mit etwas Herzklopfen — auf Rußland verwiesen, das im Lager unserer Feinde steht, obwohl es die rückständigste aller Regierungsformen hatte: den Absolutismus.
>
> Der Zarismus ist inzwischen für Rußland erledigt, denn der neue Landesvater soll die Krone sich nur dann aufs Haupt setzen, wenn die Volksvertretung damit einverstanden ist. Die russische Volksvertretung aber soll gewählt werden auf Grund des allgemeinen, gleichen, direkten und geheimen Wahlrechts.
>
> Rußland machte kurzerhand reinen Tisch, fegte mit kräftigem Besenstrich allen Wust und Unrat beiseite und will nun — wenn nicht die Republik das Ende ist — einen der Demokratie huldigenden Fürsten auf den Thron setzen. Rußland soll von nun ab einen Monarchen haben, den man achten und gewähren lassen wird, wie die Engländer, die Dänen, die Norweger ihren König regieren lassen. In Rußland würde dann die auch bei uns bisher immer nur theoretisch behandelte Frage, ob die Monarchie oder die Republik die bessere Staatsform ist, auf absehbare Zeit wahrscheinlich gar keine Rolle mehr spielen. —
>
> Im asiatischen Reiche der Mitte stemmten sich die Mandarine mit aller Gewalt gegen jede Reform. Sie wollten einen Kaiser absolut, so lange er i h r e n Willen tut. Damit untergruben sie die Monarchie und legten die Fundamente für die Republik. Im e u r o p ä i s c h e n Reiche der Mitte aber suchen ähnliche Geister chinesische Mauern zu errichten, um jede Reform hintanzuhalten!
>
> Die Uhr zeigt 5 Minuten vor 12. Sie aber bilden sich ein, die

Zeit aufzuhalten, wenn sie den Zeiger auf 11 zurückstellen. Von den Duisbergern, Fuhrmännern e tutti quanti rede ich erst gar nicht. Aber vom Reichskanzler will ich ein Wort sagen. Viele, die ihm früher feindlich gegenübergestanden haben, lernten ihn in harter Kriegszeit als einen aufrechten und ehrlichen Mann achten. Er hat im Laufe des Krieges manche gute, im Landtag kürzlich eine wahrhaft herzerfrischende, kluge Rede gehalten, durch die er für die Zukunft manches in sichere Aussicht gestellt hat. Aber warum schreckt er vor dem schon jetzt unbedingt Notwendigen zurück? Will er in der Geschichte als ein ewiger Zauderer und Säumer weiterleben?

Herr v. Bethmann Hollweg will die Preußen-Kur erst nach dem Kriege beginnen, für die Zeit nach dem Kriege waren auch in Rußland allerlei Reformen in Aussicht gestellt worden. Den Russen aber dauerte der Krieg zu lange, und je ärger der Hunger sie bedrückte, um so unerträglicher erschien ihnen die Verzögerung. Sie sagten sich wohl: wenn schon nicht Brot und Kartoffeln für alle zu beschaffen sind, was hindert uns daran, allen wenigstens gleiche Rechte zu geben?!

Und so kam denn der 11. März, sodann der Verzicht des Zaren, und so kam die Demokratie.

Warum auf morgen verschieben, was absolut notwendig und als eine der dringendsten Staatsaufgaben vor vielen Jahren schon vom König selbst bezeichnet worden ist, wenn es heute schon geschehen kann!

Man sagt, daß Schwierigkeiten zu überwinden seien, jawohl, es liegen Strohhalme im Wege, und ein Zwirnsfaden ist über die Prinz-Albrecht-Straße gespannt, aber was für Schwierigkeiten muß das Volk jetzt überwinden! Millionen sehen Tag für Tag entschlossen dem Tod entgegen für ein neues Vaterland des gleichen Rechts, und Millionen und Abermillionen ertragen daheim die größten Entbehrungen und mehr — sie werden immer lauter fragen: für was? Für das Preußen der Westarp und Heydebrand?

Hut ab vor einem Volke, das wie das deutsche und preußische so Unerhörtes in diesem Kriege geleistet hat und auch weiter leisten wird. Einer tut es dem anderen gleich. Ja mehr: des Vaterlandes ärmster Sohn war auch sein bester! Der Kanzler hat es in feierlicher Rede der deutschen Volksvertretung vor aller Welt verkündet, allen ist die gleiche Pflicht auferlegt, sollten auch nur für einen Tag nach dem Krieg nach ungleichen Maße die Rechte zugemessen bleiben? Es ist ein geradezu unerträglicher Gedanke, daß nach dem Kriege die, die jeden Tag Geschäfte gemacht und Nacht für Nacht im warmen Bette zugebracht haben, das Mehrfache des politischen Rechts haben sollten, wie die Tapferen, die aus dem Trommelfeuer, aus dem Flugzeug und aus dem U-Boot heimkehren.

Es ist jetzt Zeit zum entschlossenen Handeln. Die Schwierigkeiten, die entstehen könnten, wenn die Regierung jetzt das Wahlrecht für Preußen verlangt, wiegen federleicht im Vergleich mit den Schwierigkeiten, die entstehen können, wenn eine solche Vorlage nicht kommt. Die Parlamentarier und die Parteien, die jetzt im Landtag „Nein" zu sagen wagten, wenn die Regierung das gleiche Wahlrecht energisch fordert, wären im Handumdrehen erledigt. Man muß also nur ernsthaft wollen, j e t z t wollen.

Im Abgeordnetenhause ist die Reform in kurzer Zeit durchgesetzt. Hat jemand Angst vor den Herrenhäuslern in einer Zeit, in der wir einen Kampf auf Leben und Tod mit nahezu der ganzen Welt entschlossen kämpfen?

Die Zeiten sind ernst, und das gleiche Preußenwahlrecht ist reif. Der Reichskonzler sollte keinen Tag weiter zögern, das preußische Volk und die anderen deutschen Bundesstaaten werden wie ein Mann an seiner Seite stehen, wenn er entschlossen handelt.

Der Artikel hatte leider nicht nur die Regierung erheblich verschnupft, sondern auch, zu meinem größten Bedauern muß ich es feststellen, einige sehr prominente Mitglieder meiner eigenen Partei. Einer sagte mir in größter Erregung: „So was gefällt draußen, aber du als Parteivorstandsmitglied darfst so nicht schreiben." Ich antwortete sehr deutlich und, ich gestehe es offen, sehr verärgert, daß ich auf dergleichen Einwände pfeife und lieber auf alle meine Ämter verzichte als auf das unveräußerliche Menschenrecht, meine Meinung unter meinem Namen zu sagen.

Ganz aus dem Häuschen war man in der Wilhelmstraße über den Artikel. Wahnschaffe, der getreue, gescheite und sehr verständige Gehilfe des Reichskanzlers Bethmann Hollweg, bat mich in die Reichskanzlei, um mir zu sagen, daß ich eine grauenhafte Aufregung mit meinem Artikel heraufbeschworen hätte.

Er und der Reichskanzler wüßten, daß ich gewiß nichts Böses beabsichtige, aber von der Rechten hätten sie schon allerlei hören müssen: ich predige die Revolution und wolle den Kaiser in seinen Rechten schmälern usw. Ich setzte ihm auseinander, was ich bezwecke: den Reichskanzler darauf aufmerksam zu machen, daß er bei seiner Angst vor der Rechten nicht vergessen solle, auch ein bißchen Angst vor dem Volke zu haben. Ich wollte ihn warnen und zu entschlossenen Taten treiben. Wenn die Regierung energisch das Reichstagswahlrecht für den Landtag verlange, würden die Nationalliberalen und das Zentrum nicht wagen, zu erklären, daß sie den Soldaten, die jetzt für das Land kämpfen, gleiche Rechte nicht gewähren wollten. Aber wenn schon: dann sollte er einen Staatsstreich machen. Das Wahl„recht" in Preußen bestehe zu Unrecht usw. —. Er: Jetzt hat es mehr als 60 Jahre bestanden, man kann doch nicht zugeben, daß man solange ein Unrecht geduldet habe. Ich widersprach ihm entschieden: ich sei auf den Einwand gefaßt, daß dann auch alle vom Landtag beschlossenen Gesetze ungültig seien. Dem könne man durch ein Gesetz abhelfen, das die Arbeit des Landtages als gesetzlich zu Recht bestehend akzeptiere. Dem neuen Landtag bliebe es dann vorbehalten, gründlich mit Reparatur- und neuer Arbeit zu beginnen. Er war auffällig kleinlaut und versprach mir, dem Reichskanzler gewissenhaft zu berichten, was ich ihm gesagt hätte. Wir sprachen dann über die Revolution in Rußland. Er rechnet auf einen Rückschlag und auf die Militärdiktatur. Dann käme man wohl bald zum Frieden. — Er fand es auch durchaus begreiflich, daß wir Sozialisten die russischen Genossen beglückwünschten — was ich in Aussicht gestellt hatte.

Wenige Tage später hatten Ebert und ich eine Unterredung mit dem Reichskanzler über die von uns verlangte Wahlreform in Preußen. Es dauerte gar nicht lange, und schon wieder stand mein Artikel „Zeit zur Tat" im Mittelpunkt der Debatte. Der Reichskanzler redete sich immer mehr in Erregung. Wenn wir ihn zwingen sollten, im Reichstag über das Wahlrecht zu reden, so werde er sagen müssen, daß das eine Angelegenheit sei, die in den preußischen Landtag gehöre. Wir sagten ihm gründlich unsere Ansicht. In meinem Tagebuch ist über diese Unterredung sehr ausführlich berichtet. Ich zitiere nur diese Sätze: Er empfing uns sehr liebenswürdig, ich gewann aber sehr schnell den Eindruck, daß er sich einbildete, mir gegenüber Eindruck zu machen, wenn er sehr nachdrücklich, quasi mit feierlichem Ernst, auf mich einredete wegen des Vorwärts-Artikels „Zeit zur Tat". In Wirklichkeit hat er niemals weniger Eindruck auf mich gemacht, als gestern abend. Ich mag es nicht niederschreiben, will es aber als gewissenhafter Chronist doch tun: ich hatte sogar zeitweilig den Eindruck, als sei er der ehrliche Mann nicht, für den ich ihn gehalten habe und fernerhin gern halten möchte. Wie er vom Wahlrecht sprach und von den Offizieren, die heftige Gegner davon seien, hätte ich ihm am liebsten den Rücken gekehrt und wäre davongegangen.

„Reichskanzler Scheidemann."

Dieser Vorwärts-Artikel brachte mir übrigens auch ein bemerkenswertes Anerbieten. Eine in der Öffentlichkeit allgemein bekannte und geachtete Persönlichkeit ersuchte mich um eine Unterredung, zu der ich mich natürlich sofort bereit erklärte. Die Unterredung fand am 30. März im Zeppelinzimmer des Reichstages statt. Zweck der Übung: Ich sollte selbst zur „kühnen Tat" schreiten und dann das Amt des Reichskanzlers übernehmen. Mein Ansehen und meine Macht, so versicherte der hochgestellte Mann immer wieder, seien auch in Bürgerkreisen viel größer als ich wisse. Die ungeheure Mehrheit des Volkes werde mir folgen, wenn ich mich entschließen könnte — — Ob ich zu kühner Tat bereit sei? Ich gab ihm die Versicherung, daß ich vor nichts zurückschrecken würde, wenn ich die Überzeugung haben könne, dadurch dem Krieg und der Not unseres Volkes ein Ende zu bereiten. Zurzeit hätte ich diese Überzeugung nicht. Die von ihm gewünschte „kühne Tat" bedeute den Bürgerkrieg und damit die sichere Niederlage auf der ganzen Linie. Unbefriedigt durch meine Äußerungen verließ mich der Mann.

Die folgerichtige Krönung unserer aufreibenden Arbeit für den Verständigungsfrieden war die Entschließung des Parteiausschusses, in der zum erstenmal in Deutschland unter Übernahme des russischen Revolutionsprogramms die Formel „Ohne Annexionen und Entschädigungen" von einer politischen Partei angenommen wurde, die auf dem Boden des Verständigungsfriedens stand. Die Geradlinigkeit der sozialdemokratischen Haltung konnte nicht besser in Erscheinung treten als in diesem Entschluß, der lediglich eine neue und vielleicht präzisere Formulierung der Stellungnahme war, die, wie am Anfang dieses Kapitels ausgeführt, die sozialdemokratische Partei bereits im Jahre 1915 angenommen hatte.

Der rücksichtslose U-Boot-Krieg.

Das Jahr des Unheils 1917. — Besprechung mit Zimmermann. — Der Kanzler sagt nicht ja und nicht nein. — Die S.P.D. lehnt den U-Bootkrieg ab. — Quessel und Cohen dafür. — Telegrammwechsel mit Gompers. — Unterredung mit dem Botschafter Grafen Bernstorff.

Das Jahr 1917 brachte diejenigen Ereignisse, die für den Krieg, seine militärische und politische Durchführung, die höchste Bedeutung hatten und heute noch im Kampf der Parteien eine hervorragende Rolle spielen. Im Januar fiel die Entscheidung für den U-Bootkrieg, gegen die Warnungen aller derer, die aus dieser Verschärfung des Kampfes, die alle Neutralen, besonders aber Amerika vor den Kopf stoßen mußte, das größte Unheil erwachsen sahen. Dasselbe Jahr brachte den ersten gewaltigen Hungerstreik in Berlin und Leipzig, brachte die Stockholmer Konferenz, den internationalen, und die Friedensresolution, den nationalen Versuch, den Krieg zu beenden, und schloß mit dem größten Mißgriff der Kriegspolitik, dem Frieden von Brest-Litowsk.

Ich schildere hier im Zusammenhang unsere und meine Stellung zum U-Bootkrieg, dessen zerstörende politische Auswirkungen aber auch in der Darstellung der Stockholmer Konferenz noch einmal scharf hervorleuchten werden.

In meinem Tagebuch findet sich unter dem 17. Januar 1917 folgende Eintragung:

Besprechung mit Staatssekretär Zimmermann.

Zimmermann hatte mich zu einer Besprechung ins Auswärtige Amt gebeten. Er war sehr offen und führte ungefähr folgendes aus:

Die Würfel sind gefallen. Am 1. Februar beginnt der rücksichtslose U-Bootkrieg, nachdem die Oberste Heeresleitung sich dafür entschieden hat. Hindenburg-Ludendorff haben erklärt, daß sie, abgesehen von allen anderen Gründen, den U-Bootkrieg als Stimulus für unsere Truppen gebrauchen. Im tiefsten Vertrauen: die Moral der Truppen hat bedenklich nachgelassen. Was wir vor einigen Wochen bei Verdun erlebt hätten, sei das Schmerzlichste im ganzen Kriege. 4 französische Divisionen hätten 5 deutsche in die Flucht geschlagen, bzw. gefangen genommen. Es werde von den Kriegstreibern behauptet, daß das die Folge der Friedensrederei sei. Die Truppen seien überzeugt, daß es unbedingt bald Frieden gäbe, wozu sich also noch opfern? Er habe Ludendorff nachgewiesen, daß das kompletter Unsinn sei. Ludendorff habe das auch eingesehen. Was sollten wir nun machen? Unser Friedensangebot (vom Dezember 1916) war doch wahrhaftig, wie Sie wissen, gut und ehrlich gemeint. Aber die Antworten, sowohl die an uns wie die an Wilson! Übrigens habe ihm die Antwort an Wilson eine gewisse Freude gemacht: die Österreicher, die unter allen Umständen Frieden haben wollten, — wer wollte ihn nicht? — hätten nach der ersten Antwort so kalkuliert: der ganze Zorn der Entente richtet sich doch ausschließlich gegen Deutschland. Wozu also noch kämpfen? Dann sei die Antwort an Wilson gekommen. „Nationalitätenprinzip!" Also Auflösung Österreichs. Nun seien sie sofort wieder zur Besinnung gekommen.

I c h frage Zimmermann nach der Türkei und Bulgarien. Radoslawow habe ihm doch erklärt, er habe die Beweise in Händen, daß die bulgarischen Kriegsziele von der Entente gebilligt würden.

Z i m m e r m a n n: Es ist wahr, daß die Entente gegenüber den Bulgaren sehr geschickt operiert hat. Sie spricht z. B. nichts von der Auslieferung Konstantinopels an die Russen. Dadurch sollten den Bulgaren allerlei Hoffnungsmöglichkeiten eröffnet werden. König Ferdinand ist aber ein kluger Mensch und steht absolut fest. Er weiß auch genau, wie sehr er und seine Familie in Rußland verhaßt sind. Er muß bei der Stange bleiben. Es bleibt ihm gar nichts anderes übrig. Ja, die Türkei! Deren Schicksal wird in West-Europa entschieden. Das weiß man dort auch genau. Die Entente trifft die weitestgreifenden Vorbereitungen für die Offensive im Westen. Aber auch im Osten wird es schlimm werden. Die Italiener wollen den Versuch machen, wenn es irgend geht, Triest zu nehmen. Ebenso sind heftige Kämpfe in Mesopotamien zu erwarten. Wenn Bagdad fiele, so wäre das sehr schlimm.

Ich fragte Zimmermann dann, wie Hindenburg und Ludendorff die Situation und die Zukunft beurteilten?

Zimmermann: Sie hoffen bestimmt im Westen und sicher im Osten Durchbrüche zu verhüten. Natürlich werden auch von uns die umfassendsten Vorbereitungen getroffen. Im Westen werden unsere Truppen erheblich zurückgenommen werden, bis zu einer vorbereiteten Stellung, die als uneinnehmbar bezeichnet wird. Dort ist alles betoniert. Munition und Nahrung, ebenso Truppenaustausch wird unter der Erde zugeführt bzw. vor sich gehen.

Es kommt bei der Truppenzurücknahme auch ein taktischer Zweck in Betracht.

In absoluter Vertraulichkeit: man rechnet damit, bei dem Hin und Her aus dem Stellungskriege herauszukommen. Gelänge es, in Bewegung zu kommen, so würden sich unsere taktische Überlegenheit, die bessere Führung bald zeigen. — Er schilderte eingehend die militärische Situation so, daß ich die Folgerung ziehen mußte: es steht sehr schlimm um uns, und nur wahrhaft heldenmütige Kämpfe unter ganz hervorragender Führung können den Durchbruch verhüten.

Ich schnitt dann wieder die U-Bootfrage an. Das sei doch ein Vabanquespiel.

Zimmermann: Die Situation ist sehr schlimm und die Entscheidung war ebenso schwer, wie unmittelbar vor dem Ausbruch des Krieges. Wir standen vor einer Schicksalsfrage. Wie ich, wie Helfferich und der Reichskanzler zu der U-Bootfrage standen, wissen Sie. Aber jetzt blieb uns keine Wahl mehr. In Pleß (Hauptquartier) ist alles Für und Wider eingehend erörtert worden. Schließlich hat der Reichskanzler gesagt: ich kann Eurer Majestät gegenüber eine Verneinung ebensowenig wie eine Bejahung des rücksichtslosen U-Bootkrieges übernehmen. Ich füge mich der Entscheidung Eurer Majestät. — Natürlich bestand die ganze Zeit hindurch eine Kanzlerkrisis. Es ist ein Glück, daß sie verhütet worden ist. Sie machen sich keine Vorstellung davon, wie gegen Bethmann Hollweg gearbeitet wird.

Ich: — was wird mit Amerika? Wird es in den Krieg eintreten, oder hätte die Rede Gerards, in der er sagte, daß die Beziehungen zwischen Amerika und Deutschland niemals bessere gewesen sind als jetzt, eine Bedeutung, die beruhigen könnte? Was werden die übrigen Neutralen tun?

Zimmermann: Natürlich werden wir alles Erdenkliche tun, um Amerika aus dem Spiele zu lassen. Wir werden am 1. Februar, also erst, wenn der Krieg beginnt, eine sehr freundliche Note schicken, in der wir auf seine hochherzigen Versuche, den Frieden zu fördern, hinweisen. Wir werden ihm auseinandersetzen, daß wir nun, nachdem die Situation sich wesentlich anders gestaltet hätte, nicht darauf verzichten könnten, die U-Boote anzuwenden usw. Wir werden ihm bestimmte Vorschläge wegen der amerikanischen Schiffe machen.

Ich: Ja, wie soll es mit den berechtigten Interessen der Neutralen werden, deren Schutz wir auch in der gemeinsamen Resolution des Reichstags verlangt haben?

Zimmermann: Es wird ja nur ein bestimmtes Gebiet genannt werden, in dem der Krieg der U-Boote geführt werden soll. Im übrigen können die Neutralen ja fahren, wohin sie wollen.

Ich: Der Konflikt mit Amerika scheint mir nach dem früheren Notenwechsel trotz alledem unvermeidlich. Was aber dann, wenn Amerika eingreift?

Zimmermann: Ich gebe zu, daß die größere Wahrscheinlichkeit für einen Konflikt mit Amerika spricht. Aber es gibt ja verschiedene Formen des Konflikts. Vielleicht läßt es Wilson bei dem Abbruch der diplomatischen Beziehungen bewenden.

Ich: Selbst wenn das geschehen sollte und zunächst nichts weiter, wie soll es dann möglich sein, zu einem auch nur halbwegs annehmbaren Frieden zu kommen?

Zimmermann: Glauben Sie mir, daß uns diese Fragen alle unausgesetzt beschäftigen, aber trotzdem: was sollen wir machen, nachdem die schändlichen Antworten gekommen sind?

Ich: War es wirklich klug, die Anregung Wilsons zu beantworten mit dem Hinweis auf die direkten Verhandlungen zwischen den Kriegführenden? Wäre es nicht besser gewesen, die Kriegsziele zu nennen? Im Vergleiche mit den Bedingungen der Entente hätten wir doch vor aller Welt glänzend dagestanden?

Zimmermann: Wir konnten nicht anders verfahren. Übrigens im Vertrauen: Wilson weiß schon, was wir wollen. Wir haben es ihn unter der Hand wissen lassen. Die Dinge stehen so: dauert der Krieg noch ein Jahr, dann müssen wir jeden Frieden annehmen. Wir müssen also vorher eine Entscheidung herbeizuführen suchen. Ich bin der Überzeugung, daß der U-Bootkrieg nicht spät genug einsetzen konnte, wenn er überhaupt begonnen werden mußte. Vor einem Jahr wäre er ein Wahnsinn gewesen; jetzt ist die Sachlage eine andere. England hat große Schwierigkeiten in der Ernährung. Helfferich hat berechnet, daß England nur für etwa 6 Wochen Lebensmittel hat. Wir dagegen haben jetzt viel mehr U-Boote: 150, davon 120 große, monatlich kommen jetzt 12 dazu. Warten wir jetzt, dann deckt sich England ein, und uns sind alle Chancen weggenommen. Jetzt ist die Zeit, wo aus Argentinien und Australien die Lebensmittelzufuhr beginnen wird, da heißt's losschießen, sonst ist's zu spät!

Ich: Da es sich um eine unabänderliche Entscheidung handelt, bitte ich um Auskunft, wie es mit den europäischen Neutralen steht.

Zimmermann: Die Entscheidung ist freilich gefallen. Ich reise aber dieser Tage nach Wien, um die Zustimmung des Kaisers Karl zu holen. Er soll mitmachen, damit er nicht sagen kann, daß es sich nur um eine deutsche Entschließung gehandelt habe. Ja, die Neutralen! Holland hat sich schon vorgesorgt und wird wahrscheinlich nichts gegen uns unternehmen. Der holländische Gesandte hat mich wiederholt gebeten, ihm vertraulich zu sagen, ob der U-Bootkrieg beginne, damit sich sein Land vorsorgen könne. Holland ist versorgt, das weiß ich. Von Dänemark ist bestimmt versichert worden, daß es auch nichts tun wird. Das sagte nicht nur unser Vertreter, sondern auch der dänische Ministerpräsident. Schweden ist absolut sicher. Es hat Rußland gegenüber die gleichen Interessen wie wir. Man spricht immer noch von Sympathien hier und da in den neutralen Ländern. Das ist alles Unsinn. Es handelt sich um Interessen, um sonst nichts. Deshalb ist die Schweiz ein großes Fragezeichen. Was soll die Schweiz machen, wenn sie behandelt wird wie Griechenland? Sie wird dann an der Seite der Entente vielleicht zu den Waffen greifen müssen, um die schnelle Entscheidung herbeizuführen, die sie vor dem Verhungern schützt.

Ich: Also die Situation ist einfach verzweifelt. Wie urteilt denn Hindenburg über diese Dinge?

Zimmermann: Natürlich sind alle Vorbereitungen getroffen, um evtl. Holland und Dänemark in Schach zu halten. Als in dem Kriegsrat auf die Möglichkeit eines Krieges mit der Schweiz hingewiesen wurde, hat der alte Herr gesagt: Das wäre nicht schlimm, dann könnte man von dort aus die französische Front aufrollen!

Wir sprachen noch lange über allerlei. Ich bat immer wieder sehr eindringlich, alles zu tun, was irgend möglich, um den Krieg mit Amerika zu verhüten. — Das erklärte er für selbstverständlich. Zimmermann war sehr ernst und, wie mir schien, sehr wenig zuversichtlich. Er meinte zum Schluß: Wie es auch gehen mag, die „wilden Männer" à la Bassermann werden die Regierung später heftig anklagen. Geht es gut, dann werden sie sagen, daß es auch schon früher gut gegangen wäre, wenn man nicht so lange gezögert hätte. Geht es schief, dann heißt es: Die Regierung ist schuld, sie hat zu lange gezögert. — Ich verhielt mich im übrigen, da ich ja mit niemandem über den Fall hatte reden können, sehr reserviert, verwies aber mehrfach auf unsere frühere Stellungnahme.

* * *

Damit waren die Würfel gefallen; der U-Bootkrieg kam, es konnte sich nur noch darum handeln, ihn nach Möglichkeit zu entgiften. Davon, daß das „Volk" in den Schrei „U-Boote heraus!" eingestimmt hatte, wie es die Fuhr- und Bassermänner behaupteten, konnte keine Rede sein. Auf einer großen Versammlungstour, die mich in diesen Tagen u. a. nach Stuttgart, Mannheim, Heidelberg und Pforzheim führte, konnte ich einwandsfrei und beim wirklichen Volk feststellen, daß die Stimmung im Lande allmählich unter den Nullpunkt gesunken war und nicht Hoffnung, sondern allgemeine Befürchtung angesichts des zu erwartenden hemmungslosen U-Bootkrieges herrschte.

Ebenso wie wir hat in diesen bösen Tagen auch Professor Hans Delbrück das Menschenmögliche getan, um die Wilhelmstraße zu veranlassen, den U-Bootkrieg wenigstens so führen zu lassen, „daß Amerika nicht direkt g e z w u n g e n werde, in den Krieg einzutreten". Ich stand in dieser Zeit mit Delbrück in Verbindung und weiß, wie eifrig er tätig gewesen ist, unserm armen Lande das Schlimmste zu ersparen. Wir wirkten beide in Gemeinschaft mit einflußreichen Amerikanern besonders darauf hin, daß die Regierung endlich bestimmte Erklärungen über Belgien abgeben sollte. Am 25. J a n u a r begaben Bethmann Hollweg und Zimmermann sich ins Hauptquartier. Ich erfuhr davon erst eine halbe Stunde vor der Abreise und setzte mich sofort mit Wahnschaffe telephonisch in Verbindung, der mir auch bestimmt versicherte, alle Einwände und Vorschläge, die Delbrück und ich noch gemacht hatten, den beiden Herren schleunigst zu übermitteln. Wahnschaffe sagte mir, daß „in Ihrem Sinne unausgesetzt gearbeitet wird. Soeben ist von einem hochgestellten Manne ein Schreiben eingelaufen, das die gleichen Vorschläge macht. Ich werde den Reichskanzler auf den Bahnhof begleiten und ihm vortragen, was Sie mir gesagt haben." Ich vermute, daß der hochgestellte Mann der Prinz Max von Baden gewesen ist.

Die S.P.D. lehnt den unbeschränkten U-Bootkrieg ab.

In der Haushaltskommission des Reichstages kam es dann am 31. J a n u a r und 1. F e b r u a r zu lebhaften Auseinandersetzungen über den U-Bootkrieg. Die Stellungnahme der Sozialdemokratischen Partei mußte der Abgeordnete Dr. David nach sorgfältig vorgenommener Aussprache unserer Fraktionsmitglieder der Kommission darlegen. Der Fraktionsvorstand informierte über diese Stellungnahme die Vertrauensleute der Partei sehr ausführlich wie folgt:

„Berlin, den 9. Februar 1917.
Werter Genosse!

Angesichts der dürftigen Berichterstattung über die Behandlung der U-Bootfrage im Reichshaushaltsausschuß des Reichstages wird es Ihnen erwünscht sein, Näheres zu erfahren über die Stellungnahme unserer Kommissionsmitglieder. Selbstverständlich handelt es sich nur um eine streng vertrauliche Information, die öffentlich n i c h t benutzt werden darf; vielmehr nur zu Ihrer eigenen Orientierung gegeben wird.

Genosse Dr. David hat die Stellungnahme der Fraktion resp. der Kommissionsmitglieder in einer Rede erörtert, die wir nach den amtlichen (nicht stenographischen) Aufnahmen beifügen. In der zustimmenden Beurteilung der Sachlage durch Genossen David waren alle sozialdemokratischen Kommissionsmitglieder einig.

Mit Parteigruß!

Für den Vorstand der sozialdemokratischen Reichstagsfraktion.

Ph. Scheidemann."

(Anlage.) Dr. Davids Rede:

„Die gefaßte Entscheidung sei die folgenschwerste in diesem Kriege, und die Männer, die diese Entscheidung gefällt hätten, müßten auch allein die Verantwortung dafür tragen. Diese Männer hätten jedenfalls in der festen Überzeugung gehandelt, daß damit der Krieg abgekürzt und zu einem guten Ende geführt werden könne. Seine Freunde könnten aber diese Ansicht nicht teilen, sondern müßten offen die Befürchtung aussprechen, daß aus diesem Entschluß, den sie bedauerten, schweres Unheil für Deutschland entstehen könne. Auch seine Freunde hätten die U-Bootfrage immer als eine Zweckmäßigkeitsfrage angesehen. Sie stünden aber heute noch auf dem Standpunkt, den die Reichsleitung früher eingenommen hätte.

Bei der technischen Auseinandersetzungen des Admirals von Capelle über die Zahl der zu vernichtenden Tonnage vermisse man die Einstellung des Tonnagezuwachses auf seiten unserer Gegner. Wenn unsere Gegner monatlich 150 000 Tonnen neu bauten, so mache das in sechs Monaten schon 900 000 Tonnen. Dazu komme die Möglichkeit, daß die in neutralen Häfen festgehaltene deutsche Tonnage in den Dienst der Gegner gestellt würde; das mache noch einmal 1½ Millionen Tonnen aus.

Es sei fast ein Wunderglaube, wenn man annehme, daß unsere U-Boote, die die feindliche Sperre im Kanal und nördlich von Schottland für unsere Schiffahrt nicht sprengen könnten, ihrerseits imstande seien, rund um England herum eine Sperre zu legen. Man könne mit unseren U-Booten die englische Hochseeflotte schachmatt setzen. Solange die Brücke Dover—Calais bestehe, kämen für England auch noch die Zufuhren von Frankreich über den Kanal sehr in Betracht.

Die Berechnungen des Staatssekretärs Dr. Helfferich hätten keinen entscheidenden Wert und seien fast als ein Spinngewebe zu betrachten. Dieselbe Rechnung, wonach England wirtschaftlich zusammenbrechen müsse, werde auch von der Gegenseite gegen Deutschland aufgemacht. Deutschland befinde sich heute in wirtschaftlicher Beziehung in einer viel schlimmeren Lage als die Gegner, und doch sagten wir mit Recht, daß uns das nicht niederzwingen werde. Genau dieselbe Entschlossenheit, die unser Volk gezeigt habe, müsse man aber auch beim Gegner voraussetezn. Wenn die Engländer wirklich durch unsere Unterseeboote in schärferer Weise wirtschaftlich bedrängt würden, so würden sie sich eben den Riemen enger schnallen und ihre Entschlossenheit verstärken.

Die entscheidende Frage in dieser Sache sei das Verhalten Amerikas. Die Entscheidung über den Ausgang dieses Krieges liege bei Amerika. Deshalb müßte alles aufgeboten werden, um Amerika vom Kriege fernzuhalten. Die Ausführungen des Staatssekretärs Zimmermann seien sehr beunruhigend gewesen. Mit einer gewissen burschikosen Art des Zuredens komme man nicht zum Ziele. Amerika werde sich nur durch seine Interessen bestimmen lassen, nicht durch irgendein Zureden zu unseren Gunsten. Amerika sei in dem politisch einflußreichsten Teil seiner Bevölkerung angelsächsischer Art und vertrage keine feindselige Stellung zu England, schon mit Rücksicht auf die japanische Gefahr und das Dauerinteresse an einem guten Verhältnis zum englischen Weltimperium.

Die Annahme des Abgeordneten Gröber, daß wir aus der englischen Presse die Angst vor dem U-Bootkrieg ersehen könnten, sei nicht zuverlässig; man könne darin ebensogut eine englische Falle erblicken, die letzten Endes darauf hinausliefe, Amerika auf die Seite der Entente zu ziehen.

Was der Eintritt Amerikas in den Krieg bedeute, brauche nicht ausführlich auseinandergesetzt werden. Bisher hätte die Entente den Amerikanern das Kriegsmaterial für hohes Geld abkaufen müssen. In dem Moment aber, wo Amerika gegen uns eintrete, werde es Material und Geld der Entente umsonst zur Verfügung stellen. Wir müßten damit rechnen, daß auch die Menschen aus Amerika in großem Maße herüberströmten. Früher hätte man kaum geglaubt, daß England imstande sein werde, Millionen von Soldaten auf den Kontinent zu werfen. Man müsse nun befürchten, daß auch amerikanische Streitkräfte an der Westfront in Erscheinung treten. Die Hoffnung, England niederzuringen, bevor Amerika eingreifen könne, kann Redner nicht teilen. Der Eintritt Amerikas in den Krieg würde vielmehr die Entente moralisch derart stärken, daß sie gar nicht daran denken würde, den Krieg abzubrechen, bevor Amerika seine Kräfte mit in den Krieg hineinwerfen könne. Dazu komme die psychologische Wirkung auf die europäischen Neutralen.

Es müßten deshalb alle Bemühungen darauf gerichtet werden, Amerika fernzuhalten. Durch unsere Friedensbotschaft hätten wir in Amerika sichtlich an Boden gewonnen. Die Botschaft Wilsons an den Senat richte sich in der Hauptsache gegen die Entente, nämlich in dem Bestreben, den Frieden herbeizuführen „ohne Sieg", d. h. ohne weiteren Kampf, in der gegebenen militärischen Situation; ferner in der Forderung der Gleichberechtigung der Nationen und in der Wendung gegen das Gleichgewicht der Kräfte und für die Freiheit der Meere. Es bestehe die Gefahr, daß durch den U-Bootkrieg diese für uns günstige Situation jäh zerstört werde. Auch die Art, wie Wilson in einem Teil unserer Presse behandelt werde, sei geradezu frivol. Es sei eine Amerikahetze bei uns getrieben worden, der entschieden Einhalt getan werden müsse.

Wenn der Abgeordnete Bassermann meine, daß die Volksstimmung bei uns durchaus für den Entschluß der Regierung sei, so sei das angesichts der entfalteten Agitation und der ungenügenden Orientierung der öffentlichen Meinung nicht verwunderlich. Wenn aber Amerika zu unseren Feinden übertrete, dann drohe die Volksstimmung ein ganz anderes Gesicht zu bekommen. Dazu komme bei uns der Ernährungsjammer und die Empörung der Bevölkerung über die Tatsache, daß die großen Städte zugunsten des Landes ausgehungert werden. Es müsse endlich eine gerechte Verteilung erzwungen werden. Unser Volk wolle den Frieden und habe jedenfalls genug Feinde. Aus dieser Stimmung heraus könne man dem Abgeordneten Gröber in der Debatte über die Kriegsziele nicht folgen. Die sei wirklich ganz unzeitgemäß. Solange uns die Gegner keinen Frieden gewähren wollten, der unsere Gegenwart und Zukunft sichere, müßten wir zum Kampf entschlossen sein; wir müßten aber auch gleichzeitig jederzeit zu einem annehmbaren Frieden bereit sein.

Auf die Frage, wie denn sonst der Krieg beendet werden solle, wenn man den U-Bootkrieg verwerfe, sei zu antworten, daß unsere Lage durchaus nicht ungünstig sei. Beim Durchhalten des bisher eingeschlagenen Kurses würden wir den Frieden in nicht allzulanger Zeit zu unseren Gunsten erreicht haben. Rußland befinde sich in einer großen inneren Krisis. In Frankreich habe unser Friedensangebot gleichfalls eine Krisis hervorgerufen, und das Ministerium Briand halte sich nur mit Mühe. Das Scheitern der feindlichen Sommeoffensive und die übrigen militärischen Ereignisse hätten in England zu einer Regierungskrisis geführt. Die Kriegspartei habe zwar noch einmal das Heft in die Hand bekommen. Die Opposition wachse aber zusehends. Durch das deutsche Friedensangebot habe sie festeren Boden unter die Füße bekommen. Gelinge es den feindlichen Staatsmännern nicht, den Wechsel auf den nahen Sieg einzulösen, dann würden sie zusammenbrechen und anderen Männern Platz machen, die zu einem verständigen Frieden bereit seien. Wenn es uns gelinge, auch in den nächsten Monaten unsere Defensive erfolgreich durchzuhalten, so bedeute das für uns den Sieg.

Deshalb könne er sich nicht mit dem Gedanken befreunden, daß dieser sichere Weg verlassen werde, um eine Politik einzuschlagen, die schließlich doch ein Vabanquespiel sei.

Jetzt müsse aber alles vermieden werden, um Amerika auch noch gegen uns zu bringen; sowohl von unserer Presse als auch von unserer Regierung müsse alles versucht werden, um Amerika aus dem Spiel zu halten. Davon hänge der Ausgang des Krieges ab.

Nachdem der Beschluß wegen des Unterseebootkrieges einmal gefaßt sei, könnten seine politischen Freunde natürlich nicht daran denken, der Durchführung Schwierigkeiten bereiten zu wollen. Sie würden sich die Zurückhaltung in der Öffentlichkeit auferlegen, die durch die Notlage unseres Landes angesichts einer Welt von Feinden geboten sei. Das solle man ihnen aber auch von der Gegenseite nicht erschweren, damit das einzige, was uns retten kann, was auch noch kommen mag, nicht gefährdet werde: der feste innere Zusammenhalt unseres Volkes."

* * *

Die Reichtagsfraktion billigte am 21. Februar die Stellungnahme ihrer Mitglieder in der Haushaltskommission zum U-Bootkrieg. In der Aussprache bekannten sich zur großen Überraschung aller übrigen Mitglieder 2 Abgeordnete als Anhänger des unbeschränkten U-Bootkrieges: Dr. Quessel und Max Cohen.

Telegrammwechsel mit Gompers.

Bis zur Abreise der amerikanischen Mission aus Berlin hatte ich indirekt gute Beziehungen zu ihr. Daher kam es wohl auch, daß der Botschafter Gerard, den ich als ehrlichen, klugen und anständigen Mann schätzen gelernt habe, mich in Gemeinschaft mit Walter Rathenau, Peter Spahn, v. Gwinner und einigen anderen Herren in kritischer Zeit zum Verwalter einer größeren Summe Geldes bestimmte, die in Amerika für deutsche Kriegerwitwen gesammelt worden war. Am 9. Februar besuchte mich noch ein Mitglied der amerikanischen Botschaft, um Abschied zu nehmen. Er erklärte sich bereit, Nachrichten für meine Freunde nach England mitzunehmen. Bei aller Achtung vor dem sehr klugen Herrn verbot mir die Vorsicht, von diesem Anerbieten Gebrauch zu machen. Ich begnügte mich damit, dem englischen Freunde Ramsey Macdonald herzliche Grüße und Dank für sein tapferes Verhalten zu übermitteln.

* * *

In diesen Tagen lief dann folgendes Telegramm von Samuel Gompers, dem Präsidenten der amerikanischen Gewerkschaften, bei seinem deutschen Kollegen Legien ein:

„Legien, Berlin. Können Sie nicht auf die deutsche Regierung einwirken, daß ein Bruch mit den Vereinigten Staaten vermieden und hierdurch ein allgemeiner Konflikt verhindert wird?"

Legien, Bauer und einige andere Gewerkschaftsführer setzten sich mit mir zur Beratung zusammen. Wir einigten uns auf folgende Antwort:

„Gompers Afel Washington. Die deutsche Arbeiterklasse hat seit Kriegsbeginn für den Frieden gewirkt und ist gegen jede Kriegserweiterung. Die Ablehnung des deutschen aufrichtigen Angebots sofortiger Friedensverhandlungen, die Fortsetzung des grausamen Aushungerungskrieges gegen unsere Frauen, Kinder und Greise, des Feindes offen eingestandene auf Deutschlands Vernichtung gerichtete Kriegsziele haben die Verschärfung des Krieges herausgefordert. Eine Einwirkung meinerseits auf die Regierung ist nur erfolgversprechend, wenn Amerika England zur Einstellung des völkerrechtswidrigen Aushungerungskrieges veranlaßt. Ich appelliere an die amerikanische Arbeiterschaft, sich nicht als Werkzeug der Kriegshetzer gebrauchen zu lassen und nicht durch Befahren der Kriegszone den Krieg zu erweitern. Die internationale Arbeiterschaft muß unerschütterlich für sofortigen Frieden wirken."

Wie Gompers später die Kriegshetze gegen Deutschland und besonders gegen die deutsche sozialdemokratische Arbeiterschaft betrieben hat, ist bekannt. Diese Tätigkeit Gompers' gehört mit zu den schwärzesten Kapiteln der modernen Arbeiterbewegung.

Unterredung mit dem Botschafter Grafen Bernstorff.

Ich füge hier noch eine Unterredung mit dem Grafen Bernstorff, der bis zum Eintritt Nordamerikas in den Krieg unser Botschafter in Washington gewesen war, an. Sie fand zwar erst ein Vierteljahr später statt, kurz nachdem der Botschafter, den man im Hauptquartier haßte, dem Kaiser endlich den ersten Vortrag seit seiner Rückkehr nach Deutschland halten durfte. Aber inhaltlich gehört die Unterredung unbedingt zu dem Problem U-Bootkrieg und Amerika; sie zeigt noch einmal, wie recht wir in der Beurteilung der Situation hatten und wie verbrecherisch jede optimistische Hoffnung war, die Vereinigten Staaten aus dem Krieg hinaushalten zu können oder gar die Bedeutung ihres Eintritts unterschätzen zu wollen.

Ich traf Bernstorff auf dessen Wunsch im Hotel Esplanade Er versicherte mir sofort, daß er einverstanden sei mit den von mir aufgestellten Kriegszielen. Es sei das einzig vernünftige Verlangen, das gestellt werden könnte, wenn wir aus dem Kriege herauskommen wollten. Großes Gewicht lege er fernerhin darauf, daß die Demokratisierung des Reiches energisch betrieben wird. Er kenne die Stimmungen des Auslandes sehr gut. Er sei 8 Jahre in Amerika und zuvor 4 Jahre in England gewesen. Man halte unsere Regierung nicht etwa für zweideutig, obwohl auch das oft genug gesagt werde, man halte sie aber für schwach. Selbst wenn Bethmann das Beste wolle, sage man, so könne er es ja gar nicht durchsetzen, weil bei uns das Militär dominiere.

Um nur an eines zu erinnern: daß Bethmann von dem U-Bootkrieg nichts wissen wollte, habe man allgemein angenommen. Trotzdem sei er gekommen. Warum? Weil das Militär ihn durchgesetzt hat, das in Deutschland herrscht. Er sei vor kurzem mit dem Kaiser zusammen gewesen und habe sehr eingehend mit ihm auch über die inneren Verhältnisse in Deutschland gesprochen und die Notwendigkeit einer Verfassungsrevision betont. Der Kaiser habe seinen Ausführungen mit großem Interesse zugehört und schließlich gesagt, daß er sich näher informieren wolle. Der Zufall habe es gefügt, daß dann Ballin zum Kaiser gekommen sei. Ballin habe ohne jedwede vorausgegangene Verabredung dem Kaiser das gleiche gesagt wie er. Daraufhin habe der Kaiser Ballin gebeten, ihm eine Denkschrift auszuarbeiten. Diesem Wunsche ist Ballin sofort nachgekommen, so daß die Denkschrift sich schon in den Händen des Kaisers befinden dürfte.

Ich kann feststellen, daß Bernstorff fast in allem, soweit der Krieg und das Kriegsziel in Betracht kommt, genau dieselbe Stellung einnimmt wie ich auch. Das hat er, wenn nicht mit offenen Worten, so doch immerhin so deutlich zum Ausdruck gebracht, daß jedes Mißverständnis ausgeschlossen war.

Bernstorff machte u. a. folgende bemerkenswerten Äußerungen: er habe seit langer Zeit in Amerika in derselben Richtung gearbeitet, wie ich das hier getan hätte. Er sei durchaus überzeugt, daß Wilson einen Krieg nicht hätte haben wollen, dagegen eifrig bemüht war, den Frieden herbeiführen zu helfen. Nachdem dann aber die U-Boote in Aktion traten, hätte er gar nicht anders handeln können nach allen seinen vorausgegangenen Erklärungen. Nun benutze er natürlich die Situation, 1. um ein größeres stehendes Heer zu bekommen, 2. seine Marine zu verbessern, 3. aber, und das sei die Hauptsache bei Wilson, eine Handelsflotte zu bauen unter dem Vorwand, Tonnage für England zu schaffen. Es sei von jeher ein Lieblingsplan Wilsons gewesen, Amerika Kauffahrteischiffe zu sichern, weil es ihm geradezu unverständlich erschienen sei, daß die Vereinigten Staaten vollständig auf die Handelsmarine der anderen Länder angewiesen sein sollten. Er fügte dem hinzu: angenommen den Fall, daß es mittels der U-Boote gelänge, England zum Frieden zu zwingen, so sei damit der Friede für uns nicht etwa allgemein erreicht, sondern in demselben Augenblick werde Amerika seinerseits den Krieg mit uns eröffnen. Was das bedeutet, welche wirtschaftlichen Folgen es für unser Land haben müßte, darüber waren Bernstorff und ich vollkommen einig.

Unsere Unterredung dauerte ziemlich zwei Stunden und nahm einen sehr angeregten Verlauf.

Übrigens will ich noch hinzufügen, daß Bernstorff mir im Laufe des Gesprächs auch sagte, daß viele der Herren, mit denen er zusammenkomme, seinen Standpunkt vollkommen teilen, aber aus hunderterlei Gründen ihn öffentlich nicht vertreten könnten; teils sogar den Anschein durch ihr Verhalten erweckten, als billigten sie das Verhalten unserer Gegenfüßler.

Graf Bernstorff machte bereits bei dieser ersten Begegnung auf mich den besten Eindruck. Er ist ein ernster Mann mit großen außenpolitischen Erfahrungen, den ich später auch als liebenswürdigen Menschen näher kennenlernte. Er hat sich im Auslande, besonders durch seine langjährige Tätigkeit in Amerika, freigemacht von den konservativen Anschauungen, durch die sich die meisten seiner Standesgenossen im Auslande so unbeliebt gemacht haben.

Die zwei Massenstreiks 1917 und 1918.

Die Unterdrückung der Arbeiter. — Der Fall Eckardstein. — Aprilstreik 1917. — Die Forderungen der Leipziger Arbeiter. — Massenstreik 1918. — Die Situation vor dem Streik im Januar 1918. — Unser Eintritt ins Streikkomitee. — Der nachmalige Reichspräsident als Verbrecher. - Straßendemonstrationen. — Ich werde von der Polizei mißhandelt. — Die Rolle der Unabhängigen und die Borniertheit der Regierung. — „In geordneten Bahnen."

Die Unterdrückung der Arbeiter.

Die Unzufriedenheit oder besser gesagt die Empörung und der Hunger haben die Arbeitermassen während des Krieges zweimal zu großen Massenaktionen aus den Betrieben herausgeführt. Wollte ich in diesem Buch nicht nur die intellektuellen, sondern auch die moralischen Sünden der meisten einst führenden Männer an den Pranger stellen, so könnte ich Seite um Seite und Bogen um Bogen füllen mit den unerhörtesten Vergewaltigungen und Rechtsbrüchen gegen politisch Unbequeme, insbesondere gegen radikale Arbeiter und Sozialisten. Es war ja selbst uns, die wir Tag für Tag mit diesen Dingen zu tun hatten, immer aufs neue unbegreiflich, wie wenig Psychologie und leider auch Ehrlichkeit in den führenden militärischen Kreisen steckte. Aber auch die zivilen Stellen ließen es an der Nacheiferung solcher militärischen Praktiken nicht fehlen, wenn sie politisch nicht mehr weiter kamen oder gar in ihrer Eitelkeit sich gekränkt fühlten. Ich werde keinem Menschen auch nur noch ein Wort über die Behandlung von Arbeitern zu sagen brauchen, wenn ich hier den Fall eines Freiherrn und früheren hohen Reichsbeamten berichte und hinzufüge, daß die Recht und Gesetz verhöhnende Instanz in diesem Fall nicht etwa einer der regierenden Generale war, sondern der frühere Staatssekretär des Auswärtigen Amts, Herr von Jagow.

Der Fall Eckardstein.

Anfang Januar 1916 erfuhr ich sehr böse Dinge über das Vorgehen des Außenministers von Jagow gegen den früheren Botschaftsrat in London, Baron von Eckardstein. Der Baron hatte einer Stuttgarter Verlagsanstalt das Manuskript seiner Memoiren verkauft. Darin sollte der Nachweis geführt sein, daß die deutsche Regierung um die Jahrhundertwende England, das dem Dreibund hatte beitreten wollen, vor den Kopf gestoßen und damit in die Arme Frankreichs getrieben hatte. Ein solcher dokumentarisch geführter Nachweis durch einen Mann, der diese Dinge in amtlicher Eigenschaft miterlebt hatte, mußte natürlich der deutschen Regierung und vor allem dem Auswärtigen Amt in damaliger Zeit ganz besonders peinlich sein. Immerhin beliebte Herr von Jagow ein Verhalten, das man nicht zu hart beurteilt, wenn man es skandalös nennt. Herr von Jagow ließ nicht nur das Manuskript der Memoiren beschlagnahmen, sondern ließ auch den Baron verhaften und viele Monate von Gefängnis zu Gefängnis schleppen, um ihn schließlich in einer Irrenanstalt internieren zu lassen.

Baron von Eckardstein, der vor seiner diplomatischen Laufbahn Kavallerie-Offizier gewesen war, war beim Ausbruch des Krieges nicht mehr felddienstfähig, er hatte sich aber für jeglichen Dienst zur Verfügung gestellt und wurde infolgedessen als Nachrichten-Offizier beschäftigt. Eines Tages wurde er aus dem Automobil heraus wegen angeblichen Verdachts des Landesverrats verhaftet. Es war nämlich dem Minister von Jagow inzwischen zur Kenntnis gekommen, daß Baron von Eckardstein, der früher in einem gewissen Freundschaftsverhältnis zum Kronprinzen gestanden hatte, diesem eine für den Kaiser bestimmte Denkschrift geschickt hatte. Diese Denkschrift war dem Herrn von Jagow ebenso unbequem wie die Memoiren; kurz gesagt, unter den fadenscheinigsten Gründen wurde Baron von Eckardstein eingesperrt und geradezu schandbar behandelt. So hatte er wochenlang nach seiner Verhaftung keinerlei Möglichkeit, seine Wäsche zu wechseln, obgleich seine Koffer in demselben Gefängnis, in dem man ihn festgesetzt hatte, herumstanden. Alle Versuche des Herrn von Jagow, dem Baron einen Prozeß wegen Landesverrats zu machen, schlugen fehl, weil sich kein Gerichtshof dazu bereitfand. Es blieb also nur als letzter Weg die Überweisung an eine Irrenanstalt, ebenfalls natürlich unter den fadenscheinigsten Gründen, übrig.

Durch einen Vertrauensmann des Barons erfuhr ich von diesen Dingen und wurde sofort im Auswärtigen Amt vorstellig. Herr von Jagow suchte mich zu beschwichtigen unter Angabe von Gründen, die gegen von Eckardstein sprachen, die ich aber nicht nachprüfen konnte. Als ich nach einiger Zeit erfuhr, daß der Baron immer noch in der Irrenanstalt festgehalten wurde, machte ich im Haushaltsausschuß des Reichstages Andeutungen, die für die Kommission wenig verständlich, für den Außenminister aber deutlich genug waren. Ich ließ ihm auch sagen, daß ich im Reichstage die skandalöse Affäre zur Sprache bringen würde, falls von Eckardstein noch länger interniert bleibe. Ich hatte den Baron bis dahin nicht persönlich gekannt. Eines Tages ließ er mich durch einen Vertrauensmann wissen, daß er mich gern sprechen möchte. Zu meinem lebhaften Bedauern mußte ich sagen, daß es mir kaum in den nächsten Tagen möglich sein würde, mein Bureau zu verlassen. Zu meiner großen Überraschung antwortete mir der Vertrauensmann darauf, daß von Eckardstein ja zu mir kommen könne. Auf meine erstaunte Frage, wie das möglich sei, wurde mir folgende Antwort: Der Direktor und das gesamte Personal der Anstalt sind empört über die Festhaltung des Barons. Der Direktor soll sich auch schon geweigert haben, den Mann fernerhin zu behalten, da seine Anstalt kein Gefängnis sei. Der Baron sei wohl jederzeit in der Lage, sich aus der Anstalt für einige Stunden zu entfernen, um mich aufzusuchen. Er müsse nur, um seine Situation nicht noch mehr zu verschlechtern, rechtzeitig wieder in der Anstalt sein.

Ich empfing dann bereits am nächsten Tage den Besuch des hart verfolgten Mannes und war über die Schilderung seiner Erlebnisse derart empört, daß ich sofort zum Auswärtigen Amt ging, um nun mit rücksichtsloser Energie die Freilassung zu fordern. Herr von Jagow machte wiederum allerlei Ausflüchte, denen ich aber dadurch ein Ende bereitete, daß ich ihm für die nächste Reichstagssitzung den größten Skandal ankündigte. Dazu kam es nicht, weil inzwischen Herr von Jagow abgelöst wurde durch Herrn Zimmermann, der auf mein Ersuchen die Freilassung des Barons verfügte.

Ich habe den Fall deshalb hier angeführt, weil er vielleicht geeignet ist, an einem drastischen Beispiel die Rechtlosigkeit zu kennzeichnen, die im Kriege obwaltete. Wenn man schon mit einem ehemaligen hohen Reichsbeamten in dieser brutalen und heimtückischen Weise verfahren ist, dann kann man sich vorstellen, wie mit Arbeitern umgesprungen wurde, die den Regierenden unbequeme Handlungen begangen hatten oder begangen haben sollten.

* * *

Aus einer politischen Verbitterung, wie sie an dem berichteten Fall abgelesen werden kann und aus Lebensmittelnöten, wie ich sie nur andeutungsweise in dem Kapitel „Für einen Frieden der Verständigung" gestreift habe, entstand der erste Massenstreik im April 1917.

Aprilstreik 1917.

In einer Besprechung mit der Generalkommission der Gewerkschaften hatten wir abgelehnt, uns an einem gemeinsamen Aufruf gegen den Streik zu beteiligen. Der besonnene Führer des Berliner Metallarbeiterverbandes Cohen hatte definitiv erklärt, daß jeder Aufruf gegen den Streik vollkommen nutzlos sein werde. Darauf antwortete ich, daß es nach dieser Erklärung eine grenzenlose politische Dummheit sein würde, einen Aufruf gegen den Streik zu veröffentlichen. — Besonders groß war die Sorge des Reichskanzlers, der die schlimmsten Dinge voraussah, wenn der Streik sich länger hinziehen sollte. Seine Besorgnisse trug uns Wahnschaffe in einer Besprechung vor, die am 14. April 1917 stattfand. Wir sagten ihm, Ebert und ich, warum jedes Bemühen, den Streik abbiegen zu wollen, vergeblich sein müsse: Ursache sei buchstäblich der Hunger, den man nicht dadurch stillen könne, daß man in der kritischsten Stunde auch noch die Brotration verkürzt hätte. Wir malten grau in grau. Was aus der Bewegung am 16. April werde, wisse kein Mensch. Er sollte dafür sorgen, daß die Behörden sich zurückhielten. — Er: er habe mit Herrn von Oppen, dem Polizeipräsidenten, gesprochen, der sehr ruhig und kühl urteile und nach Möglichkeit alle Eingriffe verhüten wolle. Er werde seine Aufgabe darin sehen, die Massen von der inneren Stadt fernzuhalten. — Ich bat ihn zum Schluß, den Reichskanzler in unserem Namen zu ersuchen, rücksichtslos gegen rechts den Weg zu gehen, den die ungeheure Mehrheit des Volkes als den einzig möglichen gegangen wissen wolle: **Frieden, Brot** und **konsequente Demokratisierung**. Solange nicht vollkommen gleiche Rechte eingeführt seien, werde keine Ruhe ins Land kommen. Die Psyche des Volkes sei eine andere geworden im Kriege, namentlich auch seit der russischen Revolution. Ich konnte es mir nicht versagen, hier die Bemerkung zu machen: Was würde der Zar jetzt alles zu bewilligen bereit sein! — Wahnschaffe: „Ja, gewiß, das glaube ich auch!" — Später nahm auch der Legationsrat Dr. Rietzler an unserer Unterhaltung teil. Als in seiner Gegenwart die Rede auf die Fuhrmann und Reventlow kam, meinte Wahnschaffe: das Häuflein wird ja wohl jetzt sehr klein geworden sein. Rietzler sagte: die sind alle reif für ein Panoptikum. — Der Berliner Streik verlief ruhiger als erwartet worden war. Es haben mindestens 125 000 Männer und Frauen aus der Munitionsindustrie gestreikt.

Es war bezeichnend für die skrupellos arbeitende Zensur, daß auf dem Zeitungswege in die Schützengräben fast nichts von dieser Massenbewegung hinausdrang. Desto mehr Berichte flogen natürlich mit der Feldpost an alle Fronten und trugen die Botschaft heraus von der Unterdrückung und dem Hunger daheim. Das war dann die stimmungsmäßige Grundlage und das Material, mit dem wir Sozialisten politisch zu arbeiten hatten, um das Schlimmste zu verhüten und das Volk nicht alle die Fehler der Regierenden entgelten zu lassen. Die Fehler, aus denen der Streik entstanden ist, konnten nie wieder gut gemacht werden: 125 000 streikende Munitionsarbeiter sind nach jeder Seite hin ein weithin leuchtendes Menetekel.

Die Forderungen der Leipziger Arbeiter.

Radikaler als die Berliner haben sich die Leipziger Arbeiter benommen. In Leipzig hatten, wie uns Helfferich in einer Sitzung berichtete, an der auch Loebell, Groener und Bauer teilnahmen, angeblich 18 000 Arbeiter eine Resolution folgenden Inhalts beschlossen:

„Die Versammlung verlangt sofortige hinreichende Versorgung der Bevölkerung mit Lebensmitteln und Kohlen; sie verlangt weiter: Erklärung sofortiger Bereitschaft zum Frieden ohne jede Annexion; Beseitigung des Belagerungszustandes und der Zensur; Abschaffung des Hilfsdienstgesetzes, freies und gleiches Wahlrecht in allen Bundesstaaten. — Die Versammlung verlangt, daß der Reichskanzler sofort als Deputierte der Versammlung empfängt: Lieberasch, Liebmann und Lipinski. Es bliebe den Deputierten vorbehalten, im Namen der Versammelten beim Reichskanzler weitere Forderungen aufzustellen.

Die Arbeit soll in Leipzig erst wieder aufgenommen werden, wenn der Reichskanzler der Deputation befriedigende Antwort gegeben hat. Geschieht das nicht, dann soll sofort ein Arbeiterrat eingesetzt werden."

Wahnschaffe ergänzte diese Mitteilung: Laut Telegramm des Generalkommandos hätten am 17. April viele die Arbeit in Leipzig wieder aufnehmen wollen, seien aber von Streikposten daran gehindert worden. Es herrsche Ruhe. Die Versammlungsteilnehmer würden auf 12000 geschätzt. — Später wurde mitgeteilt (telephonisch von Leipzig), daß das Versammlungslokal nur 5000 Personen fasse.

Helfferich wünschte zu wissen,. wie wir die Lage beurteilten, ob man empfangen solle oder nicht. Er sei prinzipiell gegen den Empfang, denn wohin solle es führen, wenn jetzt aus allen möglichen Orten Deputationen kommen wollten, angeregt durch das erfolgreiche Leipziger Beispiel? Eventuell könne man sich über die Lebensmittelfrage unterhalten, keinesfalls aber über die politischen Fragen. Dafür sei mit den gegebenen Faktoren zu verhandeln, vor allem mit dem Reichstag des allgemeinen Wahlrechts. — Ich sprach für den Empfang. Man solle die Gesamtsituation berücksichtigen. Es würde sehr böses Blut machen, wenn man den Empfang ablehne. Wegen der Lebensmittelfrage müßten die erforderlichen wahrheitsgemäßen Aufklärungen gegeben werden. Dann würden die Arbeiter einsehen müssen, daß zurzeit nicht mehr geschehen könne als das, was versprochen worden ist. Wegen der politischen Fragen könne man sich auch, ohne Konsequenzen zu befürchten, mit der Deputation unterhalten. Die Regierung könne doch auf ihre ehrliche Absicht in bezug auf das Wahlrecht und ihre Friedensbemühungen hinweisen. Das werde nicht ohne Eindruck bleiben. Schließlich kam eine Einigung durch folgenden Beschluß zustande: Wahnschaffe wird, wenn Unterhandlungen nachgesucht werden, sagen, daß die Regierung gern bereit sei, über Ernährungsfragen zu verhandeln. Man wollte dann aber auch nebenher in der Verhandlung nicht strikte ablehnen, politische Fragen zu erörtern. An der Aussprache mit den Leipziger Vertretern sollten nach Verabredung auch Groener, Michaelis, Batocki und Helfferich teilnehmen.

Die Stellung der Sozialdemokratie in diesem Streik geht aus folgenden Tagebuchblättern hervor:

20. April 1917. Früh 9 Uhr besuchen uns im Parteivorstand Arbeiter der Munitions- und Waffenfabriken, die auf unserem Standpunkt stehen und die Fortsetzung des Streiks für Wahnsinn halten. Wir rieten ihnen, in der für nachmittags 5 Uhr anberaumten Versammlung eine geheime Abstimmung durchzusetzen. Die Arbeiter waren überzeugt, daß dann die Wiederaufnahme der Arbeit beschlossen werde.

Von 6½ Uhr nachmittags ab findet beim Reichskanzler eine Besprechung statt; Teilnehmer: Bethmann Hollweg, Loebell, Helfferich, Batocki, Groener, Wahnschaffe, Legien, Bauer, R. Schmidt, Ebert, Molkenbuhr, ich. — Thema: Streik der Munitionsarbeiter. Was tun? Legien und ich raten dringend von scharfem Zugreifen ab; man solle doch ruhig zusehen, die Geschichte sei im Abflauen. Wir machten auf die für heute nachmittag angesetzt gewesene Versammlung aufmerksam. Zu unserer Überraschung erfuhren wir, daß diese Versammlung verboten und die Waffen- und Munitionsfabrik vom nächsten Morgen ab „militarisiert" sei. — Darüber sprachen wir unser höchstes Befremden und Bedauern aus, da jetzt vielleicht die Bewegung erneut aufflammen werde. — Der Reichskanzler und Helfferich, ebenso auch Groener erklärten, daß nicht länger hätte zugesehen werden können. Die Arbeiter verspotteten die Behörden, die nichts tun könnten, wenn die Arbeiter wollten. Die Straße habe man erobert usw. Das schließe in jetziger Zeit die größten Gefahren in sich. An der Militarisierung sei jetzt nichts zu ändern, sie werde wohl die Arbeiter zur Vernunft bringen. Am verständigsten erwiesen sich noch Löbell und Gröner, während Helfferich den starken Mann spielte. Loebell war genau informiert aus allen Versammlungen, in denen Haase, Ledebour, Stadthagen, Dittmann und die beiden Hoffmänner geredet hatten. Er wies aus allerlei Paragraphen nach, daß es sich hier um glatten Landesverrat handle. Man habe bisher ein Auge zugedrückt, das gehe jedenfalls nicht mehr lange. — Die Regierungsherrschaften erklärten uns, daß sie es jetzt nicht mehr zulassen würden, daß außerhalb der Betriebe stehende Männer in den Betriebsversammlungen redeten. Es handle sich jetzt um politische Versammlungen, die überwacht werden müßten. — Wir mahnten immer wieder zur Ruhe und zum Abwarten; Legien stellte eine Proklamation aller Gewerkschaftszentralen in Aussicht. — Wahnschaffe hielt Ebert wieder fest, als wir gingen. Er hat ihm, wie bereits schon am Mittag, zugesetzt wegen unseres Aufrufs, den der Parteiausschuß beschlossen hat. In solchen wichtigen Angelegenheiten sei es sehr zu empfehlen, vorher mit der Regierung Rücksprache zu nehmen. Ich verstehe es sehr wohl, daß Wahnschaffe, der mich länger und besser kennt als Ebert, mit solchen Ratschlägen — im 33. Kriegsmonat — mir nicht gekommen ist. —

Die Situation vor dem Streik im Januar 1918.

Einen wesentlich anderen Charakter trug der Massenstreik in Berlin im Jahre 1918. Die Zustände für die werktätige Bevölkerung waren direkt unerträglich geworden. In einem Bericht über den Streik an die Sozialdemokratische Partei habe ich im Auftrage des Parteivorstandes Anfang Februar 1918 auch die Situation vor dem Ausbruch des Streiks geschildert; dieser Schilderung entnehme ich die folgenden Einzelheiten:

Der Belagerungszustand wird wieder schärfer gehandhabt. Versammlungen der Arbeiter werden verboten; in Schlesien sollen sogar Betriebswerkstättenversammlungen 10 Tage zuvor angemeldet werden. Zeitungen werden unter schärfere Zensur gestellt. Der „Vorwärts" wird mehrfach hintereinander verboten. Demgegenüber steht die Tatsache, daß die Vaterlandspartei im ganzen Lande ungehindert Versammlungen abhalten kann, in denen sie ihre Eroberungsziele propagiert. Die Arbeit der Vaterlandspartei peitscht die Massen, die sich nach Frieden sehnen, geradezu auf. Im Osten sind die Verhandlungen ins Stocken gekommen. Die Überzeugung festigt sich, daß die Schwierigkeiten nicht unwesentlich auf das Verhalten der deutschen Unterhändler zurückzuführen sind. Tirpitz schickt an die Mitglieder der Vaterlandspartei ein Rundschreiben, in dem er sagt, Hertling und die Vaterlandspartei seien sich einig. Auf die Frage an Hertling am 24. Januar im Hauptausschuß des Reichstags, ob Tirpitz Grund zu dieser Behauptung habe, erfolgt keine Antwort. Alle diese Dinge haben eine ungeheure Spannung im Volke hervorgerufen. In Arbeiterkreisen spricht man zudem von einem Entlassungsgesuch Ludendorffs ganz anders, als die „vaterlandsparteilichen" Kreise, die in ihrer Presse damit Stimmung machen wollten: Der General, von dem weite Kreise unseres Volkes überzeugt sind, daß er für die Heerführung ganz unentbehrlich ist, „droht in den Streik einzutreten, falls seine Forderungen von der Regierung nicht akzeptiert werden". Wenn ein General zur Durchsetzung seiner Forderungen in den Streik einzutreten bereit ist, so sagt man sich, wer kann es dann den Arbeitern verdenken, wenn sie das gleiche Mittel in Anwendung bringen? An das Dementi, in dem gesagt wurde, daß ein Entlassungsgesuch Ludendorffs nicht vorliegt, glaubte niemand. Zu alledem kamen die Nachrichten über den Massenstreik in Österreich. —

Im Hauptausschuß des Reichstags kamen alle diese Dinge zur Sprache. Abgesehen von den konservativen brachten alle übrigen Redner in mehr oder minder scharfer Weise zum Ausdruck, daß die Zustände, die namentlich der Belagerungszustand gezeitigt hat, schier unerträglich geworden sind. Die sozialdemokratischen Redner ermahnen eindringlich die Regierung, sie solle durch klares Bekenntnis zum Selbstbestimmungsrecht der Völker und ihren unerschütterlichen Friedenswillen auf Grund der Reichstagsresolution vom 19. Juli 1917 beruhigend wirken. Die Rede des Reichskanzlers auf die Forderungen Wilsons war unbefriedigend. Der Abgeordnete Naumann wies besonders nachdrücklich hin auf die drohenden Gefahren und sprach dabei auch von Streikflugblättern, die im Lande vertrieben würden.

Es ist wohl angebracht, auf zwei der im Ausschuß erwähnten

Flugblätter hier näher hinzuweisen. In einem Aufruf der Unabhängigen, der von den Mitgliedern der unabhängigen Reichstagsfraktion unterzeichnet ist, wird die politische Situation, wie sie sich der unabhängigen Partei darstellt, geschildert, und dann u. a. wörtlich gesagt:

„Bleiben jetzt kräftige Willenskundgebungen der werktätigen Bevölkerung aus, so könnte es scheinen, als ob sie mit diesem Treiben einverstanden wären, als ob die Massen des deutschen Volkes noch nicht genug von dem grauenhaften Elend des Krieges hätten ... Es ist keine Zeit zu verlieren: Nach allen Schrecken und Leiden droht neues, schwerstes Unheil unserem Volke, der gesamten Menschheit! Nur einen Frieden ohne Annexionen und Kontributionen auf der Grundlage des Selbstbestimmungsrechtes der Völker kann uns davor retten. Die Stunde ist gekommen, Eure Stimme für einen solchen Frieden zu erheben! Ihr habt jetzt das Wort!"

In einer der anonymen Flugschriften wird ganz offen zum Massenstreik aufgefordert, dann aber u. a. gesagt:

„Die Vertrauensmänner der Betriebe müssen an jedem Ort sofort zusammentreten und sich als Arbeiterrat konstituieren. Außerdem wird für jeden Betrieb ein leitender Ausschuß gewählt. Sorgt dafür, daß die Gewerkschaftsführer, die Regierungssozialisten und andere „Durchhalter" unter keinen Umständen in die Vertretungen gewählt werden. Heraus mit den Burschen aus den Arbeiterversammlungen! Diese Handlanger und freiwilligen Agenten der Regierung, diese Todfeinde des Massenstreiks haben unter den kämpfenden Arbeitern nichts zu suchen!"

Unser Eintritt ins Streikkomitee.

Am 28. Januar 1918 lief schon am frühen Morgen die Nachricht im Vorstand der Sozialdemokratischen Partei ein, daß in zahlreichen Berliner Betrieben die Arbeit niedergelegt worden sei. Es erschienen dann in schneller Folge Arbeiterdeputationen von Mitgliedern unserer Partei aus vielen Betrieben, die über die rasch um sich greifende Bewegung informierten und die Bitte aussprachen, daß der Vorstand der Sozialdemokratischen Partei Vertreter in die Streikleitung entsenden möge; das sei zweifellos für den guten Verlauf des Streiks, der auch nach ihrer Überzeugung notwendig geworden sei, von der größten Wichtigkeit.

Wir entgegneten, daß der Streik ohne irgendwelches Zutun der Partei oder der Gewerkschaften entstanden sei; die Arbeiter der vom Streik betroffenen Betriebe hätten bereits Delegierte entsandt, die sich zu einem „Arbeiterrat" konstituiert hätten, der eine Streikleitung gewählt und bestimmte politische Forderungen aufgestellt habe. Angesichts dieser Tatsachen könne uns niemand zumuten, nachträglich eine Verantwortung zu übernehmen.

Die Frage der Arbeiter, ob wir eine Delegation in die Streikleitung zu entsenden bereit sein würden, wenn die Delegiertenversammlung der Streikenden uns selbst darum ersuche, wurde nach eingehender Aussprache bejaht. Es kam für uns in Betracht, die Bewegung in geordneten Bahnen zu halten und so schnell als möglich durch Verhandlungen mit der Regierung geschlossen zum Abschluß zu bringen.

Daraufhin ging eine Kommission der bei uns vorstellig gewordenen Arbeitervertreter in die gerade tagende Versammlung der Delegierten, um zu beantragen, daß Vertreter der Sozialdemokratischen Partei in die Streikleitung eintreten sollten. Noch ehe sie ihren Antrag einbringen konnten, war bereits ein ähnlicher Antrag debattiert und mit 198 gegen 196 Stimmen abgelehnt worden. Die geringe Stimmendifferenz und der neue Antrag veranlaßten die Delegiertenversammlung, die Debatte von neuem aufzunehmen. Ein sozialdemokratischer Vertrauensmann begründete den Antrag in sachlicher Weise und fügte hinzu, daß der Parteivorstand bereit sein werde, eine Vertretung in die Streikleitung zu entsenden, falls die Versammlung entsprechend beschließe. Der Abg. Ledebour bekämpfte den Antrag in heftigster Weise. Er wurde aber häufig stürmisch unterbrochen. Nach den beiden Reden wurde die Debatte geschlossen. Die Abstimmung ergab nunmehr zirka 360 Stimmen für und nur etwa 40 gegen den Antrag.

In das Aktionskomitee der Delegiertenversammlung traten nun zu den bereits gewählten elf Arbeiterdelegierten und den drei (unabhängigen) Abgeordneten Dittmann, Haase und Ledebour, drei

Mitglieder des sozialdemokratischen Parteivorstandes: Braun, Ebert, Scheidemann. Der Eintritt erfolgte unter der den Arbeiterdelegierten unserer Partei gegenüber ausgesprochenen Voraussetzung, daß das Aktionskomitee entsprechend der mittlerweile erfolgten großen Ausdehnung des Streiks erweitert, d. h. in paritätischem Sinne umgestaltet und eine nochmalige Beratung der bereits aufgestellten Forderungen ermöglicht werde.

Im Laufe des 29. Januar wurden alle Versammlungen, auch die der Delegierten der ausständigen Arbeiter, verboten. Das Aktionskomitee befaßte sich infolgedessen nach dem Eintritt der drei Sozialdemokraten, die zu den bereits aufgestellten Forderungen weder in sachlicher noch in formeller Beziehung irgendwie hatten Stellung nehmen können, sofort mit der Frage, wie eine Versammlung der Vertreter der streikenden Arbeiter zu ermöglichen sei. Ich wurde beauftragt, bei dem Staatssekretär des Innern, Wallraf, telephonisch um eine Unterredung zu ersuchen, in der man sich über das Versammlungsverbot und das Versammlungsrecht zu unterhalten wünschte, um den streikenden Arbeitern schnellstens die Möglichkeit zu .verschaffen, Stellung zur gesamten Situation zu nehmen und Beschlüsse zu fassen. Ich sollte dem Staatssekretär mitteilen, daß die zu ihm zu entsendende Delegation aus je zwei Abgeordneten der beiden Fraktionen und fünf Arbeitern des Aktionskomitees bestehen sollte. Herr Wallraf antwortete telephonisch, daß er wohl die Abgeordneten zu empfangen bereit sei, nicht aber die Arbeiter aus dem Streikkomitee. Ich widersprach dieser Auffassung, erklärte mich aber bereit, dem Aktionskomitee davon Kenntnis zu geben und erwirkte das Einverständnis des Staatssekretärs, daß dieser sich für 12 Uhr mittags auf jeden Fall zu einer Aussprache bereithalten wollte, gleichviel ob eine Unterredung zustande komme oder nicht.

Das Aktionskomitee lehnte es ab, die Arbeiter ausschalten zu lassen, ließ aber dem Staatssekretär erneut sagen, daß um 12 Uhr zwei Abgeordnete (Haase und Scheidemann), sowie zwei Arbeiter zu ihm kommen würden, um ihm lediglich Mitteilungen über das Versammlungsverbot zu machen.

Als die Deputation im Reichsamt des Innern erschien, ließ ihr Herr Wallraf durch einen Diener erklären, daß er bereit sei, die Abgeordneten zu empfangen. Die Deputation erwiderte ihm durch den Diener, daß sie nur in der Lage sei, gemeinsam mit ihm zu verhandeln. Der Diener kam zurück mit der Bitte an die beiden Abgeordneten, in ein bestimmtes Zimmer zu treten, in dem sich Freiherr vom Stein und General Scheuch befanden. Herr Wallraf änderte seine Stellungnahme auch nicht, nachdem wir ihm unter Ausschaltung des Dieners durch den zufällig eintretenden Zentrumsabgeordneten Giesberts den Ernst der Situation hatten vortragen lassen. Schließlich schickte uns Herr Wallraf den Ministerialdirektor Dammann. Durch diesen ließen wir nach längerer Aussprache Herrn Wallraf noch einmal ausdrücklich sagen, daß die Deputation mit ihm nicht über p o l i t i s c h e Fragen verhandeln, sondern ihm nur Mitteilungen über die Wirkung des Versammlungsverbots machen wollte. Auch diese Verhandlungen blieben ohne Erfolg, da Herr Wallraf erneut sagen ließ, er könne nur mit den Abgeordneten sprechen, worauf diese antworteten, daß sie nicht in der Lage seien, mit dem Staatssekretär ohne Hinzuziehung der Arbeiter zu verhandeln.

Am 29. J a n u a r — also am selben Tage, an dem unsere drei Genossen in den Ausschuß eingetreten waren — wurde den Mitgliedern des Aktionsausschusses ein Schreiben zur Unterschrift vorgelegt, das vom Oberkommando in den Marken an den Polizeipräsidenten gerichtet war. Dieses Schreiben hatte folgenden Wortlaut:

> Nach Nr. 29 des „Vorwärts" vom 29. Januar ist zur Leitung des gegenwärtigen Ausstandes eine Streikleitung aus Delegierten der Streikenden und Vertretern der beiden sozialdemokratischen Parteien eingesetzt worden. Ich verbiete hiermit im Interesse der öffentlichen Sicherheit auf Grund des § 9b des Gesetzes über den Belagerungszustand jede weitere Zusammenkunft und jede weitere Betätigung dieser Streikleitung.
>
> Euer Hochwohlgeboren wollen dieses unverzüglich den Mitgliedern der Streikleitung eröffnen unter Hinweis auf die Strafen des Belagerungsgesetzes. Zugleich spreche ich dasselbe Verbot hiermit gegen jede neue Vereinigung aus, die sich etwa zu weiterer Leitung des Ausstandes bilden sollte. gez. Kessel.

* * *

Kriminalbeamte suchten alle Mitglieder der Streikleitung auf, um ihnen die Kesselsche Bekanntmachung und die darin erwähnten Strafparagraphen vorzulesen, sie außerdem aber zu zwingen, folgenden Schein zu unterzeichnen:

> Ich bescheinige, daß mir diese Eröffnung heute vorgetragen ist.
>
> (Datum.) (Unterschrift.)

Ebert, der erste Reichspräsident, Bauer, der erste Reichskanzler und ich, der erste Ministerpräsident der deutschen Republik mußten also ein Jahr vor Übernahme unserer Ämter bestätigen, daß es uns wohl bekannt sei, eine wie schwere Strafe uns treffen würde, falls wir uns weiterhin an der Streikleitung beteiligten.

Am 30. Januar erschien auch der „Vorwärts" nicht, er war inzwischen verboten worden. Am gleichen Tage wurden die Bureaus des Gewerkschaftshauses geschlossen. Die Arbeiter durften sich also nicht versammeln, das Aktionskomitee war aufgelöst, das Organ der Arbeiter unterdrückt worden. Es bestand nach den unsinnigen Anordnungen der Behörden, besonders aber nach dem törichten Verhalten Wallrafs keinerlei Möglichkeit für die streikenden Arbeiter zu einer Verständigung. Es war niemand da, der sie hätte beraten können, ohne sich der angedrohten schweren Gefängnisstrafe auszusetzen, und auch das Arbeiterblatt war nicht in der Lage, auch nur ein Wort über die Bedeutung des Streiks zu sagen.

Die Folge war, daß die Arbeiter sich in großen Massen am 31. Januar auf den Straßen und Plätzen versammelten.

Ich werde von der Polizei mißhandelt.

Nachdem uns die Kriminalpolizisten die erwähnten Eröffnungen gemacht hatten, wurde ich auf Schritt und Tritt von Spitzeln verfolgt, so daß ich in den ersten Stunden nicht die Möglichkeit hatte, mich wieder mit den übrigen Mitgliedern der Streikleitung, denen es nicht besser als mir ergangen war, zusammenzukommen. In den Morgenstunden des 30. Januar aber waren wir bereits alle wieder versammelt, denn keiner hatte auch nur eine Minute lang daran gedacht, wegen der Drohungen mit dem Jahr Gefängnis die den Arbeitern gegenüber übernommene Pflicht irgendwie zu versäumen. Freilich mußten wir in Wirtshauskellern und Hinterzimmern versteckt gelegener Wirtshäuser zusammentreffen.

Am 31. Januar waren Hunderttausende Männer und Frauen, denen man verboten hatte, geordnete Versammlungen abzuhalten, auf der Straße. Wir hatten vereinbart, wo die Mitglieder der Streikleitung zu den Massen sprechen sollten. Der Abgeordnete Dittmann, der den Kollegen Ebert als Redner auf der gleichen Stelle abgelöst hatte, wurde verhaftet und, weil er zum Streik aufgefordert haben sollte, zu 5 Jahren Festungshaft verurteilt. Noch bevor ich die Stelle erreicht hatte, an der ich sprechen sollte, wurde ich von Schutzleuten in der rohesten Weise mißhandelt. Da alle übrigen Straßenpassanten — es handelte sich übrigens an der betreffenden Stelle nur um einen Trupp von 20 bis 25 Personen, der sich in bestimmter Richtung bewegte — geflohen waren, als plötzlich aus dem Nebel, der es zeitweilig unmöglich machte, auch nur drei Schritte weit zu sehen, eine Schutzmannkette auftauchte, die schreiend und drohend die Straße sperrte, stand ich den etwa zwanzig bis an die Zähne bewaffneten Helden ganz allein gegenüber. Ich wurde gepufft und in die Waden getreten, ohne den geringsten Anlaß dazu geboten zu haben. Wenn ich Widerstand geleistet hätte, würde ich verhaftet worden sein; wäre ich geflohen, so hätte man mich wahrscheinlich „auf der Flucht erschossen". Das Verhalten der Schutzleute in jenen Tagen machte mir den Haß, der sich gegen die „Blauen" richtete, vollauf verständlich.

Die Rolle der Unabhängigen und die Borniertheit der Regierung.

Am Nachmittag des 31. Januar fand im Anschluß an eine Unterredung über Wirtschaftsfragen zwischen den Abgg. Schmidt-Berlin und Bauer-Breslau mit dem Staatssekretär von Stein auf Anregung des letzteren und im Einverständnis mit uns eine Aussprache zwischen dem Reichskanzler und den Abgeordneten Schmidt und Bauer statt, um eine Basis zu suchen, auf der Verhandlungen stattfinden könnten. Der Reichskanzler erklärte sich zu Verhandlungen bereit, wenn außer den Abgeordneten der beiden sozialdemokratischen Fraktionen die G e n e r a l k o m m i s s i o n als

Vertreterin der Gewerkschaften beteiligt werde. Es könnten dann auch noch gewerkschaftlich organisierte Arbeiter, deren Beteiligung oder Nichtbeteiligung am Streik nicht nachgeprüft werden sollte, an den Verhandlungen teilnehmen. Von den Unabhängigen wurde jedes Hinzuziehen der Generalkommission strikte abgelehnt. Seitens der Beteiligten, die der Sozialdemokratischen Partei angehören, wurde gegen die Hinzuziehung nichts eingewendet, um eine Verhandlung unter Teilnahme einiger streikender Arbeiter zu ermöglichen.

Die lächerliche Prinzipienreiterei der Unabhängigen, unter keinen Umständen die Generalkommission zu beteiligen, machte den Abbruch des Streiks in der von uns gewünschten Weise, die aller Welt Achtung abringen, der Regierung aber Respekt vor der Arbeiterdisziplin einflößen sollte, leider unmöglich.

Es begann nun ein Hängen und Würgen, das wenig erbaulich war. Zu irgendwelchen Verhandlungen mit der Regierung mußte es aber kommen, wenn der Streik nicht sang- und klanglos zusammenbrechen sollte.

Es muß betont werden, daß die Generalkommission der Gewerkschaften ihre Neutralität gegenüber der Streikbewegung öffentlich erklärt hatte, da es sich offenkundig um einen politischen Streik handele. Einige Abgeordnete der beiden sozialdemokratischen Fraktionen kamen dann zu der Entschließung, dem Reichskanzler zunächst folgendes Telegramm zu senden:

„Unterzeichnete Abgeordnete und 5 Funktionäre der Gewerkschaftsorganisationen, die von den Streikenden als ihre Vertrauenspersonen bezeichnet worden sind, ersuchen, empfangen zu werden, zunächst zur Erörterung des Versammlungsrechts. Antwort an Abg. Ebert erbeten.

Ebert. Haase. Ledebour. Scheidemann."

Nachdem dieser Vorschlag von der Regierung abgelehnt war, verständigten sich die Vertreter der Unabhängigen und der Sozialdemokratischen Partei schließlich noch dahin, dem Reichskanzler nunmehr vorzuschlagen, einer Verhandlungskommission in folgender Zusammensetzung zuzustimmen: Haase und Ledebour für die Unabhängigen, Ebert und Bauer für die Sozialdemokratische Partei, sowie drei gewerkschaftlich organisierte Arbeiter. Nach diesem Vorschlag wäre zwar die Generalkommission nicht offiziell, aber doch durch einen ihrer Vorsitzenden, der als sozialdemokratischer Abgeordneter an meine Stelle eintreten sollte, vertreten gewesen. Auch diesen Vorschlag hat der Reichskanzler nach mehrmaligen Verhandlungen zwischen Ebert und dem Unterstaatssekretär von Radowitz abgelehnt. Er bestand grundsätzlich darauf, nicht mit einer Vertretung der Streikleitung, sondern nur mit Vertretern der Partei und Gewerkschaften zu verhandeln. Deshalb müsse er dabei bleiben, daß die Generalkommission der Gewerkschaften offiziell bei den Verhandlungen vertreten sein müsse.

War die strikte Ablehnung einer Teilnahme der Generalkommission bei den Verhandlungen durch die Unabhängigen schon wenig verständig, so wurden wir noch mehr überrascht, als am gleichen Tage seitens des Abg. Haase eine Sitzung beim Reichskanzler angeregt wurde, an der nur Abgeordnete teilnehmen sollten. Freilich sollte diese Verhandlung nur den Zweck haben, eine Versammlung für die Betriebsdelegierten der streikenden Arbeiter möglich zu machen. Immerhin — das muß festgehalten werden: geordnete Verhandlungen über die gesamte Situation wären nach dem Vorschlag des Reichskanzlers möglich gewesen unter Teilnahme der Abgeordneten und der streikenden Arbeiter, wenn die Unabhängigen mit der Teilnahme der Generalkommission sich einverstanden erklärt hätten.

Mit den Abgeordneten zu sprechen, wie Haase gewünscht hatte, war der Reichskanzler bereit. An der Besprechung beim Reichskanzler nahmen teil: Reichskanzler v. Hertling, Vizekanzler v. Payer, Staatssekretär des Innern Wallraf, Preußischer Minister des Innern Drews; seitens der Abgeordneten: Haase und Ledebour, Ebert und ich. Haase führte aus: Es sei notwendig, den Arbeitern die Möglichkeit zu geben, ihre Delegierten zu versammeln, um die Frage zu erörtern, unter welchen Bedingungen der Streik beigelegt werden könne. Wie solle der Streik denn überhaupt abgeschlossen werden, wenn nicht ein Beschluß über die Beendigung des Streiks herbeigeführt werden könne? Eine andere Möglichkeit, den Streik zu beenden, gäbe es ja gar nicht.

Es kam dann zu einer eingehenden Besprechung über die Vorgeschichte und den Verlauf der Ausstandsbewegung. Das Endergebnis war folgendes: Die Regierung gab zu erkennen, daß sie bereit sei, dahin zu wirken, eine Versammlung der Delegierten zu ermöglichen, wenn die Abgeordneten die Garantie dafür übernehmen könnten, daß in dieser Versammlung lediglich die Beendigung des Streiks beschlossen werde. Da wir vier Abgeordneten eine solche Garantie natürlich nicht übernehmen konnten, ging auch diese Besprechung ergebnislos aus.

Überall und immer mit dem Kopfe durch die Wand — das ist die Taktik der Unabhängigen. Wo geschlossenes Vorgehen und eine einheitliche, klug abwägende Taktik am dringendsten notwendig ist, da verderben die Ledebour und Männer ähnlicher Veranlagung, deren Mund und Rechthaberei weitaus größer sind als ihre Erfahrungen in der Arbeiterbewegung, die Situation regelmäßig.

Der Streik war ein **schwerer** Schlag für die Regierung und die sogenannte Vaterlandspartei; er hätte aber mehr sein können, nämlich ein **vernichtender** Schlag.

* * *

Der Vorstand der Sozialdemokratischen Partei hatte sofort nach Ausbruch des Streiks den Parteiausschuß zusammenberufen, der am 30. Januar schon eingehend informiert werden konnte. Der Ausschuß nahm folgende Resolution einstimmig an:

I.

„Der Parteiausschuß stellt fest, daß sich die gegenwärtige Streikbewegung nicht gegen die Landesverteidigung richtet und nicht die Ziele eines feindlichen Imperialismus fördern will. Sie ist aus einer tiefen Mißstimmung entstanden, die durch die Ernährungsschwierigkeiten und den Druck des Belagerungszustandes hervorgerufen wurde. Das Treiben der Reaktion im preußischen Dreiklassenhaus, das auf die Verhinderung der preußischen Wahlreform gerichtet ist, das herausfordernde Auftreten der sogenannten Vaterlandspartei und die unklare Haltung der Regierung in der Friedensfrage haben diesen Stimmungsdruck verschärft. Da alle Ratschläge und Warnungen der Sozialdemokratischen Partei ungehört verhallten, wurde ein Ausbruch dieser Volksstimmung unvermeidlich.

Durch den Eintritt sozialdemokratischer Abgeordneter beider Fraktionen in die Streikleitung war die volle Gewähr dafür gegeben, die Bewegung in geordneten Bahnen zu halten und sie rasch, ohne Schädigung der Allgemeinheit zum Abschluß zu bringen. Voraussetzung war, daß die Regierung auf Gewaltmaßregeln verzichtete und Forderungen erfüllte, die von einer erdrückenden Mehrheit der Bevölkerung als berechtigt anerkannt werden.

Statt diesen Weg zu gehen, hat die Regierung unter kleinlich-formalistischen Vorwänden Verhandlungen mit den Arbeitervertretern der Streikenden abgelehnt. Sie hat zugleich geduldet, daß ihr nachgeordnete Organe mit erbitternden Unterdrückungsmaßregeln gegen die Bewegung vorgingen. Das Versammlungsrecht wurde vollständig unterdrückt, der „Vorwärts" verboten, schließlich der gewählten Streikleitung jede Betätigung untersagt. Die Folge davon ist, daß sich der Streik explosionsartig auf immer neue Gruppen ausdehnt, und daß er auf immer neue Orte überspringt, jeder Regelung und Kontrolle entbehrend.

Die Verantwortung für diese Entwicklung der Dinge trifft jene Stellen, die sich vor Ausbruch des Streiks und während seiner Dauer beharrlich geweigert haben, die Stimme der Vernunft zu hören, und deren Politik offensichtlich auf die Erzwingung eines Macht- und Gewaltfriedens gegen die eigene Bevölkerung hinsteuert.

Die Sozialdemokratische Partei hat sich während des ganzen Krieges rückhaltlos zur Landesverteidigung bekannt. Die Landesverteidigung wird jedoch gefährdet durch die politische Einsichtslosigkeit derer, die den Krieg zu kriegverlängernden, vom Volke nicht gebilligten Zielen führen wollen, die dem Volk versprochenen Rechte verweigern und jeden Protest gegen einen immer unerträglicher werdenden Druck mit verstärktem Druck beantworten. Darum müssen sich heute alle Kräfte vereinigen, um eine Abkehr von dem verhängnisvollen Kurs herbeizuführen, im Interesse der Selbsterhaltung unseres Volkes und eines baldigen, gerechten Friedens.

II.

Der Parteiausschuß fordert die Reichsregierung auf, sich in eindeutiger Weise zu erklären:

1. für die ausgiebigere Lebensmittelversorgung durch Erfassung der Lebensmittelbestände bei den Erzeugern und in den Handelslagern zur gleichmäßigen Zuführung an alle Bevölkerungsklassen;

2. für ihre Bereitwilligkeit, schleunigst den Belagerungszustand aufzuheben; sofort aber alle, das Vereins- und Versammlungsrecht sowie die freie Meinungsäußerung durch die Presse einschränkenden Bestimmungen zu beseitigen;

3. für die Aufhebung der Militarisierung der Betriebe;

4. daß sie entschlossen ist, die schnellste Durchführung des allgemeinen, gleichen, direkten und geheimen Wahlrechts für Preußen mit allen ihr zu Gebote stehenden Mitteln zu sichern;

5. daß sie bereit ist zu einem allgemeinen Frieden ohne offene oder verschleierte Annexionen und Kontributionen auf Grund des nach demo-

kratischen Grundsätzen durchzuführenden Selbstbestimmungsrechts der Völker."

Die Reichstagsfraktion hat die Stellungnahme der sozialdemokratischen Mitglieder der Streikleitung ebenfalls einstimmig gebilligt.

„In geordneten Bahnen."

In der Entschließung des Parteiausschusses wird betont, daß es durch das Eintreten der sozialdemokratischen Mitglieder in die Streikleitung gelungen ist, die Bewegung in geordneten Bahnen zu halten. Das trifft tatsächlich zu. Als die ganze Borniertheit des alten Preußentums durch die Weigerung Wallrafs, Streikende zu empfangen, den deutschen Arbeitern wieder einmal drastisch vor Augen geführt worden war, bedurfte es der ganzen Kaltblütigkeit und sorgfältigsten Überlegung der in der Arbeiterbewegung aufgewachsenen sozialdemokratischen Mitglieder in der Streikleitung, um übereilte Beschlüsse zu verhüten. Es wurde damals schon in den Besprechungen im engsten Kreise die Lahmlegung der lebenswichtigen Betriebe angeregt, als Antwort auf die Hervorkehrung des Wallrafschen Herrenstandpunktes. Dagegen haben wir Sozialdemokraten uns mit aller Entschiedenheit gewandt, denn wir wollten nicht Greise, Kranke, Frauen und Kinder büßen lassen für den Unverstand des Herrn Wallraf. Wenn der Januarstreik nicht zu einer Katastrophe geführt hat, so ist das dem Verhalten der damaligen „Regierer" gewiß nicht zu danken.

Der Kampf um die Friedensresolution.

Auftakt der Parlamentarisierung. — „Wenn der Kanzler ginge, würde das den Frieden erleichtern?" — „Die Bekehrung des Matthias" — Stresemann immer noch für die Annexion Kurlands. — Der Kaiser „ringt mit sich". — „Militärische Vernehmung durch die O.H.L." — Der Zeitgenosse Michaelis. — Mitarbeit Ludendorffs an der Resolution. — Wie ich es auffasse.

Auftakt der Parlamentarisierung.

Die Juli-Resolution des Reichstags ging von einer unbedingt richtigen Empfindung aus: daß nämlich die Friedensinitiative von der Regierung auf die Volksvertretung übernommen werden müsse. Der Kredit der Regierung, deren Schwäche in meiner Darstellung klar zutage trat, wie der verschärfte U-Bootkrieg gegen den Willen des Reichskanzlers und seiner Berater durchgeführt wurde, war ja auch für das Ausland kein Geheimnis. Man wußte draußen so gut wie drinnen, daß die Oberste Heeresleitung letzten Endes die Politik des Reiches machte. Deshalb war es nur logisch, daß gleichzeitig mit dem Entschluß des Reichstags, die Friedensaktion in die eigenen Hände zu nehmen, die Erkenntnis bei den Volksvertretern sich einstellte, daß auch diese Aktion wertlos sein mußte, wenn dieselben Männer in den ausschlaggebenden Ämtern blieben. Es bedurfte anderer Kräfte gegenüber der O.H.L.! Daher die Verknüpfung der außenpolitischen Aktion mit der innenpolitischen Säuberung, die ebenso logisch in das Verlangen münden mußte, an Stelle der „kaiserlichen Handlanger" Männer des parlamentarischen Vertrauens, also an Stelle des scheinkonstitutionellen Systems das parlamentarische zu setzen. Denn die richtige Auswahl war nun alles! Rückwärts blickend erscheinen uns die Kämpfe um die Resolution unverständlich und für ihre Wirksamkeit nach außen aufs höchste hinderlich. Beides ist sicher richtig. Aber historisch muß man den Kampf um die Friedensresolution betrachten als die ersten Schritte eines sich selbständig machenden Parlaments. Immer noch hat sich der Glaube an die eigene Kraft nicht durchgesetzt, besonders die Fortschrittler schielen immer noch nach dem Imprimatur der Regierung, in die ihr Parteifreund Payer nächstens eintreten wird. Die Nationalliberalen gar können von ihren Annexionshoffnungen nicht herunter und verstehen sich — trotz der Eingeständnisse Stresemanns von der Unmöglichkeit ihrer früheren Wünsche — nur zu dem echt nationalliberalen Beschluß, die Abstimmung freizugeben. Das Zentrum ist in der Hauptsache von taktischen Erwägungen beherrscht und bleibt bis zum Schluß eine unbestimmte Größe. Angesichts dieses Sachverhalts ist es ein Beweis für die damals schon weitverbreitete Erkenntnis der äußerst gefährdeten Lage und für die logische Werbekraft der sozialdemokratischen Kriegszielformulierung, daß es trotz alledem zu der Resolution kam. Es war die Annahme der Auffassung meiner Partei durch die bürgerliche Mitte! Daß die Resolution schließlich ohne Erfolg blieb, lag sicher auch an der Art ihres Zustandekommens; zum größten Teil aber in ihrer Entwertung durch den „Zeitgenossen" Michaelis — seine eigene, im Folgenden wiedergegebene Charakterisierung ist ein Todesurteil für die wilhelminische Staatsform — und in der künftigen Regierungsrichtung. Ich stelle das Ringen um die Parlamentskundgebung in aller Ausführlichkeit dar, weil sie trotz alledem der energischste Auftakt zum Parlamentarismus ist, die zielbewußte Führung durch die Sozialdemokratie zeigt und gleichzeitig die hoffnungslose Entschlußlosigkeit der damals amtierenden Männer, die nicht etwa die tödliche Bedrohung Deutschlands sahen, sondern nur einen Gesichtspunkt hatten: was werden der Kaiser und Ludendorff sagen?

* * *

Jedermann hatte in den Junitagen das Gefühl, daß etwas besonderes geschehen werde. Man wartete, so wie Björnsons Pfarrer Sang, sozusagen auf ein Wunder. Im Hauptausschuß des Reichstags, in dem sich zu jener Zeit das politische Leben konzentrierte, waren die Abgeordneten von Stunde zu Stunde auf irgend etwas Sensationelles gefaßt. Ausführungen, die Ebert und Noske in diesen Tagen gemacht hatten, zogen ihre Kreise auch im bürgerlichen Lager. Die Zeit der einseitigen Kraftsprüche, in denen bis vor kurzem selbst Fortschrittler wie der Trompeter *Wiemer* exzelliert hatten, war endgültig vorbei. Der Verfassungsausschuß hatte zwar noch keine konkreten Ergebnisse gezeigt, ja, war von der Regierung aufs schnödeste brüskiert worden, aber seine Debatten schon brachten Forderungen — nicht etwa nur von sozialdemokratischer Seite — zutage, die noch bis vor kurzem für Hochverrat und schlechtweg revolutionär gegolten hatten. In diese Hochspannung außenpolitischer Sorgen und innenpolitischer Kämpfe fielen die ersten Besprechungen mit Kanzler und Vizekanzler über die bevorstehende Reichstagstagung, in deren Mittelpunkt wiederum eine Kriegskreditvorlage stand. Es war kein Zweifel, daß die diesmalige Zustimmung der Sozialdemokratie, nach soviel Enttäuschungen des Volks und Umfällen der Regierung nur nach ganz bestimmten Zusagen erfolgen werde. Diese konnten nur bestehen in klarer Formulierung der „Kriegsziele" — also einer Absage an jeden Annexionsgedanken — und ebenso klarer Zusage des Reichstagswahlrechts für Preußen, was nach der „Osterbotschaft" immer noch zweifelhaft war.

Wenn der Kanzler ginge, würde das den Frieden erleichtern!

Am 30. Juni hatte Helfferich die Fraktionsführer zu sich gebeten. Anwesend waren Wahnschaffe, die Unterstaatssekretäre Richter, Lewald, von der Fraktion David, Ebert und ich. — Helfferich wollte wissen, wie wir uns den Verlauf der Reichstagstagung denken oder wünschen. Ich kam zuerst zum Wort und sagte ihm, was wir wünschen bzw. verlangen: Klares Kriegsziel (wie das unsere), Zustimmung zu den Verfassungsänderungen, Übernahme der Führung in der Wahlrechtsfrage — um die Widerstrebenden in der Mitte zu gewinnen — durch die Regierung. — Helfferich suchte wieder alle Fragen, auf deren Stimmungswert wir hinwiesen, „klein" zu machen. Er wollte mich offenbar nicht verstehen, als ich ihm auseinandersetzte, daß ich auf jede einzelne der bisher vom Verfassungsausschuß beschlossenen Fragen pfeife, weil ein starkes Parlament alle diese Kinkerlitzchen nicht erst zu beschließen brauche; daß ich aber trotzdem aus politischen Gründen den größten Wert auf die Zustimmung der Regierung und die Verabschiedung durch den Reichstag lege! David unterstützte mich kräftig; ebenso sprang Ebert tapfer ein, besonders in der Kriegszielfrage. Als sei ein Gespenst durch den Saal gehuscht, guckten mich die Regierungsvertreter an, als ich ganz kühl bemerkte — bei der Frage des heiß ersehnten Friedensschlusses —: „Wenn der Reichskanzler, den ich gewiß hoch schäfze, morgen ginge, so würde das den Frieden auch erleichtern! Ich setze voraus, daß ein besserer kommen müßte." — Keiner sagte einen Ton, denn das hatten sie wohl begriffen, daß meine Bemerkung im Grunde genommen hieß: Ihr alle müßtet Platz machen für Männer ohne „Vergangenheit" in diesem Kriege. Dem Ministerialdirektor Dr. Lewald, den ich als enorme Arbeitskraft schätze, sagte ich auf den Kopf zu, daß er lediglich als Bremser im Verfassungsausschuß gewirkt hätte. Und Helfferich sagte ich: „Wenn Sie einen anderen haben, so schicken Sie uns, bitte, Lewald nicht mehr!" Übrigens setzte David den Herren in brillanter Weise zu. Das freut mich immer von ihm, daß er Aug' in Auge der Gesellschaft gegenüber so energisch ist, während er ihr in der Fraktion immer mehr Gerechtigkeit widerfahren läßt, als sie verdient. —

1. Juli 1917. Der „Vorwärts" bringt meinen Artikel: „Reich, schaffe Recht!"; ich rechne damit, daß er viel Staub machen wird, namentlich wegen der Forderung: gleiches Recht. — v. Payer ließ mich telephonisch bitten, zu ihm in den Reichstag zu kommen. Ich ging. Er wollte sich mit mir aussprechen wegen der jetzt zu beobachtenden Taktik. Wir waren in vielen Dingen ganz einer Meinung. Aber in der Hauptfrage leider nicht: wie schafft man das preußische Wahlrecht am schnellsten und besten? So wie ich die Frage im heutigen „Vorwärts"artikel, den er noch nicht gelesen hatte, den ich aber skizzierte, behandle, glaubt er nicht, daß die Sache geht. Es sei das eine „Vergewaltigung der Bundesstaaten", und dafür gebe es im Reichstag keine Mehrheit. Er ist der Meinung, daß wir über die Geschichte jetzt wohl am besten hinwegkämen, wenn der Reichskanzler in noch bindenderer Weise die Regierung festlege, und zwar auch für das gleiche Wahlrecht. — Auch ist er nicht dafür, den Reichskanzler auf die Formel zu zwingen: keine Annexionen, keine Kontributionen. Als ich ihm sagte, daß der Reichskanzler auf mich den Eindruck gemacht

habe, daß er im Grunde genommen vollkommen mit dieser Friedensbasis einverstanden sei und lediglich Bedenken geäußert habe, ob es klug sei, die Formel auszusprechen ... meinte er: „Wenn der Reichskanzler es sagen will, habe ich natürlich gar nichts dagegen, aber ob es klug wäre, bezweifle ich nach wie vor!" Er tadelte den Pessimismus des Reichskanzlers und äußerte sich hoffnungsvoller über den U-Bootkrieg als der Reichskanzler. Er sei ganz einig mit uns gewesen in der Ablehnung des U-Bootkrieges, aber jetzt sei es doch nicht richtig, so zu tun, als habe er gar nichts genützt; gewirkt habe er schon. Ich: „Ja, die erste Wirkung war die Kriegserklärung Amerikas!" Er: „Nun ja, das haben wir ja vorausgesehen!"

Von ½11 Uhr ab beim Reichskanzler. — Alle Staatssekretäre sind da, bis auf Liesco. — Der Reichskanzler hat im Hauptquartier offenbar nichts erreicht, denn er ist wieder „ganz fest". Es gehe nicht an, sich öffentlich auf die Formel festzulegen, die wir von ihm verlangten. Er habe getan, was er glaube verantworten zu können, um zum Frieden zu kommen, aber wie hätten ihm die Gegner geantwortet? — Die übrigen Fraktionsredner — alle Fraktionen waren vertreten außer den Unabhängigen — sprachen sich ähnlich aus, obgleich alle sehr klein waren. Auf die Reden, die David und ich hielten — ersterer sprach eine Stunde lang —, antwortete niemand etwas Stichhaltiges. In bezug auf den U-Bootkrieg schien es fast so, als ob schon keiner mehr das Karnickel gewesen sein wolle. Man habe sich auf die Zahlenangaben der Regierung verlassen (Capelle, Helfferich). Die ganze Geschichte verlief äußerst gedrückt. David und ich gingen der alldeutschen Gemeingefährlichkeit mit brutaler Rücksichtslosigkeit zu Leibe.

Die Sitzung dauerte von ½11 bis Punkt 4 Uhr. Da ich seit dem dürftigen Frühstück (Ersatzkaffee, Brot und Kunsthonig) nichts genossen hatte, fiel ich nahezu um vor Hunger.

Nach einer kurzen Pause, die wir zum Mittagessen benutzten, traten Ebert und ich um 5 Uhr schon wieder bei Helfferich im Reichsamt des Innern an. Dort war nur ein kleinerer Kreis versammelt — unter Ausschluß der Polen und Elsässer. In der Hauptsache geschäftliche Erörterung des Aufzugs der Plenarsitzungen. — Helfferich regte eine Kundgebung an für „Elsaß-Lothringen als sicheres deutsches Land". Es hätte natürlich nur Zweck, wenn die Elsässer mitmachten. — Wir erklärten: und für uns hat's nur Bedeutung, wenn auch gesagt wird, daß Elsaß-Lothringen ein selbständiger Bundesstaat wird. Lange Gesichter — und es blieb alles in der Schwebe. Ende nach 8 Uhr.

Hauptausschuß! Es war der Tag, welcher den sogenannten „Vorstoß" Erzbergers brachte! Für uns, die wir seine Beweglichkeit und seine gute Nase für reife Situationen kannten, nicht unerwartet. Der Vater der Friedensresolution — das geht aus unsern immer wiederholten Forderungen hervor — war er nicht. Aber das große Verdienst Erzbergers bestand darin, daß er als der erste bürgerliche Abgeordnete sich endlich entschlossen und offen zu dem Standpunkt der Sozialdemokraten in der Friedensfrage bekannte.

Die Bekehrung des Matthias.

6. Juli 1917. Der gestrige Tag wird zu den bedeutsamsten zählen, die wir bisher im Hauptausschuß während der Kriegszeit erlebt haben. Erzberger hat sich zu der Auffassung bekannt, die meine Freunde und ich vertreten: wir müssen so schnell als möglich Frieden zu schließen suchen. — Als Erzberger im Hauptausschuß sein aufsehenerregendes Bekenntnis ablegte und den Vorschlag machte, daß der Reichstag in einer Erklärung vor aller Welt dokumentieren solle, er lehne Eroberungsziele ab und stehe auf dem Standpunkt vom 4. August 1914, saß ich noch im Verfassungsausschuß. Infolge des Krachs vertagte ich aber, um Zeit zu Verhandlungen (über den Antrag 18) zu gewinnen, und kam in dem Augenblick in den Hauptausschuß, als Erzberger seine Rede beendet hatte. Mein Freund Wendel, der Mitglied der Kommission war, sprang sofort auf, um mir seinen Platz abzutreten. So war ich gleich aus dem einen Kampf um die Dinge im Innern mitten im Getriebe um die große Frage des Kriegsendes. Nach unwesentlichen Erklärungen wurde auch der Hauptausschuß vertagt. Im Laufe des Tages traten schon Vertreter der Sozialdemokraten, des Zentrums, der Fortschrittler und der Nationalliberalen zu Beratungen zusammen. Es bestand grundsätzliche Übereinstimmung darin, daß eine gemeinsame Friedenserklärung versucht werden müsse.

7. Juli 1917. Über die gestrige interfraktionelle Sitzung will ich folgendes nachtragen: Sie fand nachmittags 3 Uhr im Obergeschoß, Zimmer 12, statt. Anwesend: Spahn, Erzberger, Müller-Fulda, Fehrenbach, v. Payer, Müller-Meiningen, Haußmann, Gothein, Ebert, David, Südekum, Scheidemann, v. Richthofen, Dr. Funk, Schiffer, Stresemann, v. Calker. — Erzberger sprach noch einmal über seinen Vorschlag: Friedensbereitschaft wie am 4. August 1914, und kein anderes Ziel: Verteidigung. — v. Richthofen betont, daß diese Frage nicht erörtert werden könnte, ohne daß gleichzeitig ein Personenwechsel eintrete. Einen Frieden zu machen mit Bethmann Hollweg und Zimmermann werde das Ausland ablehnen. — Erzberger will sich darüber nicht äußern. — Stresemann: wir sind kompetent, auch einen Wechsel im Personal zu verlangen. — Südekum ist der gleichen Ansicht. — Gothein ebenso. — Erzberger schildert nun die zweideutige Art, in der die deutsche Regierung Wilson behandelt hat, der bereit gewesen sei, Ende vorigen Jahres eine intensive Friedensvermittlung zu unternehmen. Er habe schließlich Bernstorff geradezu hinausgeworfen. — Im weiteren Verlaufe sprachen v. Payer, Erzberger und v. Richthofen von Personaländerungen. — David verlangte, ganz im Sinne der Fraktion, eine deutliche Erklärung, wie sie der russische Arbeiter- und Soldatenrat formuliert hat. — Calker wünscht, daß in der gemeinsamen Erklärung etwas über Elsaß-Lothringen gesagt wird. Man solle verlangen, daß Elsaß-Lothringen ein autonomer Bundesstaat im Rahmen des Reiches werde.

Stresemann immer noch für die Annexion Kurlands.

Stresemann hält seine grundsätzliche Auffassung über die flandrische Küste, Kurland usw. aufrecht; er gibt seine entsprechenden Pläne aber auf, weil er nicht mehr glaubt, daß deren Durchführung möglich ist. Übrigens sei es selbstverständlich, daß weder er noch ein anderer, — wenn er nicht auf dem Boden der Erklärung stehe, — in ein parlamentarisches Ministerium eintreten könne. Es bestehe jetzt tatsächlich die Gefahr, daß alle Neutralen gegen uns Front machen könnten, weil sie der U-Bootkrieg dazu zwinge. Eine Erklärung, wie die projektierte, erscheine ihm nicht zeitgemäß, sie erscheine ihm direkt gefährlich angesichts der russischen Offensive. Diese habe Erfolge gehabt, die in Paris ungeheuerlich gefeiert wurden. Er möchte gern wissen, wie die Sozialdemokraten sich stellen zu der Frage: können wir Kurland auf dem Wege der Verständigung bekommen? — David wies auf unser Stockholmer Memorandum hin. — v. Calker: wir können erklären, was wir wollen; das Ausland glaubt nicht daran, wenn wir nicht einen Personenwechsel vornehmen.

8. Juli 1917. Gestern von früh bis spät Sitzungen. Nachmittags interfraktionelle Sitzung. Wir verständigen uns über die gemeinsame Erklärung und werden ganz einig über die Formulierung. Während in den vorausgegangenen Besprechungen nur von einem Personenwechsel gesprochen war, ist daraus jetzt das parlamentarische System geworden. Dafür bin ich selbstverständlich durchaus, aber von heute auf morgen, so fürchte ich, kann man das mit allen seinen Konsequenzen kaum durchsetzen. Es wird eine Sitzung verabredet für Sonntag 12 Uhr, weil die Nationalliberalen Zeit haben müssen, um ihren Umfall, wenn er überhaupt in der Kriegszielfrage möglich ist, vorzubereiten.

9. Juli 1917. Der gestrige Tag war wiederum sehr ereignisreich. Es stellte sich heraus, daß die bisherigen Delegierten der Nationalliberalen nicht im Auftrage ihrer Fraktion, sondern auf eigene Faust gehandelt hatten. Am 9. Juli soll bei den Nationalliberalen die Entscheidung fallen. Erzberger konnte folgendes berichten: der Kriegsminister von Stein hat Hindenburg und Ludendorff telephonisch nach Berlin gerufen. Ihre Anwesenheit sei erforderlich, „weil sich hier merkwürdige Dinge abspielten". Bethmann Hollweg bekam Wind von der Sache. Er ließ den Kaiser, der ebenfalls nach Berlin kam, schon auf dem Bahnhofe abfangen und sofort zu sich dirigieren. Damit hatte er schon gesiegt. Er fragte den Kaiser, was die beiden Heerführer hier wollten; der Reichstag habe keinerlei Differenzen mit der Heeresverwaltung; was an politischen Meinungsverschiedenheiten vorhanden sei, gehe ihn an, nicht aber die beiden. — Der Kaiser hat darauf Hindenburg und Ludendorff sofort wieder fortgeschickt. — Nebenbei: Hindenburg und Ludendorff hatten sich an Erzberger gewandt und ihn wissen lassen, daß sie gern bereit seien, mit den Fraktionsführern zu beraten. Um keinen Kompetenzkonflikt heraufzube-

schwören, empfehle es sich vielleicht, diese Besprechungen nicht im Reichstage, sondern im Generalstabsgebäude abzuhalten. — Ins Parteibureau ist dann noch ein Offizier gekommen, der dort Ebert antraf, um ihn zu fragen, ob er nicht mit mir zusammen mit Ludendorff reden wollte. Ebert hat zugesagt und mir telegraphiert. Wir trafen uns abends im Hotel Exzelsior. Inzwischen waren Hindenburg und Ludendorff aber bereits wieder abgereist.

10. Juli 1917. Im Hauptausschuß attackierte Stresemann den Reichskanzler sehr heftig. Der Reichskanzler antwortete mit ungewöhnlichem Geschick. Wenn man glaube, daß er im Wege sei, solle man es offen sagen. Im übrigen: die innere Orientierung sei nicht so durchzuführen, wie in England und Frankreich (Parlamentarisierung); das sei erschwert durch den föderativen Charakter des Reiches. David sprach wieder sehr gut, wenn er auch nichts Neues mehr sagen konnte. — Infolge des interessanten Verlaufs der Sitzung bestellte ich eigenmächtig den Verfassungsausschuß, der für 10 Uhr einberufen war, ab. — Nachmittags wieder interfraktionelle Besprechung. Geraufe friedlicher Art um die Stilisierung der Erklärung. — Die Nationalliberalen sitzen und beraten von 4—6 Uhr. — Sie lehnen die Teilnahme ab. Es ist ihnen zunächst darum zu tun, Bethmann Hollweg wegzubringen, alles andere ist ihnen vorläufig einerlei.

Der Kaiser „ringt mit sich".

11. Juli 1917. Vormittags 9 Uhr: Hauptausschuß. Ebert wünscht Auskunft vom Reichskanzler über den Kronrat vom Tage vorher. — Reichskanzler kann eine Antwort nicht geben. — Ebert beantragt daraufhin Vertagung. — Einstimmig gutgeheißen. — Den Verfassungsausschuß vertage ich um 10 Uhr ebenfalls, „um zu demonstrieren", wie ich unzuverlässigen Leuten sagte, weil bisher eine Klärung weder innerhalb noch außerhalb der Regierung eingetreten sei. — In Wirklichkeit ging der Vertagung folgende Szene voraus: Helfferich bat mich sehr, nicht zu verhandeln. Nach dem Kronrat „ringe der Kaiser mit sich". Heute oder morgen werde eine wichtige Wahlrechtsentscheidung fallen. Aber wenn dem Kaiser, der vielleicht um 12 Uhr eine Proklamation für das gleiche Wahlrecht erlassen wolle, um 11 Uhr ein Be-

schluß des Verfassungsausschusses auf die Brust gesetzt werde, sei das doch ein Imponderabile, das wir nicht ganz außer acht lassen sollten. — Offenbar hatten Helfferich und Lewald die bürgerlichen Abgeordneten schon benachrichtigt, so daß mir von allen Seiten zugesetzt wurde. — Unsere eigenen Genossen waren einverstanden. — Im Laufe des Tages unausgesetzt Besprechungen. Um $^1/_24$ Uhr nachmittags wieder interfraktionelle Konferenz. Es wird abermals am Text herumgedoktert. Die Polen, Welfen und Elsässer sind jetzt auch vertreten durch Seyda, von Wangenheim und Hauß. Die Elsässer wollen die Erklärung einstimmig mitmachen; die deutsche Fraktion, zu der die Welfen zählen, wird zur Hälfte mitgehen; Seyda fand die Erklärung sehr sympathisch, kann aber seiner Fraktion nicht vorgreifen. (Abends teilte er mir mit, in ihrer Besprechung, an der Daszynski teilgenommen habe, sei Stimmenthaltung beschlossen worden.) Interessant war in der Sitzung die Haltung der Nationalliberalen. Paasche kam immer wieder auf die Ministerposten zurück. Wir spannten ihn auf die Folter. Minister kann nur werden, wer sich glatt auf den Boden unserer Erklärung stellt. Er nahm Junck, van Calker und von Richthofen ins Schlepptau, um sie erneut in die nationalliberale Fraktion zu führen. — Es war vergeblich. Die Schwerindustriellen wollen wohl einen Vertreter im Ministerium haben, aber keinen „Scheidemann-Frieden", wie Paasche ziemlich offen bekannt hatte. — Für 7 Uhr nachmittags hatte der Reichskanzler Spahn, Payer, Ebert, Schiffer zu sich geladen, um mit ihnen zu reden. — Ebert berichtete in der Fraktion später darüber: der Kaiser könne immer noch nicht zu einer klaren Entscheidung kommen. Da es sich bei der Parlamentarisierung um die Zukunft der Krone handele, habe er das Bedürfnis, sich auch mit dem Kronprinzen zu besprechen, der telegraphisch berufen worden sei. Der Kanzler ist für das gleiche Wahlrecht, könne dem Kaiser das parlamentarische System aber nicht empfehlen angesichts der enormen Schwierigkeiten, die dem im Wege ständen (Staatenbund, Verfassung usw.). Er sei bereit, einige Staatssekretäre aus dem Parlament zu nehmen, auch sei eine Art Staatsbeirat aus Parlamentariern zu bilden, der mitarbeiten könne bei wichtigen Entscheidungen, aber darüber hinaus könne er zurzeit nicht gehen.

In bezug auf das Kriegsziel werde er die Wünsche der Mehrheit des Reichstages zu beachten wissen, usw. usw.

12. Juli 1917. In der Presse wird das gleiche Wahlrecht für Preußen angekündigt! — Gestern: im Seniorenkonvent Auseinandersetzung mit Westarp, der jetzt plötzlich die Kreditvorlage erledigt wissen will. Im Plenum wiederholte sich die Sache ähnlich. — Nach dem Plenum interfraktionelle Besprechung. Zunächst berichtet Fehrenbach über eine Aussprache mit Wahnschaffe. Fehrenbach hat Wahnschaffe gegenüber den Standpunkt vertreten: schnellstens Heranziehung von Parlamentariern in Ministerposten und als Staatssekretäre. — Die Nationalliberalen erscheinen wieder auf der Bildfläche: Schiffer, Junck, Richthofen. Sie wollen noch einmal verhandeln. Schiffer, dem man zu verstehen gibt, daß nichts Wesentliches mehr an der Erklärung geändert werden könne, wünscht vom Zentrum zu wissen, ob es an seinem Beschluß festhalte, die Erklärung, nur dann mitzumachen, wenn auch die Nationalliberalen mitmachen. Das Zentrum, das diesen Beschluß tatsächlich gefaßt hatte, um die Nationalliberalen dauernd unter Druck halten zu können, spannte die Nationalliberalen auf die Folter. Fehrenbach sagte: ja, der Beschluß besteht noch. Schiffer: wir nehmen an, daß der Beschluß bestehen bleibt; er war ja bei unseren Fraktionsberatungen von der größten Bedeutung. — Fehrenbach: ich will nicht prophezeien, aber ich glaube, daß meine Fraktion, nachdem die Dinge sich derart entwickelt und geklärt haben, den Beschluß aufheben wird!! Schiffer, den ich als klugen Menschen sehr hochschätze, nahm seine beiden Genossen wieder mit ab, um noch einmal in der nationalliberalen Fraktion sein Glück zu versuchen. Nach etwa einer Stunde kam Richthofen, um offiziell mitzuteilen, daß seine Fraktion die Beteiligung ablehne, die Abstimmung aber freigebe. — Wir debattierten dann über die „Parlamentarisierung". Ein langes theoretisches Hin und Her über vorläufige Regelung durch einen Beirat für die Regierung, Staatssekretäre ohne Portefeuille (Davids Vorschlag) usw. Ich führte u. a. aus: Nicht debattieren und theoretisieren wie 1848 in der Paulskirche. Was wir schließlich wollen, wissen wir: das konsequent durchgeführte parlamentarische System. Aber wie kommen wir dazu? Vor acht Tagen hat noch keiner von uns daran gedacht, jetzt an die Parlamentarisierung heranzukommen. Wir verlangten strikte dies: Klarheit im Kriegsziel und gleiches Wahlrecht in Preußen. Als wir uns darüber einig waren, wurde in bezug auf das Kriegsziel die Frage aufgeworfen: Geht's mit den Männern? Nein, einige müssen fort und durch neue ersetzt werden. — Aus den paar Männern, die mit Rücksicht auf das Ausland ausgetauscht werden sollten, wurde plötzlich das parlamentarische System. Aus der Debatte ging hervor, wie enorm große Schwierigkeiten dem bei uns zulande entgegenstehen, so daß es unmöglich erscheint, in ein oder zwei Wochen alle Widerstände gesetzlicher und persönlicher Art zu überwinden. Jedenfalls müssen wir die Situation ausnutzen und so schnell als möglich ein brauchbares Provisorium schaffen, bis wir das parlamentarische System durchsetzen können. Beirat? Nein! Provisorium, wie es David und Payer vorschlagen? Im Notfall. Das Wichtigste zur Stunde bleibt die Berufung neuer Männer wegen der Wirkung auf das Ausland: Zimmermann muß gehen wegen der Christianiaaffäre; Capelle auch. Die neuen Männer müssen berufen werden im Einvernehmen mit dem Reichstage. Nun weiter: Der Reichskanzler soll Gegner der Parlamentarisierung sein. Um ihm wirksam entgegentreten zu können, müssen wir die Schwierigkeiten und angeblichen Unüberwindlichkeiten, von denen geredet wird, genau kennen. Von Wichtigkeit ist die Stellungnahme des Kaisers angesichts der großen Macht, die er nun einmal hat. Je nach der Art seiner Information wird er so oder so entscheiden; das ist direkt verhängnisvoll. Denn wer informiert ihn? Bethmann-Hollweg hat ihm, wie man sagt, einen Gipsverband angelegt, so daß niemand an ihn herankommen könnte. Man muß dem Kaiser aber offen berichten, wie es im Lande aussieht. Er muß aufgeklärt werden über die Not und die Notwendigkeiten. Dann sträubt er sich vielleicht nicht, freiwillig zuzugestehen, was er in kurzer Zeit wird geben müssen. Ich schlage vor, v. Payer zum Kaiser zu schicken, damit er ihm in unserm Namen und Auftrage ganz reinen Wein einschenkt. Im übrigen also: sofort neue Männer, auch solche selbstverständlich aus dem Parlament, dann muß der Verfassungsausschuß Vorlagen machen und dann in wenigen Wochen, wenn alles Schlag auf Schlag gehen kann, ganze Arbeit. Wir versäumen mit einigen Wochen nichts; wir nützen sie zu gründlicher Vorbereitung. Unsere Macht wird immer größer, nicht etwa geringer. Je größer die Not wird, um so höher steigt die Macht des Reichtags gegenüber der Regierung. —

Meine Vorschläge fanden allgemeine Zustimmung.

Militärische Vernehmung durch die O. H. L.

14. Juli 1917. Über die Ereignisse der letzten Tage kann ich nur summarisch berichten. . . . Gestern vormittag Vertagung des Hauptausschusses, später Seniorenkonvent, dann Plenum. Dann Arbeiter- und Soldatenrat, wie wir scherzhafterweise die Konferenzen der Vertreter der Mehrheitsparteien nennen. Wir sprechen den Männern der Fortschrittlichen Volkspartei noch einmal Mut zu, damit sie sich nicht breitschlagen lassen, wenn wir von den beiden obersten Heerführern empfangen werden. Etwa um $1/2$ 5 Uhr kommt Geheimrat Jungheim zu uns ins Zimmer, um uns zu Hindenburg einzuladen: „Um 5 Uhr die Herren Fortschrittler, $5^1/4$ die Zentrumsherren, $5^1/2$ die Sozialdemokraten." Wir lachen hell auf. Dann wird allen Ernstes erwogen, ob man nicht darauf verzichten soll, auf eine solche Art militärischer Vernehmung einzugehen. — In der Annahme, daß da irgendein Kommißkopf nach Schema F, wie beim Stiefelappell, verfahren habe, erklären wir uns bereit, ins Generalstabsgebäude zu kommen. Payer und Fischbeck zuerst. Kurz darauf auch Erzberger und Meyer-Kaufbeuren. Dann gehen Ebert und ich. Wir gingen recht früh, um uns von Payer und Fischbeck informieren zu lassen, während Erzberger und Meyer „vernommen" würden. Wir saßen dann etwa eine halbe Stunde mit Erzberger und Meyer in einem großen Vorsaal des Generalstabsgebäudes, da die Einvernahme der beiden Fortschrittler 40 Minuten dauerte. Mehrfach bat uns ein Ordonnanzoffizier um Entschuldigung. Schließlich wurden wir gefragt, ob wir nicht gleich zu viert eintreten wollten. „Aber mit Vergnügen." — Hindenburg und Ludendorff, bei denen noch ein Hauptmann von Haarbaum war, empfingen uns mit der größten Liebenswürdigkeit. Wir schüttelten uns gegenseitig kräftig die Hände und schauten uns fest in die Augen. In einer Ecke saßen

Helfferich und Wahnschaffe wie zwei betrübte Lohgerber. — An den Wänden Karten, ebenso auf den Tischen. — Hindenburg: „Ich nehme an, daß die Herren sich für die militärische Lage interessieren. Ludendorff, informieren Sie die Herren doch." Ludendorff zeigte die Stelle, wo an der Ostfront die russische Offensive die Österreicher zurückgedrückt hat. Die Kraft der russischen Armee ist nicht mehr vollwertig; wenn sie trotzdem erfolgreich war, so will ich Ihnen vertraulich sagen, warum: auf der anderen Seite standen Österreicher, d. h. slawische Truppen unter nicht guter Führung. Der betreffende Führer ist auch schon abgerufen. Auf russischer Seite kämpften früher übergelaufene österreichische Slawen. Nebenbei: Die Stelle, wo die Russen vorgerückt sind, ist so gering, daß sie auf der Karte kaum markiert werden kann. — Im Westen steht alles fest. Die Amerikaner fürchten wir nicht. Sie werden Flugzeuge und Flieger liefern; für umfangreiche Truppentransporte ist Tonnage kaum da. Bis sie evtl. kommen könnten, im März 1918, haben die U-Boote die Engländer hoffentlich friedensbereit gemacht. Ludendorff trug absolute Festigkeit zur Schau, ging aber auch zu meiner Überraschung von der Annahme aus, daß der Krieg noch ein weiteres Jahr dauern würde. — Da setzte ich ein, nachdem Erzberger einige unwesentliche Fragen über Munition gestellt hatte. Ich knüpfte an Ludendorffs Darlegungen an. Ob er und Hindenburg bedacht hätten, wie es daheim aussieht. Die Arbeiter fallen täglich zu Hunderten in den Fabriken vor Hunger zusammen. Ohnmächtig fallen die Briefträgerinnen auf den Treppen um usw. — Hunger, Not, Schmerz wegen der Todesfälle; dazu Unwillen über die alldeutschen Kriegsziele; keine Aussicht auf ein Ende; Summa summarum: Verzweiflung, die sich in Empörung umsetzt. Ich begründete dann die für den Reichstag bestimmte Kriegszielerklärung, ohne sie als solche zu nennen, in eingehender Weise. Die Wirkung auf das Ausland, zunächst Rußland, dann auf das Inland. Ich sprach zirka 20 Minuten. Am aufmerksamsten hörten mir, wie mir schien, Ludendorff und Hindenburg zu. Als ich endete, begann Hindenburg: Meine Ausführungen hätten großen Eindruck auf ihn gemacht, aber daß nun alles so mathematisch genau bleiben solle, wie alles war, das gehe doch nicht an. Natürlich sind unsinnige Kriegsziele aufgestellt worden. Wir sollen ja auch so und so viele Länder behalten, die wir noch gar nicht erobert haben. — Ähnlich sprach Ludendorff. — Ich ergänzte daraufhin meine Rede. Die Erklärung, auf die die beiden inzwischen hingewiesen hatten, lasse, so führte ich aus, Spielraum genug für jede verständige „Verständigung". Strikte abgelehnt müsse aber jede gewaltsame Eroberung werden. — Ludendorff: Denken Sie mal an Aachen, wenn wir uns Belgien gegenüber für die Zukunft nicht sichern! Ludendorff und Hindenburg empfahlen dann, die Erklärung „positiver" zu fassen. Sie glaubten wohl, daß sie im Innern gut wirken werde, so wie wir annähmen, aber nach außen? Nein! Man werde wieder von Schwäche sprechen. Deshalb eine „positivere" Form. Dann folgte eine U-Bootdebatte. Ludendorff ist Gegner der Erzbergerschen Berechnung über die Welttonnage, die Helfferich für direkt verhängnisvoll hält. Beim Weggehen sprach Helfferich zu mir: „Also wir verhandeln noch wegen der Erklärung?" Ich: „Nein, Exzellenz, wegen der Erklärung gibt's nichts mehr zu verhandeln." — Wir verabschiedeten uns dann mit kräftigem Händedrücken um 7 Uhr, nachdem unsere Unterredung gut $5/4$ Stunden gedauert hatte. Hindenburg machte durchaus keinen überragenden Eindruck auf mich. Er sah viel jünger aus, als ich erwartet hatte, war auch nicht so groß, wie ich angenommen. Er erinnerte mich in seiner Sprechweise an Paul Singer, der im gleichen Tonfall zu reden pflegte. Hindenburg behandelte uns wie alte Bekannte und war ohne jede Spur von Ziererei. Eine prächtige Soldatengestalt. — Ludendorff ist ein starker, gesunder Kerl, blond, klare blaue Augen. Er war ganz bei der Sache und suchte jeden Satz, den er hörte, offenbar gleich geistig zu verarbeiten. Ohne allen Zweifel ist Ludendorff der Bedeutendere von den beiden. — Als wir in den Vorsaal zurückkehrten, saßen da alle die anderen Volksboten: Schiffer, Bruhn, v. Heydebrandt, von Westarp usw. usw. — Wir gingen sofort wieder in den Reichstag, um uns, wie verabredet war, weiter zu besprechen. Statt um $6^{1}/_{4}$ Uhr kamen wir infolge der langen Dauer der Unterhaltung erst um $7^{1}/_{2}$ Uhr zusammen. Payer und Fischbeck fehlten; Erzberger mußte in seine Fraktion. Da wir Hindenburg alle unter dem Eindruck verlassen hatten, daß er zwar nicht erbaut über die Resolution, vielleicht sogar unangenehm berührt war, sich aber damit doch abgefunden hatte, trugen wir kein Bedenken, den Beschluß zu fassen, die Resolution nunmehr zu veröffentlichen. Südekum sollte W.T.B. informieren. Ich besorgte den Text in den Vorwärts, weil ich weiß, daß bei dem frühen Redaktionsschluß der Vorwärts die Nachricht durch W. T. B. zu spät erhalten würde. In der Nacht wurde ich aus dem Schlafe herausgeklingelt. Südekum telephonierte: Helfferich und Wahnschaffe hätten Einspruch erhoben gegen die Veröffentlichung, da doch verabredet sei, am nächsten Tage weiter zu verhandeln. Das bestritt ich entschieden und bestand auf Veröffentlichung. Südekum hatte offenbar schon weitgehende Zusagen gemacht. Denn er machte Bedenken geltend. Wenn es richtig sei, daß Hindenburg und Ludendorff Einspruch erhoben hätten, sollten wir es doch nicht auf einen Bruch ankommen lassen usw. Ich: ich für meine Person habe allein überhaupt nicht das Recht, die Publikation zu verhüten. Wenn Du noch mit anderen darüber verhandeln willst, dann bitte ich ausdrücklich zu sagen, daß ich für die Veröffentlichung bin. Er wollte sich noch mit David in Verbindung setzen und die Fortschrittler zu erreichen suchen, von denen er wisse, daß sie bei Luther und Wegner sitzen.

15. Juli 1917. Gestern morgen 10 Uhr interfraktionelle Konferenz. Payer ist wütend, daß wir die Veröffentlichung ohne seine Zustimmung beschlossen hätten. Wir suchten ihn zu beruhigen. W. T. B. war von Ludendorff, wie berichtet wurde, veranlaßt worden, die Veröffentlichung zu unterlassen. Aber da ich den Vorwärts informiert hatte, war die Resolution im Vorwärts publiziert worden. Glücklicherweise! — Südekum berichtete über die Vorgänge in der Nacht wie folgt: Er wurde nachts gegen 11 Uhr angerufen vom Legationsrat Rietzler, der erstaunt gefragt habe, wieso das W. T. B. die Veröffentlichung der Resolution übernehmen könne. Die Verhandlungen seien doch, wie ihm berichtet wurde, noch nicht abgeschlossen; sollten vielmehr morgen weitergehen. — Südekum habe darauf gesagt, er kenne eine solche Verabredung nicht und habe keine Vollmacht, die Veröffentlichung durch W. T. B. zu inhibieren. Darauf habe Rietzler erneut be-

hauptet, es sei ausdrücklich festgesetzt worden, am kommenden Tage nochmals zu verhandeln. Südekum habe gesagt, daß er sich weiter erkundigen würde. Daraufhin habe er Scheidemann angerufen. Scheidemann habe definitiv abgelehnt, irgend etwas zu tun, wodurch die Veröffentlichung aufgehalten werden könne. Eine solche Abrede, wie sie Rietzler angedeutet habe, bestehe nicht. Südekum habe sich darauf an Dr. David telephonisch gewandt. David habe nach längerer Aussprache ihm empfohlen, sich an Ludendorff zu wenden, um eine Verständigung herbeizuführen. Südekum habe darauf aufmerksam gemacht, daß das allerdings sehr schwer sei, wenn nun Ludendorff verfüge, die Resolution wird nicht veröffentlicht? Trotzdem habe er in seiner Ratlosigkeit sich an Ludendorff in der Nacht noch gewandt. Die Folge sei gewesen, daß Ludendorff es für richtig gehalten habe, die Veröffentlichung aufzuhalten, da Helfferich die Herren, die gestern bei Hindenburg und Ludendorff gewesen seien, für Sonnabend um 5 Uhr zu einer Besprechung noch einmal einladen wolle. Hindenburg lege großen Wert darauf, daß die Erklärung nicht in der vorliegenden Form veröffentlicht werde, so könne sie die Oberste Heeresleitung nicht unterzeichnen. — Erzberger stellte fest, daß er nichts von einer neuen Verhandlung wisse. Hindenburg und Ludendorff hätten nur den Wunsch ausgesprochen, die Resolution etwas positiver zu gestalten. Heute morgen habe er auf Einladung der beiden Herren eine neue Unterredung mit ihnen gehabt. Dabei habe er wiederum nicht den Eindruck gewonnen, als ob die Herren sich irgendwie verletzt oder brüskiert fühlten. — Ich schilderte darauf den Verlauf der Dinge und wiederholte ganz ausdrücklich, daß von einer neuen Verhandlung absolut nicht geredet werden könne, soweit sich Helfferich auf eine nicht existierende Abrede von gestern berufe. Südekum berief sich daraufhin auf Wahnschaffe. Dieser habe ihm in der Nacht gesagt, daß Helfferich bereits neue Einladungen an die Vertreter der Mehrheitsparteien habe ergehen lassen. Bruhn meint, es sei doch vielleicht nach dem Gang der Dinge möglich, eine neue Verbindung mit den Herren zu suchen und, da es ihm nicht ausgeschlossen erscheine, den Wortlaut doch mit ihrem Einverständnis festzustellen. David sagt nochmals gegenüber v. Payer:

Wir waren gestern abend einfach gezwungen, die Veröffentlichung zu beschließen, nachdem bereits die Leipziger Neuesten Nachrichten, das 8-Uhr-Abendblatt und die Kriegszeitung die Resolution, und zwar nicht in der letzten Fassung, veröffentlicht hatten. Er ist gegen neue Verhandlungen. Es sei notwendig, nunmehr schnell die Resolution offiziell zu publizieren. Es wurde noch angeregt, einen Brief an Helfferich zu schreiben, in dem die Mitteilung gemacht wird, daß die vereinigten Parteien unter allen Umständen an ihrer Resolution festhalten würden, jedem Kanzler gegenüber, und daß Helfferich gebeten werden soll, dieses Schreiben dem Kaiser zu übermitteln. — Südekum wurde beauftragt, das Schreiben fertigzumachen, damit es Payer im Auftrage der vereinigten Parteien unterzeichnen könne: Südekum hat das Schreiben im Reichstage selbst tippen lassen. Die Absendung erübrigte sich später, so daß ich den für Helfferich bestimmten Bogen nebst der Kopie hiernach einheften kann. Südekum übergab mir die Schriftstücke mit den Worten: „Hebe das für dein Tagebuch auf, damit man später beweisen kann, daß ein solches Schreiben beschlossen worden war und im Original — wenn auch ohne vollzogene Unterschrift — existiert. — Hier der Text des Briefes:

Berlin, den 13. Juli 1917.

Eurer Exzellenz

unterbreiten die unterzeichneten Parteien den beigelegten Beschluß als ihr Kriegszielprogramm, das sie gegenüber jedem Reichskanzler zu vertreten beschlossen haben, mit dem Ersuchen, es Seiner Majestät dem Kaiser unverzüglich vorlegen zu wollen.

Es liegt in der Absicht der Antragsteller, die Erklärung mit einer besonderen Anerkennung für die Leistungen des Heeres und der Marine zu verbinden.

Die Mehrheit setzt sich aus folgenden Teilen des Reichstags zusammen: Fraktion des Zentrums, Fraktion der Fortschrittlichen Volkspartei, Fraktion der Sozialdemokratie, einer Anzahl von Mitgliedern der Deutschen Fraktion und anderen Mitgliedern.

In vorzüglicher Hochachtung

für die vereinigten Parteien

An
den Herrn Stellvertreter des Reichskanzlers
Staatsminister Dr. Helfferich, Exzellenz.

Mitarbeit Ludendorffs an der Resolution.

Der neue Kanzler! Der alte ist fast unbemerkt in dem Hin und Her dieser ruhelosen Tage verschwunden. Warum? Selbst nach dem monatelangen, mit allen Mitteln der Verleumdung und Anschwärzung geführten Kampf der Alldeutschen fragt man umsonst nach dem direkten Grund. Ich habe später einmal mit dem Adlatus Bethmann Hollwegs, dem Geheimrat Rietzler, darüber gesprochen. Der meinte, es sei interessant, festzustellen, daß der Kanzler nicht gestürzt sei, weil er nichts erreicht habe. Umgekehrt: Er sei gestürzt worden, weil er so ziemlich alles erreicht habe, was er damals erreichen konnte. Nach der Osterbotschaft über das Wahlrecht sei es schwer gewesen, dem Kaiser auch das gleiche Wahlrecht abzuringen. Aber in unablässiger Bohrarbeit sei es Bethmann Hollweg schließlich doch gelungen, zu siegen und die zweite Botschaft herauszubringen. Er habe den Beschluß im preußischen Ministerium durchgesetzt und die widerspenstigen Minister zu Fall gebracht. Er sei also weder energielos, noch erfolglos gewesen. Aber gerade deshalb hätten die Konservativen und Alldeutschen in ihm die große Gefahr gesehen und hätten darauf gedrängt, ein Ende zu machen. Sie brachten Hindenburg und Ludendorff zu dem Ultimatum: Entweder er oder wir! Damit war das Schicksal des Kanzlers besiegelt!

Wir ahnten damals die Zusammenhänge, ohne Genaueres zu wissen. Unsere erste Besprechung mit dem plötzlich aufgetauchten neuen Mann spielte sich folgendermaßen ab:

Im Laufe des 15. Juli rief mir Jungheim zu, daß mich Helfferich für nachmittags 5 Uhr zu sich bitten lasse. „Hat Helfferich noch was zu melden?" fragte ich Jungheim. Er: „Das weiß ich nicht, aber gehen Sie doch jedenfalls hin." — Ich ging, kam aber statt 5,15 erst 5,20 Uhr, weil die Wannseebahn Verspätung hatte. Ich trat in den Konferenzsaal im Reichsamt des Innern, fand ihn aber leer! Ein Diener sprang zu und bat mich, in den Garten zu gehen; der Feldmarschall habe gebeten, im Garten zu beraten. Ah! Also doch ein neuer Versuch.

Ich ging ein Stück in den prachtvollen Park und sah zunächst keine Menschenseele. Plötzlich aber, bei einer Wendung nach einer Allee, die rechts abführte, stieß ich auf Hindenburg, Ludendorff,

Helfferich und Michaelis. In diesem Augenblick kam die andere Gruppe zu uns: Payer, Haußmann, Ebert, Erzberger, Wahnschaffe usw. Als ich mich diesen zuwenden wollte, bat mich Hindenburg zu bleiben. Wir wechselten einige Worte unpolitischer Art, dann nahm Michaelis mich am Arm und führte mich davon, zum großen Erstaunen der anderen. Er: „Ich muß gleich mit Ihnen reden, Herr Scheidemann. Was man den Scheidemann-Frieden nennt, mach' ich morgen, wenn ich kann. Aber was machen wir mit dieser Resolution?" Dabei schlug er auf den Vorwärts vom 14. Juli, in dem die Kriegszielresolution abgedruckt war. Ich: „Das ist doch eine vortreffliche Plattform, Exzellenz." Er: „Nein, nein, die Resolution ist mir unbequem, sie fesselt mich zu sehr, das hat Ihnen Hindenburg gestern doch auch schon gesagt."

Nun gab es eine lange, wohl 25 bis 30 Minuten dauernde Unterhaltung über die Bedeutung der Resolution. Ich setzte ihm Satz für Satz in seiner Bedeutung auseinander. „Verständigen Sie sich über dies und jenes zum Vorteil des Reiches, dann soll und wird Ihnen niemand Vorwürfe machen." — Er: „Ja, das Verständigen geht schließlich an, obwohl mir das Wort Ausgleich besser gefiele, die ‚Vergewaltigung' ist furchtbar. Die kleinste Konzession wird man doch als Vergewaltigung verschreien und ablehnen, wenn die Gegner sich auf diese Resolution berufen. Ich kann Ihnen nähere Mitteilungen nicht machen, aber es ist nicht ausgeschlossen, daß ich vielleicht schon in kürzester Zeit ‚verhandeln' kann." „Man fühlt in weitem Bogen," — dabei machte er mit dem rechten Arm eine weit ausholende Geste — „mehr kann ich nicht sagen. Aber das weiß ich, daß mir dann diese Resolution sehr unbequem ist." — Ich suchte ihn wieder zu beruhigen und für die Resolution zu gewinnen. — Er: „Ich war der Meinung, daß Sie und die Oberste Heeresleitung über die Resolution vollkommen einig seien. Hätte ich gewußt, daß das nicht der Fall ist, so würde ich mich sehr besonnen haben, bevor ich das Amt annahm." — Ich: „Ja, wenn Sie annahmen, daß die Oberste Heeresleitung und wir vollkommen einig seien und Sie nahmen das Amt an, dann ist doch daraus zu schließen, daß Sie selbst keine Bedenken haben würden, auf den Boden der Resolution zu treten." — Er: „Ich habe sie ja gar nicht gekannt. Überhaupt bin ich leider nicht so im Bilde wie Sie und die übrigen Herren. Ich bin doch infolge der vielen Arbeit bisher eigentlich nur als Zeitgenosse neben dem Wagen der großen Politik hergelaufen." — Er zu mir: „Jedenfalls ist es verständig, daß wir uns noch besprechen, bevor ich rede." — Ich: „Es ist mir lieb, daß Sie mir das sagen, sonst hätte ich Sie darum gebeten. Mit Ihrem Herrn Vorgänger habe ich mich bei wichtigen Ereignissen wiederholt ausgesprochen, bevor wir redeten." — Er: „Nun ja, das halte ich auch für nötig." — —

Helfferich kam zu uns mit den Worten: „Meine Herren, entziehen Sie sich nicht länger der übrigen Gesellschaft." Wir gingen nun auf die Gruppe zu, die im Begriff war, sich um einen Gartentisch zu setzen. Bei diesem Gange sah ich, daß im Hause des Staatssekretärs hinter allen Gardinen Köpfe hinauslugten; wir wurden also scharf beobachtet.

Wir nahmen dann Platz. Hindenburg saß mir gegenüber, links von ihm saßen Michaelis, Wahnschaffe, Haußmann, Ludendorff, Gothein, rechts saßen Fischbeck, Ebert, David, Südekum, von Payer, Erzberger, Helfferich. — Den Vorwärts in der Hand, begann Michaelis zu reden. Er wiederholte alles, was er zu mir schon gesagt hatte. Neu: Ob es nicht möglich sei, von der Abstimmung über die Resolution abzusehen, wenn seine Rede uns und Hindenburg befriedige. Wir fielen sofort über ihn her: Erzberger, David und ich. Davon könne keine Rede sein. Wenn wir die Resolution jetzt nicht einbrächten, würden die unabhängigen Sozialisten sie einbringen, wahrscheinlich etwas verändert, aber immerhin so, daß wir dafür stimmen müßten. — Hindenburg: „Wenn sie nur ein bißchen fester wäre; sie ist mir, nehmen Sie mir das nicht übel, zu weich. Können Sie denn das mit der Vergewaltigung nicht herauslassen? Das wird im Heere nicht gut wirken." Lange, lange Debatte, ohne daß Neues zutage gefördert worden wäre. — Michaelis schließlich, der Zeitgenosse: Er wolle eine Rede ausarbeiten und sich mit Hindenburg telephonisch zu verständigen suchen. „Dann will ich mit einem oder zwei Herren — ich habe zuerst an Herrn Scheidemann gedacht — diese Rede durchsprechen. Ich werde es hoffentlich fertigbringen, so zu reden, daß ich Sie zufriedenstelle, ohne wörtlich zu sagen, was in der Resolution steht. So kann vielleicht alles zum guten

Ende geführt werden." — David hakte sofort ein: Keine Zweideutigkeit, daran ist das vorige System gescheitert. — Erzberger: Ja, nicht verkrachen lassen, denn wenn die Sozialdemokraten die Kredite ablehnen, dann ist es vorbei. — Alle schauten nach Hindenburg und Ludendorff. Hindenburg murmelte mit einem Blick auf Erzberger leise, aber doch so, daß es alle verstanden haben: „Das können sie doch nicht, sie können doch nicht das Vaterland im Stich lassen." — Michaelis verspricht, die beiden Herren am Dienstag zu sich zu bitten. — Im Aufstehen: Allgemeines Einverständnis, daß nun die Resolution durch Wolff veröffentlicht werden soll. Dabei stellt Ludendorff fest, daß er nur gegen die Veröffentlichung eingeschritten sei, weil Wahnschaffe es gewünscht habe. — Dann klemmte Ludendorff, der mit mir einen Schritt zur Seite getreten war, das Monokel ins rechte Auge und sagte: „In den Schlußsätzen meinte Hindenburg, sei noch eine Zweideutigkeit, die Sie wohl ändern könnten." Ich lasse den Wortlaut aus dem Vorwärts, den er vor sich hatte, hier folgen:

„Die Mehrheit des Reichstags, die sich zusammensetzt aus den Fraktionen des Zentrums, der Sozialdemokratie, der Fortschrittlichen Volkspartei, der Elsaß-Lothringer, einem Teil der Deutschen Fraktion und einzelnen Mitgliedern anderer Fraktionen, hat sich auf folgendes Friedensprogramm geeinigt, das sie dem Reichstag zur Beschlußfassung vorlegen wird:

Wie am 4. August 1914 gilt für das deutsche Volk auch an der Schwelle des vierten Kriegsjahres das Wort der Thronrede: „Uns treibt nicht Eroberungssucht". Zur Verteidigung seiner Freiheit und Selbständigkeit, für die Unversehrtheit seines territorialen Besitzstandes hat Deutschland die Waffen ergriffen.

Der Reichstag erstrebt einen Frieden der Verständigung, der dauernden Versöhnung der Völker. Mit einem solchen Frieden sind erzwungene Gebietserwerbungen und politische, wirtschaftliche oder finanzielle Vergewaltigungen unvereinbar.

Der Reichstag weist auch alle Pläne ab, die auf eine wirtschaftliche Absperrung und Verfeindung der Völker nach dem Kriege ausgehen. Die Freiheit der Meere muß sichergestellt werden. Nur der Wirtschaftsfriede wird einem freundschaftlichen Zusammenleben der Völker den Boden bereiten.

Der Reichstag wird die Schaffung internationaler Rechtsorganisationen tatkräftig fördern.

Solange jedoch die feindlichen Regierungen auf einen solchen Frieden nicht eingehen, solange sie Deutschland und seine Verbündeten mit Eroberung und Vergewaltigung bedrohen, wird das deutsche Volk wie ein Mann zusammenstehen, unerschütterlich ausharren und kämpfen, bis sein und seiner Verbündeten Recht auf Leben und Entwicklung gesichert ist. In seiner Einigkeit ist das deutsche Volk unüberwindlich.

Der Reichstag weiß sich in dieser Bekundung eins mit den Männern, die in heldenhaftem Kampfe das Vaterland schützen. Der unvergängliche Dank des ganzen Volkes ist ihnen sicher."

Ludendorff: Die Schlußsätze wird jeder so deuten, als ob die Oberste Heeresleitung mit „dieser Bekundung", also der ganzen Resolution, einverstanden sei, das ist aber doch nicht der Fall. Deshalb müssen Sie den Schluß mindestens ändern. Eine kleine Gruppe hatte sich um uns gebildet — neue Verlegenheit. Da kam mir ein rettender Gedanke. Ich schlug vor, einen neuen Absatz mit den Worten: „In seiner Einigkeit . . ." beginnen zu lassen und dann den folgenden Satz direkt anzuhängen und zu sagen statt „in dieser Bekundung": „Darin", dann bezieht sich der Satz nicht mehr auf die ganze Resolution, sondern nur auf die Einigkeit, die uns unüberwindlich macht, und daß wir darin gewiß mit der Obersten Heeresleitung einig sind — — Ludendorff lachte nun aus vollem Halse. So hat also die Oberste Heeresleitung sogar aktiv bei der Redaktion der Bekundung mitgearbeitet. — Nach zirka 2½stündiger Besprechung trennten wir uns*.

Der Zeitgenosse Michaelis.

10. Juli 1917. Vormittags ¾9 Uhr auf Einladung bei dem neuen Reichskanzler Michaelis. Was er mir sagte, lasse ich auf der Maschine tippen und hier einheften. Er machte auf mich heute den Eindruck eines willensstarken Mannes, der der Überzeugung lebt, daß er schließlich alles kann, wenn ihn ein Höherer auf einen Posten stellt. Manche Wendungen in seiner Rede klangen direkt weltfremd und ließen deutlich erkennen, wie recht er gehabt hat mit seiner Bemerkung, daß er bisher nur als Zeitgenosse neben dem Wagen der großen Politik hergelaufen sei. Er ist gar nicht im Bilde, hat keine Ahnung von der Stimmung im Auslande; anderenfalls wären seine Wendungen von Sieg und Sieges-

---

* Soviel ich weiß, ist der Unterschied zwischen dem Schluß der Resolution in der „Vorwärts"-Veröffentlichung und der vom Reichstag angenommenen Formulierung unbemerkt geblieben.

bewußtsein vollkommen unverständlich. Auf meine Einwendungen und Bitten um Änderung oder gänzliches Streichen bemerkte er: „Gut, ziehen wir den Zahn noch heraus". Als ich in den Vorsaal zurücktrat, nahm ich schnell Gelegenheit, den harrenden Erzberger zu informieren, damit er an den kritischen Stellen gut nachhelfen konnte. Erzberger berichtete später, daß Michaelis schon an den verschiedensten Stellen von mir beanstandete Passagen und Wörter entweder weggelassen oder geändert hatte. —

Ich lasse hier das eben erwähnte Maschinendiktat folgen:

„Ebert hatte die Einladung zu spät erhalten, so daß ich allein bei Michaelis war. Michaelis sagte mir, mit dem Manuskript seiner Rede in der Hand, u. a. folgendes: Sie werden einsehen, daß ich in meiner Rede natürlich auch Rücksicht nehmen muß auf das Heer und die Stimmung im Heere. Ich werde die Leistungen der Truppen anerkennen, dann auf den Krieg selbst verweisen und die Frage aufwerfen, wielange noch? Dann will ich sprechen von unseren großen Siegen, daß wir uns militärisch behauptet hätten, trotzdem England die ganze Welt gegen uns aufgehetzt habe. In diesem Siegesbewußtsein könnten wir offener reden als alle anderen.

Hier erhob ich energischen Widerspruch. Jede Erklärung der Friedensbereitschaft sei von vornherein zwecklos, wenn wir mit unseren Siegen und unserem Siegesbewußtsein auftrumpfen. Keines der anderen Länder, die ernstlich in Betracht kommen, fühlt sich besiegt, würde sich aber schwer verletzt fühlen, wenn in der Weise geredet wird, wie er es beabsichtigte. Michaelis sah mich ziemlich erstaunt an, strich dann aber allerlei weg und machte sich Notizen an den Rand. Dabei sagte ich ihm, er könne vielleicht feststellen, daß wir einer großen Übermacht gegenüber uns immer erfolgreich behauptet hätten; alles, was darüber hinausgehe, sei m. E. in unserer Situation von Übel. Michaelis trug dann einige nichtssagende Sätze vor und kam schließlich dazu, fester zu umschließen, was er will. Wir müßten unsere Reichsgrenzen für alle Zukunft sichern und ebenso die Lebensbedingungen unseres Volkes. Wir wollten einen Frieden der Verständigung und des Ausgleichs, einen Frieden, der die dauernde Versöhnung der Völker ermöglicht. Wir könnten nicht erneut einen Frieden anbieten, nachdem wir erst vor einem halben Jahre mit unserer Friedenshand ins

Leere gegriffen hätten. Kämen die anderen mit irgendwelchen Friedensangeboten, so sei Deutschland sofort bereit zu Verhandlungen, wie das ja oft genug ausgesprochen sei.

Er fügte dann hinzu: Ich will dieses Kapitel schließen mit dem Satz: „Unsere Ziele lassen sich im Rahmen Ihrer Resolution erreichen." Damit konnte ich mich einverstanden erklären, da er bestimmt sagte, daß er darüber hinaus nicht gehen könne, weil er es für absolut schädlich hielt, und auch sofort die heftigsten Konflikte mit der Obersten Heeresleitung haben würde. Mehr könne man aber auch nicht verlangen, als daß er sage, er wolle nichts, was über den Rahmen der Resolution hinausginge.

Ich fragte ihn dann, was er über die innere Politik zu sagen gedenke. Darauf antwortete Michaelis: Sie müssen mir Zeit lassen. Ich bin jetzt drei Tage im Amt und muß mich doch erst einmal umsehen. Ich bin kaum einigermaßen informiert. Jedenfalls werde ich sagen, daß es meine feste Absicht ist, die Beziehungen zwischen Volksvertretern und Regierung lebensvoller und wirksamer zu gestalten. — Ich antwortete ihm darauf: „Viel ist das nicht." Aber da bereits die neuen Herren, Erzberger usw., die draußen warteten, wiederholt angemeldet wurden, ging ich nicht näher auf die inneren Angelegenheiten ein, sondern suchte noch einiges über seine Pläne in bezug auf die Besetzung des Staatssekretärs für das Auswärtige Amt zu erfahren. Ich warf die Frage auf, wen er für das Staatssekretariat des Äußeren zu berufen gedenke. Es sei das doch zweifellos der wichtigste Posten. Da er neu in das Amt hineinkomme, sei es für ihn gewiß von größter Wichtigkeit, einen tüchtigen Mann gerade für dieses Amt zur Seite zu haben. Michaelis antwortete: Diese Frage ist noch unentschieden. Keine der Personen, die bisher in der Öffentlichkeit genannt wurden, wird in Betracht kommen. Bei dem einen machen es persönliche und bei dem anderen sachliche Gründe nicht wahrscheinlich, daß sie berufen werden. Ich bin gewillt, alles einzustellen auf die Wirtschaftsfragen nach dem Kriege, die für Deutschland von der größten Bedeutung sind. „Da kommt es nicht darauf an, Leute zur Seite zu haben, die als Diplomaten in Gummischuhen aufgewachsen sind; es sind da Männer notwendig, die etwas vom Wirtschaftsleben verstehen. Und da muß ich mich erst gründlich umsehen. Ich will Ihnen sagen, wie ich so etwas aufzuziehen pflege. Ich werde im Auswärtigen Amt alle Woche zweimal mehrstündige Sitzungen abhalten, in denen eingehend die brennenden Fragen besprochen werden sollen. Bei dieser Gelegenheit werde ich sehr schnell sehen, wer etwas kann und wer nichts kann. Es wird Ihnen ja nicht unbekannt geblieben sein, daß im Auswärtigen Amt eine erhebliche Anzahl von Nulpen sitzen. Ich werde, sobald ich darüber im klaren bin, sehr schnell reine Bahn machen. Ich hoffe, auch die Herren zu überzeugen, daß es nur darauf ankommt, Verstand zu haben, weniger darauf, Diplomatie in Gummischuhen gelernt zu haben." — Ich wünschte ihm Glück zu seinen Plänen und verabschiedete mich schnell, um draußen noch eine Minute zu gewinnen, Erzberger gewisse Fingerzeige zu geben.

17. Juli 1917. In der interfraktionellen Sitzung berichteten nach mir Payer und. Erzberger über ihre Besprechungen mit Michaelis. Eine große Überraschung bereitete uns Erzberger, nachdem er festgestellt hatte, daß Michaelis zweifellos eine Anzahl der von Payer und mir beanstandeten Stellen geändert oder gestrichen habe: Wenn ein Reichskanzler so, wie er in Aussicht gestellt habe, gehen wolle, sei die Frage zu erwägen, ob ihm der Reichstag nicht ein Vertrauensvotum ausstellen solle! — Wir Sozialdemokraten sprachen uns entschieden gegen ein Vertrauensvotum aus, ebenso Fischbeck.

„Wie ich es auffasse!"

Wie außerordentlich recht wir von vornherein mit unserer Ablehnung hatten, ein Vertrauensvotum auch nur zu erwägen, hat ja dann die berühmte Sitzung mit dem Motto „Wie ich es auffasse" bewiesen. Herr Michaelis hatte — um seine Worte zu zitieren — vom Diplomaten vielleicht oder gewiß nicht die Gummischuhe, aber ein gerütteltes Maß von jener Unehrlichkeit, die bei uns alle politischen Aktionen durchtränkte und in ihrer Wirkung vereitelten. Die Friedensresolution war allen Hemmungen und Schwierigkeiten zum Trotz nicht tot geboren, aber totgeschlagen worden durch das gewissenlose Spiel derer, die auf ihr fußend nun ihre Politik hätten machen müssen.

Die Antwort an den Papst.

Die Fortsetzung der Politik der Halbheiten. — Um Gotteswillen Schluß! — Der Siebenerausschuß. — Ein Zwischenspiel. — Spahns falscher Zungenschlag. — Auf dem roten Sofa. — In drei bis vier Wochen Verhandlungen mit England. — Hornberger Schießen!

Im Anschluß an die Friedensresolution will ich noch ein weltgeschichtliches Beispiel darstellen, wie bei unserer Kriegspolitik die eine halbe Maßnahme immer die andere aufhob und unwirksam machte. Es handelt sich um den Friedensschritt des Papstes, der durch die sensationellen Verhandlungen in der Nationalversammlung zu endlosen Auseinandersetzungen Anlaß gab.

Die Situation in der Katerstimmung über das Verpuffen der Friedensresolution war klar. Wer irgendwie Augen und Ohren hatte, sah und hörte das drohende Ende. Ob der einzelne es zugab oder nicht, Tatsache war, daß ja alle nach jedem Strohhalm griffen. Schluß! Schluß! Um Gottes willen Schluß, so bald als möglich und so günstig als irgend erreichbar. Vielleicht kommen wir noch mit einem blauen Auge davon, vielleicht ist der Zusammenbruch, den ich mit allen seinen furchtbaren Folgen seit Jahr und Tag kommen sehe, doch noch zu verhüten. Nun hat sich der Papst gemeldet — es muß ihm geantwortet werden. Es muß ihm so verständig als irgend möglich geantwortet werden. Möge sich der Siebenerausschuß, diese neue parlamentarische Errungenschaft, jetzt bewähren. Das war die Stimmung jener Augusttage 1917. Ich habe mir über die entscheidende Sitzung folgendes notiert:

28. August 1917. Der Siebenerausschuß ist zur ersten Sitzung beim Reichskanzler versammelt. Außer dem Reichskanzler, dem Staatssekretär v. Kühlmann und einigen Bundesratsmitgliedern sind folgende Abgeordnete anwesend: Stresemann, v. Westarp, Wiemer, Erzberger, Fehrenbach, Ebert und ich. Das Wort nahm sofort v. Kühlmann: Die deutsche Regierung habe dem **Papst**

einen Zwischenbescheid gegeben, die Note materiell zu prüfen und dann zu beantworten. Der Zwischenbescheid schaffe Zeit zur Ausarbeitung der Antwort. Übrigens verlaute, daß auch der König von England einen Zwischenbescheid erteilt habe. Das gleiche werde vom König der Belgier gesagt. Wichtig sei bei der Beantwortung die Übereinstimmung und Geschlossenheit der Zentralmächte. Wenn die vier Mächte in der Antwort vollkommen übereinstimmten, so sei das schon ein großer diplomatischer Gewinn. ... Wenn es irgend möglich sei, werde man bei der Beantwortung der Papstnote der Entente die Vorhand lassen, weil das nach verschiedenen Seiten hin vorteilhaft sei. Entweder werde die Entente sich auf den Boden der Botschaft stellen, oder vor aller Welt die Schuld an der Fortdauer des Krieges auf sich nehmen müssen. ... „Scheinbar" stehe England den päpstlichen Anregungen nicht unsympathisch gegenüber. Frankreich spiele sich entrüstet auf, sei aber vollkommen abhängig von England. Italien könne die Note auch kaum unsympathisch sein. ...

In der folgenden Aussprache war ich der erste Redner. Ich betonte, daß es empfehlenswert sei, bei der Beantwortung der Note die idealen Gesichtspunkte hervorzuheben: Sicherung des Friedens, Schiedsgerichte usw. Alle diese Fragen seien von uns im Gegensatz zu dem Verhalten der Entente viel zu nebensächlich behandelt worden. Die Note müsse freudig begrüßt und als eine gute Grundlage für die angeregten Verhandlungen bezeichnet werden. **Als Spezialpunkt müsse Belgien behandelt werden.** Belgien sei der Angelpunkt, deshalb müsse klipp und klar gesagt werden, daß Deutschland bereit sei, Belgien zu räumen. — **Wiemer** sprach in ähnlichem Sinne, wünschte aber auch ein Wort über die Freiheit der Meere. — **Fehrenbach** schloß sich mir an; von Belgien müsse klar gesagt werden: Wir gehen hinaus. — **Westarp** will der Entente den Vortritt lassen; wir müßten ruhige Nerven behalten. Er ist für die Betonung der idealen Gesichtspunkte, will aber vermeiden, daß daraus eine Festlegung für die Zukunft hervorgeht, die uns nachteilig sein könnte. Nur allgemeine Gesichtspunkte, **also auch nichts von Belgien.** Es sei für ihn klar, daß Belgien zukünftig entweder unter Englands oder unter unserer Vorherrschaft stehen werde. — **Strese-**

mann: Nur allgemeine Gesichtspunkte! Aber wenn über Belgien gesprochen wird, dann auch über Flandern, damit die Flamen von den Wallonen nicht dauernd unterdrückt werden. — Erzberger: Die Antwort muß ganz allgemein gehalten sein. Die päpstlichen Formeln über Belgien sind für uns sehr gut. — Ebert schloß sich diesem an.

Ein Zwischenspiel: Spahns falscher Zungenschlag.

Ich führe aus meinen Aufzeichnungen noch folgende bemerkenswerte Szene an:

v. Westarp wiederholte seine Rede und betonte ausdrücklich, daß er allerdings Belgien unter deutsche Vorherrschaft bringen wolle. Er beharre auf dem Standpunkt, den der Abgeordnete Spahn im Reichstag vertreten habe. ... — Erzberger: v. Westarp habe sich auf eine Äußerung Spahns im Reichstag berufen. S p a h n h a b e a b e r d a m a l s e i n e n f a l s c h e n Z u n g e n s c h l a g g e h a b t : Er habe sagen s o l l e n: Belgien soll wirtschaftlich, politisch und militärisch n i c h t in die Hände unserer Gegner kommen. Statt dessen habe er gesagt: Belgien soll wirtschaftlich, politisch und militärisch i n u n s e r e H a n d kommen. Der nächste Redner, ein Sozialdemokrat, habe die Äußerung sofort festgehalten, und dadurch sei eine Korrektur der Spahnschen Erklärung im Stenogramm zur Unmöglichkeit geworden. Dieser Darstellung Erzbergers widersprach keiner der anwesenden Herren.

Der Reichskanzler resümierte das Ergebnis der Aussprache und stellte eine weitere Sitzung zur Besprechung der endgültigen Antwort in Aussicht.

Aus Anlaß der erwähnten Verhandlungen in der Nationalversammlung hatte ich diesen Auszug aus meinem Tagebuch am 2. August 1919 im „Vorwärts" veröffentlicht. Daraufhin erhielt ich folgenden sehr bemerkenswerten Brief des bekannten Zentrumsführers Dr. Spahn, Justizminister a. D.

Exzellenz,

in Ihren Aufzeichnungen befindet sich nach dem „Vorwärts" vom 2. ds. Mts. die Mitteilung Erzbergers, ich hätte bezüglich Belgiens einen falschen Zungenschlag gehabt, ich hätte sagen sollen, Belgien solle nicht in die Hände unserer Gegner kommen. Diese Mitteilung ist unrichtig. Die Fraktion hatte sich zu meiner Formulierung zustimmend geäußert, ich habe sie aber abgeschwächt wiedergegeben, indem ich sie als Folgerung Bethmann Hollwegs aus seiner Äußerung, daß Belgien nicht ein Bollwerk der Gegner bleiben solle, ausgesprochen habe. Ich habe mich darüber in der 17. Sitzung der Nationalversammlung ausgesprochen.

Von einem Fraktionsmitgliede ist mir gelegentlich eines Besuchs in dem Justizministerium erzählt worden, Erzberger habe in der Fraktion von einem falschen Zungenschlag gesprochen, aber er sei auf Grund seiner stenographischen Notizen in der Lage gewesen, Erzberger in dem von mir vorangegebenen Sinne zu berichtigen. Ich bitte Ihre Notizen im Falle späterer nochmaliger Veröffentlichung mit einem Berichtigungsvermerk zu versehen. Als Drottel möchte ich mich nicht gern behandeln lassen.

In vorzüglicher Hochachtung

Spahn.

Dem Wunsche des Herrn Abgeordneten Spahn glaubte ich nicht besser entsprechen zu können, als wenn ich seinen Brief wörtlich hierher setzte. An meinen Mitteilungen ist ja auch nichts zu berichtigen, denn Erzberger hat die betreffenden Äußerungen nicht nur im Siebenerausschuß und, wie aus dem Spahnschen Briefe hervorgeht, in einer Fraktionssitzung des Zentrums getan, sondern auch gelegentlich in einer Sitzung des Interfraktionellen Ausschusses. Für die Stellungnahme des Zentrums während des Krieges ist diese Aufstellung des Tatbestandes von größter Wichtigkeit.

*　*　*

Auf dem roten Sofa.

Nun zurück zu der Papstnote! Noch war dem Siebenerausschuß das Ergebnis seiner Mitarbeit, also der Wortlaut unserer Antwort, nicht bekannt. Da hieß mich am 9. September der Staatssekretär v. Kühlmann um eine Unterredung bitten. Ich schildere hier kurz den Gegenstand unserer Unterhaltung.

Kühlmann: Unsere Aussprache müsse ganz vertraulich behandelt werden. Die Antwort auf die Note des Papstes werde, soweit die allgemeinen Gesichtspunkte in Betracht kommen, ganz in dem Sinne gehalten sein, wie sie der Siebenerausschuß gewünscht habe. Dagegen seien alle Erörterungen zwischen der deutschen Regierung und den Regierungen der Zentralmächte, soweit Belgien in Betracht komme, völlig negativ verlaufen. Alle unsere Bundesgenossen hätten diesen Einwand gemacht: wenn von Belgien geredet werde, sei es notwendig, daß z. B. Österreich auch von Triest und vom Trentino spreche, Bulgarien von diesem und die Türkei von jenem. Jeder der Bundesgenossen habe unter Berufung auf Belgien so viel Spezialwünsche geäußert, daß schon deshalb auf die Erwähnung Belgiens habe Verzicht geleistet werden müssen. Aber es kommen auch andere wichtige Gesichtspunkte hinzu. Die Dinge hätten sich in der letzten Zeit so gestaltet, daß wir in der Tat unsere einzige Karte aus der Hand geben würden, wenn wir die vom Siebenerausschuß verlangte Erklärung über Belgien öffentlich abgeben.

Ich warf hier ein, daß er es mir nicht übelnehmen solle, wenn ich ihm sage, daß das die ganze alte Rederei in neuer Aufmachung sei.

Er fiel mir sofort ins Wort und sagte: Bitte, ich kann nur hypothetisch folgendes sagen: Wenn z. B. jetzt Deutschland und England den Wunsch hätten, sich gegenseitig unter Vermittlung des Königs von Spanien oder der Königin von Holland über Belgien zu unterhalten, würden Sie es dann nicht auch als töricht bezeichnen müssen, vor Beginn dieser Verhandlungen durch eine öffentliche Erklärung die Verhandlungen überflüssig zu machen? Im übrigen wolle er sagen, daß vollkommene Übereinstimmung bei allen in Betracht kommenden Stellen der Regierung über die belgische Frage bestehe. Es sei ganz selbstverständlich für die Regierung, daß in bezug auf Belgien so verfahren werden müsse, wie es durch die Resolution des Reichstags vom 19. Juli klar verlangt würde und wie es auch im Siebenerausschuß in der jüngsten Sitzung klar vertreten worden sei.

Ich wandte ein, daß ich sehr überrascht sei über die Stellungnahme, die die Regierung nunmehr Belgien gegenüber einnehme. Die zügellose Agitation der Alldeutschen, die Eroberung Rigas und der Artikel der Amsterdamer „Tijd" über die angeblichen Absichten betreffend Belgien, müssen die Überzeugung im Volke neu beleben, daß die Reichsregierung dennoch ein zweideutiges Spiel in der belgischen Frage spiele.

Er: Von alledem kann absolut keine Rede sein. Da ich mehr Schwierigkeiten mache, als er vorausgesehen habe, müsse er mir mehr sagen. Die Kurie sei informiert über die Antwort an den Papst und vollkommen damit einverstanden. Die Kurie bestehe in keiner Weise darauf, daß über Belgien in der Antwort öffentlich geredet werde. Es fänden zwischen ihm und dem vatikanischen Staatssekretär zurzeit Verhandlungen über Belgien statt, so daß auch der Papst vollkommen informiert sei über die Absichten der deutschen Regierung. Er wiederhole, daß die Kurie gar keine andere Antwort erwarte, als er sie dem Siebenerausschuß am 10 ds. Mts. vorlegen werde.

Ich: Angenommen, daß alles, was Sie sagen, richtig ist, was aber erfährt davon das deutsche Volk, was erfährt das Ausland, namentlich auch das neutrale, von allem, was jetzt Sie, die Kurie, ich und vielleicht die Mitglieder des Siebenerausschusses wissen? Es kommt darauf an, Rücksicht zu nehmen auf die Stimmung im Inlande und die Antwort so abzufassen, daß uns die Brücke zu Verhandlungen unter keinen Umständen zerschlagen wird. Meiner festen Überzeugung nach kommen wir nicht zu Verhandlungen, wenn wir nicht sofort eine bestimmte Erklärung über Belgien abgeben. Abgesehen von meinen grundsätzlichen Erwägungen, kann ich mir auch nicht denken, daß die Reichstagsmehrheit sich mit dem Schweigen über Belgien einverstanden erklären könnte. Gelänge es gar, die öffentliche Meinung so zu dirigieren, daß man das Schweigen als einen Triumph der Alldeutschen auffassen kann, dann sei das Schlimmste auch im Innern zu befürchten.

Kühlmann erwiderte, er sei ganz einig mit mir in der Einschätzung aller dieser Momente, aber das seien doch alles nur taktische Erwägungen, die gerade im Interesse des Zustandekommens baldiger Verhandlungen zurücktreten müssen.

Ich sprach mich noch einmal ganz eingehend über die belgische Frage aus und wiederholte, daß ich es für unerläßlich hielt, jetzt über Belgien klaren Wein einzuschenken.

Er: Wenn ich in bezug auf Belgien nicht genau wüßte, daß alle in Betracht kommenden Personen, vor allem der Reichskanzler, mit mir übereinstimmen, würde ich mein Amt bereits wieder aufgegeben haben; ebensowenig könnte ich es aber behalten, wenn ich jetzt gegen meine Überzeugung öffentlich etwas sagen sollte, was nicht gesagt werden dorf, nachdem sich die Dinge entwickelt haben, wie ich sie Ihnen andeutete. Wir könnten gerade ihm mit dem größten Vertrauen entgegenkommen und er könne sich doch auf eine zwanzigjährige Praxis in der Diplomatie berufen.

Ich: Sie sprechen von Andeutungen. Das, was Sie mir als Hypothese vorgetragen haben, kann ich unmöglich als Tatsache hinnehmen, mit der ich rechnen müßte. Bei aller Hochachtung vor Ihnen können Sie das unmöglich verlangen. Steckt hinter Ihren Hypothesen etwas, dann müssen Sie deutlicher werden.

Er: Ich will Ihnen absolutes Vertrauen schenken... Sie werden sich in drei bis vier Wochen an diesen Sonntagvormittag, an dem Sie bei mir auf diesem roten Sofa sitzen, sehr deutlich erinnern. Bis dahin sind nämlich, wie ich Ihnen bestimmt versichern kann, Verhandlungen zwischen England und uns über die belgische Frage im Gange. Sie werden zugeben, daß unter diesen Umständen es doch wirklich eine Torheit wäre, die Verhandlungen unmöglich zu machen, dadurch, daß wir in der Antwort an den Papst aller Welt sagen, worüber wir uns unterhalten wollen. Dieser Unterhaltung ist doch von vornherein der Boden entzogen, wenn die Antwort sie überflüssig macht.

Ich sagte ihm, daß diese Mitteilungen allerdings von größter Wichtigkeit seien, daß ich mich trotzdem aber nicht für befugt hielte, eine bestimmte Erklärung abzugeben. Ich müßte jedenfalls mit meinen engsten Freunden Rücksprache nehmen, es sei auch erwünscht, wenn er mich ermächtige, in der morgen früh stattfindenden interfraktionellen Besprechung einige Mitteilungen über das, was er mir gesagt habe, zu machen. Wie weit ich dabei gehen könne, solle er mir deutlich sagen.

Er: Sie können alles sagen, wovon Sie glauben, daß es nicht absolut verschwiegen bleiben muß. Selbstverständlich dürfen Sie keineswegs etwas über die Verhandlungen sagen, von denen ich Ihnen Mitteilung gemacht habe . . .

Daraufhin habe ich im Interfraktionellen Ausschuß über die Unterhaltung mit Kühlmann, soweit und so deutlich als das möglich war, berichtet. Allgemeines Mißbehagen!

10. September 1917: Siebenerausschuß beim Reichskanzler. Kühlmann verliest die Antwort an den Papst und erläutert sie unter besonderer Hervorhebung der Gründe, die dazu geführt hätten, nichts von Belgien zu sagen. Er wolle ausdrücklich betonen, daß die Friedensresolution vom 19. Juli die absolute Richtschnur für die Regierung sei. . . .

In der sehr langen Aussprache, die ich hier nicht ausführlich rekapitulieren kann, vertrat ich den Standpunkt, daß trotz allem, was Kühlmann vorgetragen habe, unsere Stellung zu Belgien festgelegt werden müsse, es sei denn, daß Herr v. Kühlmann noch andere Gründe habe als die von ihm angeführten.

Ich zitiere nunmehr wörtlich nach meinen Aufzeichnungen:

v. Kühlmann schwieg sich aber aus, weil er längst gemerkt hatte, daß er die Mehrheit des Ausschusses schon gewonnen hatte. Ich schloß mit der Bemerkung, daß wir auf Beachtung unserer Wünsche im Siebenerausschuß dringen müßten; wir legten keinen Wert darauf, die Verantwortung mit zu tragen für Entscheidungen, auf die wir dort keinen ausschlaggebenden Einfluß gehabt hätten.

Fehrenbach machte sofort große Konzessionen . . . Er unterstützte aber den von mir ausgesprochenen Wunsch, daß in präziser Wendung auf die Stellungnahme der Mehrheit des Reichstags Bezug genommen werde. Dadurch könnten wohl auch die sozialistischen Bemerkungen des Anscheins alldeutscher Erfolge beseitigt werden. . . .

Es sprachen dann der Reichskanzler, Stresemann und v. Payer, dann

Erzberger: Ich halte die Erklärung, daß die Resolution absolute Richtschnur für die Regierung sei, für die ernstvollste, die seit drei Jahren abgegeben wurde. Vor zehn Tagen sei das Verlangen, eine öffentliche Erklärung über Belgien abzugeben, berechtigt gewesen, heute nicht mehr.

Ebert (in einer ausführlichen Rede) gegen Erzberger gewendet: Er könne nicht zugeben, nach dem, was er heute hier gehört habe, daß die Sachlage eine andere sei als die vor zehn Tagen.

* * *

Der endgültige Wortlaut der Antwort an den Papst ist aller Welt bekannt in ihrer Halbheit und der dadurch gegebenen Wirkungslosigkeit. Noch einmal hatte, leider mit Hilfe von angeblichen Verständigungspolitikern, unter den Reichstagsabgeordneten der verhängnisvolle Spruch „Wie ich es auffasse" gesiegt.

Als ich Herrn v. Kühlmann gelegentlich an das rote Sofa erinnerte und nach den englischen Verhandlungen frage, zuckte er die Achseln. Hornberger Schießen!

Die Stockholmer Konferenz.

Die Hoffnung in allen Schützengräben. — Die mühseligen Vorbereitungen. — Elsaß-Lothringen. — Vielleicht eine Grenzberichtigung. — Die Parteiresolution: Ohne Annexionen und Kriegsentschädigungen! — Die Regierung gegen unsere Formel. — Ludendorff hat Verständnis für eine Lösung der elsaß-lothringischen Frage. — Wir informieren Stauning für einen Bericht an Albert Thomas. — Viktor Adler. — Die Ermordung Stürghs. — Ein Abend in Kopenhagen. — Beim Grafen Rantzau. — Dänemark und der U-Boot-Krieg. — Die Verhandlungen in Stockholm. — Das Stockholmer Memorandum. — Ein lebendiger Franzose. — „Ohne Annexionen" — für alle, nicht nur für uns! — Beim schwedischen Außenminister. — „Après la guerre."

Die Stockholmer Konferenz der II. Internationale umfaßt mit allen ihren Vorbesprechungen beinahe ein Viertel des Jahres 1917, von April bis Juni. Sie war geboren hauptsächlich aus der Initiative unserer holländischen Parteifreunde, vor allem Troelstras, und wurde getragen vom Internationalen Sozialistischen Bureau. Wer nicht allzu vergeßlich ist und die Vorgänge nicht nur nach ihrem direkten Erfolg oder Mißerfolg beurteilt, wird heute noch fühlen und sich erinnern, welch ungeheures Maß von Hoffnungen sich in aller Welt an diese Friedensanbahnungen der Sozialdemokratie knüpften. Über allen Schützengräben stand der Gedanke an Stockholm wie ein neuer Stern von Bethlehem, der zur Krippe des Friedenskindes führen mußte. Während dreier Monate waren alle Gedanken der Millionenheere auf das Ergebnis der Besprechungen der Arbeitervertreter gerichtet, und es war nur zu verständlich, daß der ergebnislose — nicht durch unsere Schuld ergebnislose! — Verlauf der Konferenz die Kriegsmüdigkeit und den Abscheu vor kriegsverlängernden Annexionsgelüsten ins Ungemessene steigern mußte.

Die deutschen sozialdemokratischen Abgeordneten hatten in jenen Wochen und Monaten eine Arbeit zu bewältigen, die fast nicht zu bewältigen war. So wie sich die Weltverhetzung gegen Deutschland gesteigert hatte, mußten sie auf die heftigsten Angriffe gefaßt und dafür gewappnet sein. Es galt also, das Material zur Beurteilung ihrer Stellungnahme so lückenlos wie möglich herbeizuschaffen; ein Dokument ohnegleichen, dem keine sozialistische Partei der Welt etwas Ähnliches entgegensetzen konnte, und welches Zeugnis für unsere rastlosen Friedensbemühungen ablegte, wurde die auf meinen Vorschlag beschlossene und von mir auch besorgte Sammlung aller Aktenstücke aus der Parteiarbeit während des Krieges. Neben dieser internen Vorbereitung hatten wir den täglich sich erneuernden Kampf mit der Regierung, die nur in einem einen festen Willen und einen unbeugsamen Charakter zeigte: in dem Entschluß, keine Farbe bekennen zu wollen! Zeugnis dafür legen die hier wiedergegebenen Unterredungen mit der Reichskanzlei und dem Auswärtigen Amt ab. Daneben ging der lächerliche und doch reichszerstörende Kampf im Verfassungsausschuß, wo sich die Regierung und die bürgerlichen Parteien darin überboten, die Situation zu verkennen und Angst vor der eigenen und noch mehr vor unsrer Courage zu zeigen. Dabei brach gerade während der ersten, von häufigen Reisen ins neutrale Ausland unterbrochenen Vorbereitungen für Stockholm der erste Massenstreik in Berlin und Leipzig aus, bei dem wir alle Hände voll zu tun hatten, um zu vermeiden, daß die „starken Männer" der Regierung nicht durch falsches Prestigebedürfnis und vollkommenes Verkennen der Arbeiterpsyche unabsehbaren Schaden anrichteten. Wir hätten an vielen Tagen zugleich in Berlin, Kopenhagen und Stockholm sein müssen.

Ich gebe im Folgenden eine zusammenhängende Darstellung der internen Vorgänge vor, in und nach Stockholm. Mit dem Konferenzgedanken wurden wir zum ersten Male befaßt, als der holländische Sozialistenführer Troelstra vom Haag nach Berlin kam.

Die mühseligen Vorbereitungen.

Troelstra wollte nach Stockholm reisen, um in Gemeinschaft mit dem Sozialistischen Internationalen Bureau Friedensfäden zu spinnen. Da die Schweizer schon eine etwas wilde Zusammenkunft arrangiert und die skandinavischen Länder zu dem gleichen Zweck eine interparlamentarische Konferenz zur Förderung des Friedens abgehalten hatten, nahmen wir den Plan auf das freudigste auf. Zu einer Besprechung waren einige österreichische und ungarische Parteivertrauensleute bereits nach Berlin zitiert worden. Wir waren uns nach jeder Richtung hin sehr schnell einig. — Troelstra und der österreichische Parteifreund Dr. Adler plädierten für die Zulassung auch der deutschen Minderheit bei den Verhandlungen in Stockholm, von denen man annahm, daß sie Mitte Mai würden beginnen können. — Wir erklärten: uns geht der Frieden über alles; wir werden Einwendungen nicht erheben, wenn auch die sog. Unabhängigen zur Teilnahme berufen werden. — Es folgte eine merkwürdige Aussprache über die Pässe, die wir für Haase und andere besorgen sollten. Wir sollten also wohl quasi den Beweis dafür erbringen, daß wir Regierungssozialisten seien. Ebert hielt sich sehr zurück, erklärte dann aber, daß wir protestieren würden, wenn man Mitgliedern des Reichstags, die zu einer Friedenskonferenz reisen wollten, die Pässe verweigern wollte. — Troelstra weiter: für die Verhandlungen auf einer Sozialistenkonferenz müsse man die Schuldfrage nach Möglichkeit ausschließen, ebenso die nationalen Parteistreitigkeiten. Alles müsse zugespitzt werden auf die eine Frage: Wie ist am schnellsten Frieden zu machen? — Damit hatte er unsere vollkommene Zustimmung. — Adler reiste abends nach Zürich, um dort den Russen Axelrodt zu sprechen.

Elsaß-Lothringen.

Wir arbeiteten jetzt fieberhaft für das Zustandekommen der Stockholmer Konferenz. Bereits am 22. April traf unser Freund Kiefer aus Kopenhagen in Berlin ein, um einen Brief Staunings zu überbringen, ungefähr folgenden Inhalts: Stauning hat mit Thomas geredet, der auf der Reise nach Petersburg in Stockholm gewesen ist. Thomas hat gesagt, daß die Franzosen wahrscheinlich zu einer Konferenz nach Stockholm kommen würden. Am schwierigsten sei für sie die elsaß-lothringische Frage. Darüber müßten sie hinwegkommen. Es komme darauf an, wie wir uns zu dieser Frage stellten. Thomas hat gestattet, daß Stauning uns informiere, hat jedoch strengste Verschwiegenheit zur Bedingung gemacht. — Des weiteren hat Stauning gewünscht, daß wir dafür eintreten, daß dänische Schiffe, die mit Futtermitteln nach Dänemark steuern, nicht mehr torpediert würden. Das Land komme dadurch in eine sehr schlimme Lage, und die Volksstimmung verschlechtere sich immer mehr. Träte keine Änderung ein, so könne sich Skavenius, der Minister, nicht mehr lange halten. Stauning ließ weiter durchblicken, daß er uns noch weitere Mitteilungen zu machen habe, woraus wir den Schluß zogen, daß er uns zu sprechen wünsche.

23. April: Parteivorstandssitzung. Thema: Staunings Brief. Einstimmige Überzeugung, daß wir den Brief nicht schriftlich beantworten können. Ebert und ich wurden bestimmt, sofort nach Kopenhagen zu reisen. — Um 12 Uhr kam Troelstra, er las den Brief und beurteilte die Situation, soweit die Konferenz in Betracht kommt, nunmehr sehr günstig. Er reist am 24. nach Kopenhagen und wird Stauning über unsere Ankunft unterrichten. — Da Zimmermann im Hauptquartier war, vermittelte ich eine Unterredung mit Wahnschaffe, um ihm wegen Elsaß-Lothringen den Puls zu fühlen. Während wir — Ebert und ich — mit ihm sprachen, kam Rietzler dazu. Ja — Elsaß-Lothringen? Sie wollten nichts sagen, weil sie dazu nicht autorisiert wären. Als ich dann unsere prinzipielle Stellung auf Grund unseres Parteibeschlusses präzisiert hatte, knüpfte ich daran die Bemerkung: Sollte überhaupt nicht möglich sein, die Frage zu diskutieren, ob nicht eine Grenzberichtigung zu erwägen sei, etwa derart, daß wir einige lothringische Dörfer gegen entsprechendes Gebiet austauschten? — Darauf meinte Rietzler: Vielleicht könnte das in der Form geschehen, daß wir und die Franzosen gleichwertiges Gebiet an Luxemburg abtreten!! Wahnschaffe hielt zurück, da in erster Linie Zimmermann und der Reichskanzler gehört werden müßten. Er wollte morgen gleich mit beiden reden und uns dann Bescheid sagen, wann Zimmermann mit uns sprechen könne. Einverstanden. — Im Laufe des Tages hatte ich eine Unterredung mit Hoch. Als ich, ohne ihm zu sagen, wieso und warum, von Elsaß-Lothringen redete, wehrte er mit auffallender Heftigkeit ab. Von Elsaß-Lothringen könnten wir nicht mit den Franzosen sprechen. Die Frage könnten wir überhaupt nicht anschneiden!

Ohne Annexionen und Kriegsentschädigungen.

Am 23. April hatte ich eine Unterredung mit Zimmermann. Er schimpfte zunächst entsetzlich auf den Türken Talaat Pascha, der ihm seit vier Tagen auf der Pelle liege und kostbare Zeit raube. Ich war froh, daß er sich zunächst über den Türken austobte, weil ich sofort merkte, daß ihn auch noch anderer Zorn erfüllte. Ich nahm an, daß das Toben gegen Talaat mir zugute kommen würde. Er ging dann ohne viele Umschweife auf den in unsrer letzten Parteiausschußsitzung gefaßten Beschluß über, der in der Presse veröffentlicht worden war und folgenden Wortlaut hatte:

Der Parteiausschuß und der Parteivorstand der sozialdemokratischen Partei Deutschlands haben in gemeinsamer Sitzung mit den Vorständen der Fraktionen des Reichstags und des preußischen Abgeordnetenhauses, sowie der Landeskommission für Preußen am 19. April einstimmig folgenden Beschluß gefaßt:

Wir bekräftigen den unverbrüchlichen Entschluß der deutschen Arbeiterklasse, das Deutsche Reich aus diesem Krieg als ein freies Staatswesen hervorgehen zu lassen. Wir fordern die sofortige Beseitigung aller Ungleichheiten der Staatsbürgerrechte in Reich, Staat und Gemeinde, sowie die Beseitigung jeder Art bürokratischen Regiments und seine Ersetzung durch den entscheidenden Einfluß der Volksvertretung.

Mit Entschiedenheit verwerfen wir die von den feindlichen Regierungen verbreitete Zumutung, daß die Fortführung des Krieges nötig sei, um Deutschland zu freiheitlichen Staatseinrichtungen zu zwingen. Es ist Aufgabe des deutschen Volkes allein, seine inneren Einrichtungen nach seinen Überzeugungen zu entwickeln.

Wir begrüßen mit leidenschaftlicher Anteilnahme den Sieg der russischen Revolution und das durch ihn entfachte Wiederaufleben der internationalen Friedensbestrebungen. Wir erklären unser Einverständnis mit dem Kongreßbeschluß des russischen Arbeiter- und Soldatenrats, einen gemeinsamen Frieden vorzubereiten, ohne Annexionen und Kriegsentschädigungen auf der Grundlage einer freien nationalen Entwicklung aller Völker.

Wir betrachten es daher als die wichtigste Pflicht der sozialdemokratischen Partei Deutschlands, wie der Sozialisten aller anderen Länder, die Machtträume eines ehrgeizigen Chauvinismus zu bekämpfen, die Regierungen zum klaren Verzicht auf jegliche Eroberungspolitik zu drängen und so rasch wie möglich entscheidende Friedensverhandlungen auf dieser Grundlage herbeizuführen.

Kein Volk darf durch den Friedensschluß in eine demütigende und unerträgliche Lage gedrängt werden, sondern jedem muß die Möglichkeit gegeben sein, durch freiwilligen Beitritt zu einer überstaatlichen Organisation und Anerkennung einer obligatorischen Schiedsgerichtspartei den dauernden Bestand des künftigen Weltfriedens sichern zu helfen.

Diese Resolution sei nach außen hin wieder ein Zeichen der Schwäche, so versicherte Zimmermann. Die Regierung müsse in der Norddeutschen Allgemeinen Zeitung dazu Stellung nehmen.

Ich fuhr ihn heftig an: die Regierung solle sich überlegen, was sie schreibe, sie stehe vor einer folgenschweren Entscheidung. Wenn sie nicht Farbe bekenne, vielleicht gar nach rechts liebäugele, dann werde — zwar nicht mit den gleichen Mitteln — die Situation in Deutschland sich russisch gestalten. Was wir in der vorigen Woche anläßlich des großen Streiks erlebt hätten, werde sich wiederholen und über das ganze Land erstrecken. Bringe es die Regierung dazu, dann sei der Krieg ohnedies sehr schnell erledigt. Wir würden, falls die Regierung nicht sehr verständig sich äußere, unsere bisherige Politik nicht beibehalten können. Wir wollen den Frieden und halten die gewählten Mittel auch für richtig. Er lenkte ein, um bald wieder recht heftig zu werden. „Ich werde froh sein, wenn ich aus dieser Bude heraus bin." Er habe sich wieder mit den Behörden herumschlagen müssen: mit dem Generalstab und dem Marinestab usw. Die hohe Generalität habe keine Ahnung vom Volke und den Zuständen im Innern. Außerdem ständen die Generale alle sehr rechts. Er wolle den Frieden auch, aber so wie wir ihn machen wollten, ginge es nicht, usw.

Ich vertrat unseren Standpunkt sehr energisch. Elsaß-Lothringen: Ja, ja, ja. Endlich rückte er damit heraus — ganz im Vertrauen! —, daß er mit der Obersten Heeresleitung auch darüber geredet hätte. Sie sei, wenn es den Frieden erleichtere, auch für eine „Grenzberichtigung", wie ich sie schon bei Wahnschaffe vertreten hätte. **Im Hauptquartier sei er bei Ludendorff auf Verständnis gestoßen**: militärisch habe dieser und jener Vorschlag mancherlei Bedenkliches, aber, so habe Ludendorff gesagt, das sei zu überwinden. Zum Beispiel, was er konzediert habe, die Hergabe von Château-Salins.

Als Fingerzeige für uns war das schon ganz wertvoll. Als ich von den inneren Verhältnissen sprach und auf die Einschätzung Preußens im feindlichen Auslande zu sprechen kam, meinte er: das **wird** anders, darauf verlassen Sie sich! Wir trennten uns dann ganz freundschaftlich.

Wir informieren Stauning für einen Bericht an Albert Thomas.

Ebert und ich fuhren am 25. April nach Kopenhagen, um die gewünschte Unterredung mit Stauning zu haben. Kiefer brachte uns am nächsten Morgen in das Amtszimmer des Ministers Stauning. Übermäßig luxuriös sieht's da nicht aus im Ministerium. Stauning sitzt in einem einfachen Zimmer des Verbindungshauses zwischen Schloß und Regierungsgebäude. — Wir berichteten über unsere Unterredung mit Zimmermann; daß dieser eintreten wolle für eine Schonung der Schiffe, die n a c h Holland und Dänemark fahren, die Oberste Heeresleitung wolle die Sache auch prüfen. Die Neutralen sollten geschont werden, so lange und so weit es die Führung des U-Bootkrieges überhaupt gestatte. Stauning war davon befriedigt. — Dann schilderten wir z u r g e n a u e n I n f o r m a t i o n T h o m a s' unsere Stellung zur elsaß-lothringischen Frage. Unsere ablehnende Haltung gegenüber der Forderung einer Rückgabe Elsaß-Lothringens bedeute nicht auch eine strikte Ablehnung jeder Unterhaltung über eine Grenzberichtigung. Von unserem Standpunkt aus lasse sich gewiß reden über eine Grenzberichtigung, bei der — sagen wir — 20 oder 30 Grenzdörfer ausgetauscht werden müßten. Wenn auf Grund einer solchen Lösung die Prestigefrage für Frankreich aus der Welt geschafft werden könne, so ließe sich gewiß darüber reden. — Stauning fand unsere Stellungnahme verständig und versprach uns, Thomas genau zu unterrichten, falls es ihm möglich sei, ihn zu sprechen, sobald er von Petersburg zurückkomme. — Stauning teilte dann weiter mit, daß alle seine brieflichen Mitteilungen an uns sich stützten auf direkte Angaben von Branting bzw. Thomas. Branting habe ihm gesagt, daß a l l e russischen Gruppen ihre Bereitschaft erklärt hätten, nach Stockholm zu kommen. Von Thomas meinte Stauning: er sei offfenbar für den Frieden und suche über die elsaß-lothringische Frage hinwegzukommen. — Stauning erklärte uns, daß in Stockholm vor Eröffnung der Konferenz Vorverhandlungen stattfinden sollten mit allen nationalen Gruppen und auch mit den verschiedenen Gruppen der einzelnen Nationen. — Stauning holte abends van Kol ab, kam dann gegen 1/2 11 noch zu uns in das Restaurant Rosenberg. Troelstra war nachmittags 5 Uhr nach Malmö gereist, um von da nach Stockholm zu gehen. Am nächsten Tag wollte ihm Stauning folgen. Wir mußten noch einmal nach Berlin zurück.

Viktor Adler.

Eine Fahrt mit dem Doktor.

Einige österreichische Sozialdemokraten waren schon gegen den 20. Mai in Stockholm eingetroffen, um mit den Mitgliedern unseres Internationalen Friedensbureaus Vorfühlung zu nehmen. Der Doktor, wie Viktor Adler in ganz Österreich genannt wurde, hatte zu seinem großen Bedauern nicht mit seinen Kollegen reisen können, aus den verschiedensten Gründen heraus, wie aus der Beschreibung unserer gemeinsamen Fahrt hervorgeht. Am 21. Mai lief ein Telegramm bei uns im Parteivorstand ein, durch das uns die Ankunft Adlers in Berlin mitgeteilt und die dringende Bitte vorgetragen wurde, ihn seines kranken Zustandes wegen unter gar keinen Umständen allein nach Stockholm reisen zu lassen. Was sollte Viktor Adler jetzt überhaupt schon oder noch in Stockholm? Er sollte sich dort festsetzen, und zwar als Auskünfter und Horchposten für die deutschen Delegationen aus Wien und Berlin. Das war sehr verständig. Der Parteivorstand bestimmte mich zur Begleitung Adlers. Es kam darauf an, Adler in sicherer Begleitung zu wissen, ohne daß er selbst merken sollte, für wie krank wir ihn hielten. Im folgenden gebe ich meine Tagebucheintragungen wieder.

Die Ermordung Stürghs.

23. Mai 1917. Fahrt mit Viktor Adler von Berlin nach Kopenhagen. Eine vergnügliche Fahrt ist's nicht gewesen, weil Viktor sich in einem bedauernswerten Zustand befindet. Ich habe ihn nie für einen gesunden Menschen gehalten, wußte vielmehr, daß er herzkrank und Asthmatiker, aber daß der arme Kerl mitunter direkt hilflos ist, wußte ich nicht. Er bekam, manchmal mit einer kleinen Pause, Anfälle, bei denen ich befürchtete, daß er seinen Wohnsitz sofort in Abrahams Schoß nehmen werde. Als nach Gjedser eine Dame in unserem Coupé kaum Platz genommen, bekam Adler einen Anfall besonders schlimmer Art. Er sank dann förmlich in sich zusammen, stöhnte furchtbar und rang um ein bißchen Luft. Entsetzt floh die Dame in ein Coupé nebenan. Ich half natürlich, so gut es ging, tat aber so, als ob es sich um eine Lappalie handle. Meine „Bemutterung", so sagte

ich, gefalle ihm wahrscheinlich so gut, daß er ab und zu einen Anfall markiere. Das sei der Dank für meine Gutmütigkeit, mit der ich auf den Schwindel hineingefallen sei.

Wenn er sich wieder erholt hatte, war er sofort Geist und Lebendigkeit. Seine Gedanken waren immer bei der sozialistischen Sache, dem Inhalt seines ganzen Lebens. So erzählte er mir von einer Unterredung, die er am Tag vorher mit Kautsky gehabt hatte. Adler sagte: „Bebel würde noch bis zur Stunde auf unsrer Seite stehen!" Kautsky erwiderte: „Nein, am Anfang hätte er mitgemacht, jetzt nicht mehr!" — Dann kam Adler auf mich zu sprechen; er war in allen politischen Fragen ganz d'accord mit mir. Aber einen Vorwurf machte er mir: mir fehle in den Reden die Bitterkeit; ich hätte keine Galle; ich sei immer „besonnen", das sei ein Fehler. —

Dann sprachen wir über seinen Fritz, der ihn immer wieder und immer inniger beschäftigte. „Er ist der glücklichste von uns allen; er schafft Tag für Tag; er schreibt eine große Arbeit über Physik. Im M a i werden sie ihn wegen Mord zum Tode durch den Strang verurteilen. Das Gericht wird aber selbst den Justizminister auffordern, das Urteil zu mildern. Man wird ihm dann 10 oder 15 Jahre Zuchthaus aufhängen. Was weiter wird, werde man sehen. Ganz Wien habe gesagt: es sei recht gewesen, was Fritz getan, schon ein Jahr früher hätte es geschehen müssen! — Natürlich verurteilt Adler die Tat seines Jungen, aber er versteht sie: Fritz habe ein Beispiel geben wollen von Opfermut.

„Ich habe zwei Söhne, Scheidemann, davon ist der eine, Fritz, die Karikatur meiner Tugenden, der Karl ist die Karikatur meiner Laster."

„Fritz hat sich doch eigentlich am Gericht sehr männlich benommen. Ich bitte, er wollte unter allen Umständen gehenkt werden. Er war von vornherein der Meinung, daß er vor ein Militärgericht komme und daß man dann kurzen Prozeß machen werde. Als ich ihn das erstemal besuchte, um ihm zu sagen, daß ich ihm den ersten Wiener Verteidiger stellen wollte, den Harpner, da hat er heftig abgewehrt: er wolle sich selbst verteidigen, er brauche keinen Verteidiger. Er stimmte erst zu, als ich ihm sagte, daß er nach dem Gesetz einen Verteidiger haben müsse. Ja, ich bitte, unter allen Umständen wollte er gehenkt werden."

Dann wieder sprach er so: „Sie glauben ja gar nicht, was ich an dem Fritz verloren habe. Er wußte, wo jede Broschüre stand, die ich haben wollte; ich wußte nicht Bescheid, wo meine Bücher waren. Ich war der Meinung, daß es gar nichts zu bedeuten hat, wenn mich mal der Teufel holt. Dann würde der Fritz die Schubladen aufmachen und alles in Ordnung bringen, und gut — na ja, so ist's wirklich. Er hat mich genau gekannt und alle meine Gewohnheiten . . ."

Über die Konferenz in Stockholm urteilte er mit einem Optimismus, den ich nicht verstehen konnte. „Wer will denn den Krieg fortsetzen? Wer kann ihn denn noch fortsetzen? Es ist doch nicht mehr zum Aushalten!" Meine Hinweise auf die unverständlichen Redensarten, besonders der englischen und französischen Genossen beantwortete er so: „Denen muß man reinen Wein einschenken, wenn die erst erfahren, was wir eigentlich gemacht haben, dann müßten sie doch Esel sein, wenn sie keine Vernunft annehmen wollten."

Ein Abend in Kopenhagen.

Adler hatte sich schließlich so weit erholt, daß er nach unserer Ankunft in Kopenhagen darauf bestand, noch am selben Abend eine Besprechung mit Stauning zu haben. Ich alarmierte also schnell einige Genossen.

Erst aß ich mit Adler zusammen zu Abend. Es war rührend, wie schnell mit einer kleinen Besserung seines Zustandes auch sofort sein Humor und seine gute Laune sich wieder einfanden. Ein Beweis dafür war mir die kleine Anekdote, die er mir, mitten in den schweren politischen Bedrängnissen der Gegenwart, bei Tisch erzählte. Er klagte wehmütig, was er sein Lebenlang für ein kranker Kerl gewesen sei: „Ich bitte: als Kind hatte ich schon einen Leistenbruch, als Beigabe kriegte ich dann einen Wasserbruch. Gestottert habe ich schon von Kindesbeinen an". Dann erzählte er, wie er kurz nach Ablegung seines Maturitätsexamens eine Stottererkur in Burgsteinfurt bei Münster i. W. gemacht habe. Das war im Siebziger Krieg. Als dann in Burgsteinfurt eine Sedanfeier veranstaltet wurde, bei der als offizielle Festredner angesehene Bürger geredet hätten, habe ihn plötzlich der Direktor der Stottereranstalt durch einen Trompetentusch als Redner ankündigen lassen. Es sei ihm nichts übrig geblieben, als auf das Podium zu treten, um zu reden — und ad oculos zu demonstrieren, wie schnell man in Burgsteinfurt das Stottern verlernen kann. Er habe dann „im Namen von 8 Millionen Österreichern" das deutsche Volk zu dem Siege bei Sedan beglückwünscht.

„Wissens, Scheidemann, mit den Millionen bin ich nie kleinlich g'wesen. Ich hab' mehr als einmal im Namen von ein paar Millionen g'sprochen, wenn auch bloß ein paar hundert Leut' hinter mir g'standen sind!"

* * *

Nach dem Essen gingen wir in Adlers Zimmer, wo sich zu der ersten Besprechung eingefunden hatten Borgbjerg, Stauning, Nina Bang, Janson, Andersen und ich. Wir sprachen über hunderterlei. Borgbjerg erzählte Petersburger Erlebnisse. Dabei stellte er wiederholt fest, von Stauning unterstützt, daß Rußland absolut nicht mehr in der Lage sei, den Krieg fortsetzen zu können. Wenn Österreich und Deutschland den Krieg mit den Russen nicht fortsetzen wollten, könne der Krieg im Osten als erledigt angesehen werden.

Adler in großer Erregung: „Wir den Krieg fortsetzen? Ich bitte, wir können ihn gar nicht mehr fortsetzen, und wir wollen auch gar nicht. Das kann ich wirklich autoritativ für ganz Österreich feststellen. Ich weiß ganz genau, daß der Kaiser und Czernin unter allen Umständen Frieden haben wollen."

Borgbjerg berichtete dann, daß ein Tourist selbst bei sparsamstem Leben in Petersburg nicht unter 30 Rubel pro Tag leben könne. Alles wolle den Frieden, aber jeder weise einen Separatfrieden heftig ab.

Stauning flüsterte mir zu, daß er und Borgbjerg mich am nächsten Tag nachmittags 3 Uhr in seiner Wohnung erwarten, um mit mir reden zu können.

* * *

— 126 —

Beim Grafen Rantzau.

Wie immer, so benutzte ich auch diesmal meinen Kopenhagener Aufenthalt zur Rücksprache mit den offiziellen deutschen Vertretern. Graf Rantzau und sein wichtigster Mitarbeiter, der Handelsattaché Dr. Toepffer, der spätere Unterstaatssekretär im Auswärtigen Amt, haben während des Kriegs sich die größten Verdienste um gute Beziehungen zu Dänemark erworben. Sie standen in der auswärtigen Politik durchaus in einer Linie mit uns und beurteilten vor allem den rücksichtslosen U-Bootkrieg genau so wie wir. Es war darum nur allzu verständlich, daß die Kopenhagener Gesandtschaft der Tollpunkt für alle Annexionisten und Alldeutschen geworden war, insbesondere durch eine verständnisvolle Zusammenarbeit mit den dänischen Sozialdemokraten, die wir natürlich nach Kräften förderten.

Ich machte zuerst dem Grafen Rantzau meinen Besuch. Wir sprachen sehr offenherzig. Er machte aus seinem Herzen keine Mördergrube und drückte sich besonders über die Wilhelmstraße sehr deutlich aus. Ich machte es übrigens nicht anders, und als ich ihm Jagows Verhalten im Fall des Barons von Eckardstein schilderte, fluchte er ganz volkstümlich. Er schilderte mir sein angenehmes Verhältnis zu Skavenius, den er als großen Staatsmann bezeichnete. Skavenius habe immer offen mit ihm gespielt und schließlich, als der U-Bootsblödsinn immer toller wurde, zu Rantzau gesagt, er werde seinen Posten aufgeben. „Wenn jetzt Deutschland alles zerschlagen will, gibt es keinen anderen Weg für mich als den, einem andern Platz zu machen."

Der Graf sagte mir dann vertraulich, daß er dem Staatssekretär Zimmermann seinen Posten zur Verfügung gestellt habe. Durch die absolut sinnlose Torpedierung der schwedischen und dänischen Lebensmittel- und Futtermittelschiffe werde alles zertrümmert, was er mühsam in den letzten drei Jahren aufgebaut habe. Dänemark wolle uns wieder 12000 Pferde geben, könne es aber nur unter der Bedingung, daß wir seine Schiffe auch nach und von England ungehindert laufen lassen. Die Engländer wollten unter diesen Umständen beide Augen zudrücken. Sie tun, als ob sie wirklich glauben, daß die 12 000 Pferde für die Landwirtschaft bestimmt seien, obwohl kein Mensch daran zweifeln k ö n n e, daß sie bis auf das letzte sofort an die Front gingen. Für uns sei die Ausfuhr aus Dänemark nach Deutschland — Butter, wöchentlich 7000 Rinder usw. usw., dazu die Pferde — selbstverständlich von viel größerer Bedeutung als die Ausfuhr von Schinken und Butter nach England. Offenbar haben sich die Dinge durch die kluge Politik Skavenius' so entwickelt, daß quasi ein Abkommen zwischen Dänemark, Deutschland und England über die jeweiligen Austauschgüter bestehe. Dabei habe sich Deutschland ohne Zweifel am besten gestanden. Nun werde alles darauf angelegt, uns mit Dänemark auch noch zu verprellen. Die dänische Regierung will keinen Schutz im Sperrgebiet, aber z w i s c h e n diesem und der dänischen Küste soll kein dänisches Schiff aufgebracht oder torpediert werden. Graf Rantzau versichert, daß auf den Kopf der englischen Bevölkerung die dänische Zufuhr so lächerlich gering sei — 10 Gramm pro Tag —, daß sie für uns nicht ausschlaggebend sein dürfte f ü r die Marinepolitik, die nicht an wirtschaftliche und politische Folgen denke. Die dänische Bevölkerung werde immer ungehaltener, die Stimmung gegen Deutschland wachse zusehends. Wenn Skavenius' Ministerium (mit Stauning) durch ein konservatives, deutschfeindliches ersetzt werde, stehe Dänemark auch sofort im Lager der Gegner. Für die Zeit nach dem Frieden sei das besonders schlimm.

Wir sprachen auch über unsere Diplomaten; dabei erzählte er, daß er von verschiedenen Seiten bei dem letzten Wechsel als Staatssekretär lanciert werden sollte. Er habe aber selbst für Zimmermann gewirkt, denn wenn er ernstlich in Betracht gekommen wäre neben Zimmermann, dann würde wahrscheinlich ein Dritter das Amt übernommen haben.

Dann die Friedensfrage! Er ist, wie auch Graf Bernstorff, in der Einschätzung der Situation vollkommen einverstanden mit mir. Dabei sagte er aber, daß er das Friedensangebot des Reichskanzlers im Dezember 1916 nicht hätte gutheißen können, weil er zu j e n e r Zeit damit sicher rechnete, daß man es wirklich als Zeichen der Schwäche deuten werde. Ich widersprach ihm hierin natürlich. „Das Aneinandervorbeireden hat jetzt keinen Sinn mehr", fügte er schließlich hinzu. Er sieht ganz richtig in meiner Formel „ohne Annexionen und Kriegsentschädigungen" **einen Schutz für uns**! — Sehr nachdrücklich betont er wiederholt, wie weit links er stehe, das wisse man in Berlin, und deshalb machten ihm einflußreiche Kreise Schwierigkeiten. Hier habe es ihm seine Stellung auf der Linken ermöglicht, mit Skavenius vortrefflich zu arbeiten. Dabei hätten ihm die Sozialdemokraten ausgezeichnete Dienste geleistet. Wir schieden voneinander wie alte Freunde.

Dänemark und der U-Bootkrieg.

Am Tage nach meiner Unterredung mit dem Grafen Rantzau war ich mit seinem Handelssachverständigen, Dr. Toepffer, zusammen, der sehr besorgt in die Zukunft sah. Er befürchtete einen ernsthaften Konflikt zwischen Deutschland und Dänemark in kürzester Zeit, wenn nicht schleunigst den Militärs bei uns Zügel angelegt werden würden. Es gäbe vielleicht Militärs in Deutschland, die es gern sähen, wenn wir Dänemark in 3 Tagen „eroberten" und unsere Kriegsschiffe nach Kopenhagen schickten. Irgendein ochsiger General, der als Gouverneur dann Dänemark verwalte, werde sich gern bereit finden. — Ich fragte ihn: „Was **müßte** nach Ihrer Meinung sofort geschehen, wenn usw.". Er: die Bergenfahrt müsse freigegeben werden. Er sei überzeugt, daß Skavenius in der festen Überzeugung, daß Deutschland nichts gegen Dänemarks Ausfuhr und Einfuhr nach und von England unternehmen werde, was gegen die ehemaligen Abreden ginge, England gegenüber sich auch für dies und jenes gebunden habe. Nur so sei beispielsweise die Pferdeausfuhr nach Deutschland von England konzediert worden. Wenn ihn Deutschland jetzt durch seine Maßnahmen desavouiere, sei er unmöglich geworden und werde gehen. Dänemark verlange keinerlei Schonung im Sperrgebiet, aber bis dahin, und zwar sowohl von der Küste aus direkt wie auch über Bergen müsse die Fahrt freigegeben werden! Ich schrieb ihm nach kurzem Überlegen schließlich ein Telegramm auf für Zimmermann, das er nach Rücksprache mit Rantzau absenden sollte. Das Telegramm hatte dem Sinne nach diesen Wortlaut: „Ich habe in vertraulicher Unterredung mit Stauning den absolut sicheren Eindruck gewonnen, daß die Entwicklung der Dinge eine katastrophale

Wendung im Ministerium nimmt, wenn nicht mindestens Bergenfahrt freigegeben wird. Bitte dringend angesichts der Stimmung in deutschen Arbeiterkreisen alles aufzubieten, um dieses Mindestzugeständnis durchzusetzen. Scheidemann."

Als ich abends in Borgbjergs Wohnung mit Stauning zusammentraf, sagte er mir, daß er Skavenius, dem wirklich vortrefflichen dänischen Außenminister, über meine Anwesenheit in Kopenhagen Mitteilung gemacht hätte. Skavenius habe ihm nahegelegt, mir zu sagen, daß ich in Berlin doch energisch einwirken möge auf Zugeständnisse in der Führung des U-Bootkrieges. Stauning war froh, als ich ihm von meinem Telegramm an Zimmermann Mitteilung machte. Mein Eingreifen ist erfreulicherweise nicht ohne Erfolg geblieben.

* * *

Die Verhandlungen in Stockholm.

Über die Stockholmer Konferenz ist wohl alles veröffentlicht worden, was sich nahezu vor aller Welt abgespielt hat. Ich kann mich deshalb in diesem Buch darauf beschränken, mancherlei zu berichten, was bisher weniger oder gar nicht bekannt geworden ist. Selbstverständlich unterlasse ich jegliche Polemik gegen das Verhalten der deutschen Minderheitssozialisten, die sich in Stockholm ebenso kurzsichtig benommen haben wie später gelegentlich der Debatten über den Versailler Friedensvertrag. „Wir müssen unterzeichnen! Wir werden unterzeichnen!"

Am 2. Juni 1917 reiste die deutsche Delegation, die tags zuvor in Kopenhagen eingetroffen war, nach Stockholm. Viktor Adler wohnte im Grandhotel, wir quartierten uns im Kontinentalhotel, einer großen Karawanserei, ein. Adler war sehr ungehalten über die Art des Prozedierens vor dem internationalen Friedensbureau. Er erzählte uns unter anderem von einem umfangreichen Fragebogen, der uns vorgelegt werden sollte und der allerdings, wie wir uns später überzeugen konnten, einem preußischen Geheimrat alle Ehre gemacht hätte. Wir hielten sofort eine Delegationssitzung ab, an der auch Stauning, Adler und Hueber-Wien teilnahmen, um uns zu informieren. In dieser Sitzung sagte uns Adler, um hier nur ein Beispiel über die Verhandlungen anzuführen, daß alle Streitereien über das Selbstbestimmungsrecht der Völker töricht seien, weil es ein Unfug sei, den kleinen Nationen und Natiönchen einzureden, daß sie sich in jeder Beziehung selbständig machen könnten. Es müsse sich für das Komitee darum handeln, so rasch als möglich nur über die eine Frage zu verhandeln und Klarheit zu bekommen: wie arbeiten wir am schnellsten dem Frieden vor. „Aufhören zu schießen", darauf kommt's an.

Nach langerer Debatte, an der auch Stauning sich beteiligte, einigten wir uns dahin, zu verlangen: In der 1. Sitzung mit dem Internationalen Bureau lediglich Entgegennahme des Fragebogens; eine Darlegung unserer Politik im Kriege, dann Vertagung, damit wir in der Delegation die Antwort auf den Fragebogen beraten könnten. — Im übrigen: die Protokolle und Erklärungen der Konferenz haben nur dann für uns Bedeutung, wenn wir sie gelesen und gezeichnet haben! Diese Forderungen wurden nötig, weil uns Adler und Hueber mitteilten, daß Camille Huysmans in der französischen Wiedergabe österreichischer Formulierungen willkürlich den Sinn ändernde Streichungen vorgenommen habe. Bemerkenswert ist noch eine Auslassung Adlers: er hätte es lieber gesehen, wenn die deutsche Minderheit vor uns vernommen worden wäre, weil er befürchte, daß sie hinter uns her auf Grund unserer Darlegungen endlose Polemiken spinnen würden — man brauche nur an Ede Bernstein zu denken, aber auch Kautsky sei leider von ähnlicher Veranlagung. — Endgültiger Entschluß über unsere Taktik: Wir verlangen 1. absolute Vertraulichkeit der Verhandlungen in dieser Vorkonferenz; 2. Kontrolle und Gegenzeichnung der Protokolle; 3. Verständigung über herauszugebende Notizen für die Presse; 4. Klarheit über die etwa beabsichtigte Austauschung der Erklärungen der einzelnen Sektionen. In bezug auf den umfangreichen Fragebogen soll unsere Stellung vorbehalten bleiben. —

* * *

Der erste „große Tag".

4. Juni. Die Sitzungen finden in einem Privathause statt, in dem Huysmans eine nicht übel möblierte Wohnung für längere

Zeit gemietet hat. Anwesend sind Branting, Stauning, Troelstra, van Kol, Huysmans, Vitnös-Christiania, als Sekretäre Engbjerg und Möller-Stockholm. Außerdem wir neun Delegierten. Troelstra begrüßt uns und macht auf die Schwierigkeiten aufmerksam, die zu überwinden sind. Er läßt dabei durchblicken, daß es uns als den „Hauptangeklagten" am schlimmsten ergehen werde, weil unsere Politik in der Internationalen ja am meisten erörtert worden sei. Ebert, den wir zum Vorsitzenden der Delegation bestimmt hatten, trug unsere Bedingungen vor, die glatt akzeptiert wurden. Dann antwortete er auf die Anfrage, ob wir den Fragebogen kennen (der uns im selben Augenblick zum ersten Male zu Gesicht kommt!): Nein! Wir können uns also heute noch nicht auf eine Erörterung desselben einlassen, weil wir ihn erst prüfen und unter uns besprechen müssen. „Dagegen", so fuhr er fort, „halten wir es, besonders auch nach der Einleitungsrede Troelstras, für notwendig, Ihnen unsere Politik im Kriege einmal zusammenhängend darzustellen. Zu diesem Zweck erbitten wir das Wort für Scheidemann." — Ich erörterte daraufhin in einer fünfviertelstündigen Rede an der Hand der auf meinen Vorschlag hergestellten und auch von mir gemachten „Sammlungen"* dokumentarisch unsere Kriegspolitik, dabei flocht ich allerlei kleine Bosheiten hinein, indem ich beiläufig Entschließungen der französischen Sozialisten anführte usw. Zum Schluß sprach ich die große Bosheit in verbindlichster Form aus: das I. S. B. oder die jetzige Konferenzleitung würden sich große Verdienste um die Internationale erwerben und Großes zum gegenseitigen Verstehen beitragen, wenn sie ähnliche Sammlungen dokumentarischer Aktenstücke über die Friedensarbeit der Ententesozialisten herausgeben wollten.

Nach mir hielt van Kol eine wirklich sehr dumme Rede gegen Deutschland, seine Regierung und seine Sozialdemokraten, weil alle Schuld am Kriege bei diesen liege. Die ganze Ententeargumentation trug er kritiklos vor. Wenn Bethmann friedliche Töne angeschlagen habe, so deshalb, weil er eingesehen habe, daß der gewollte Sieg nie zu erreichen sei. Und dergleichen mehr. — Branting sprach in ähnlicher Weise, natürlich nicht so töricht wie van Kol, aber noch ententefreundlicher. —

* Die deutsche Sozialdemokratie über Krieg und Frieden.

Es gab dann eine Debatte über die Geschäftsführung. Ebert wandte sich als unser Obmann gegen diese Art der Verhandlungen. Sei die Konferenzleitung ein Anklagetribunal oder sei sie zur Herbeiführung einer Verständigung berufen? Im ersteren Falle wollten wir von vornherein mit aller Deutlichkeit feststellen, daß wir hier nicht als Angeklagte erschienen seien. Nachdem die Anklagereden der beiden Konferenzleiter Branting und van Kol gegen uns gehalten worden seien, sei es selbstverständlich, daß wir darauf antworten. Was dann weiter geschehe, bleibe vorzubehalten. — Einverständnis! — Wann tagen? Branting hat morgen keine Zeit, weil er im Reichstag eine Interpellation zu begründen hat. Außerdem muß Stauning dringlich nach Kopenhagen. Nächste Sitzung also erst am 6. Juni.

* * *

Am 5. Juni trat unsere Delegation zu eingehenden Beratungen zusammen. David wurde beauftragt, die Schuldfrage, die er ja gründlich studiert hat, für ein Referat zu verarbeiten und nunmehr rücksichtslos in der nächsten Konferenz gegen die Ausführungen van Kols und Brantings loszugehen. David hatte den ganzen Nachmittag des 4. und den Vormittag des 5. Juni für diese Arbeit benützt. Dann wurde er examiniert. Der Vortrag seiner Rede dauerte nahezu 2 Stunden, obwohl er die Zitate nicht vortrug. Wir veranlaßten ihn zu mancherlei Kürzungen, durch die die Rede gewinnen müßte.

7. Juni 1917. David hat seine Sache gestern glänzend gemacht. — Nachdem er eine halbe Stunde geredet hatte, ging Branting, weil er in den Reichstag müsse. David sprach von ½11 bis kurz nach 1 Uhr, füllte also die ganze Sitzung aus. Er wies nach, daß das „Weltverteilungssyndikat" den Krieg vorbereitet und unvermeidlich gemacht habe. Das Deutsche Reich sei doch als imperialistische Macht ein Waisenknabe gewesen im Vergleich zu England usw. Dann die diplomatische Schuldfrage: auf Grund der bisher bekannt gewordenen Dokumente stehe Deutschland glänzend da. Die Beweisführung Davids war geradezu ein Meisterstück und machte großen Eindruck. Troelstra gab dem als Vorsitzender auch Ausdruck: er spreche dem Genossen David für diese Rede, die sehr eindrucksvoll gewesen sei, seine Bewunderung aus.

Nach einigen einfältigen Bemerkungen van Kols gingen wir auseinander, um am nächsten Tage entweder — falls es Branting wünschen sollte — weiter über David zu diskutieren oder an die Besprechung des Fragebogens heranzugehen.

Gestern nachmittag Delegiertensitzung, in der der Fragebogen erörtert und die einzelnen Redner für die verschiedenen Abteilungen bestimmt wurden.

Heute vormittag von 10 Uhr an Sitzung unter Troelstra. Wir berieten die „Technik" des Fragebogens und stellten allerlei verfängliche Fragen. Da, um nur eines zu nennen, in dem Bogen nur von Belgien, Elsaß-Lothringen, Nordschleswig usw. gesprochen wird, erkundigten wir uns auch sehr eingehend nach Irland, Ägypten, Indien, Marokko, Tripolis, Malta, Gibraltar usw. Entweder, so argumentierten wir, soll die ganze Welt bei dem Frieden neu eingeteilt werden, dann muß auch von den Gebieten geredet werden, die wir neu genannt haben, oder es wird nur von solchen Gebieten geredet, die im Kriege „in Bewegung gesetzt" oder den Besitzer gewechselt haben, dann scheiden Elsaß-Lothringen und Schleswig ohne weiteres aus. Branting machte ein verdrießliches Gesicht, aber niemand konnte die Logik unserer Darlegungen erschüttern. Zum Schluß wurde auch noch die von mir schon im Referat angeregte, heute aber bestimmte geforderte Frage dem Bogen hinzugefügt: was haben Sie (an jede Sektion gerichtet) bisher zur Herbeiführung eines sozialistischen Friedens getan? Unserer Dokumentensammlung wird keine andere Partei ähnliches an die Seite stellen können!

David und ich wurden sodann von der Delegation beauftragt, einen knappen Zeitungsbericht für heute nachmittag 5 Uhr zu entwerfen, der über unsere Reden einigermaßen orientieren soll. Um 5 Uhr prüft die Delegation, um 6 die Konferenz den Bericht.

8. Juni 1917. David und ich hatten bis gestern nachmittag 5 Uhr unseren Bericht fertig, er wurde mit ganz bedeutungslosen Änderungen akzeptiert. Ebert, Fischer und ich gingen dann in das Zentralbureau des Friedens, um dem Komitee den Bericht vorzulegen. Alle Komiteemitglieder waren anwesend, mit Ausnahme van Kols. — Ich las den Bericht vor und bemerkte, wie unfreundlich ihn Branting aufnahm. Es erfolgte dann eine Aussprache,

an der sich vornehmlich Branting und Troelstra auf der einen, wir drei auf der andern Seite beteiligten. Es sollte nichts in dem Bericht bleiben, das erkennen lasse, daß die Komiteemitglieder mit uns debattiert hätten! Ich hatte auch am Schluß des Berichts von Davids „sehr eindrucksvoller Rede" geschrieben. Das müsse fort, verlangten Troelstra und Branting, denn das Komitee komme sonst in den Verdacht, daß es nicht absolut objektiv sei. Ich wandte ein, daß ich zwar alles Material gekannt hätte, das David benützte, trotzdem hätte die Rede auf mich einen sehr tiefen Eindruck gemacht.* Hier rief Stauning boshaft dazwischen: „Auf mich auch, ich wäre damit einverstanden, daß gesagt wird: die Rede machte auf **Scheidemann und Stauning** tiefen Eindruck." — Troelstra war es bei dieser Auseinandersetzung nicht wohl, denn gerade er hatte als Vorsitzender nach der Davidschen Rede gesagt, daß er für diese Leistung seine große Bewunderung zum Ausdruck bringen wolle. Das hätte er kaum sagen können, wenn die Rede auf ihn ohne Eindruck geblieben wäre. Ich akzeptierte die Streichung mit dem Bemerken, es komme mir darauf an, daß die tiefen Eindrücke haften blieben, nicht aber darauf, daß man die Tatsache ausdrücklich konstatiere. Den Genossen Branting beruhigten wir schließlich, indem wir betonten, daß der Bericht ja nicht als offizielles Kommuniqué des Komitees, sondern als Bericht der deutschen Delegation bzw. des Privatkorrespondenten des Vorwärts laufe. — Der Bericht ist dann so vereinbart worden, wie er abends von Baake an den Vorwärts telegraphiert worden ist.

10. Juni 1917. David, Müller und ich haben den ehrenvollen Auftrag erhalten, das Memorandum zu entwerfen als Antwort auf den Fragebogen. Dr. David schreibt zu der Frage I, Müller zu II

---

* David war nach Jahr und Tag sehr unglücklich über diese Rede, die auch als Broschüre gedruckt worden ist. Nachdem alle Welt Kenntnis von den Randbemerkungen des deutschen Kaisers und dem Verhalten unserer Diplomatie bekommen hatte, blieb von dem zugunsten Deutschlands angeführten Material leider nicht viel übrig. Damit soll allerdings keineswegs gesagt sein, daß das offizielle Deutschland der allein schuldige Teil am Ausbruch des Krieges gewesen sei. Wenn die Regierungen der Ententestaaten sich vollkommen unschuldig wissen, dann ist nicht einzusehen, warum sie ihr Material nicht ebenso restlos der Öffentlichkeit unterbreiten, wie das auf deutscher Seite geschehen ist.

und ich zu dem Rest plus unserer neuen Frage. Ich habe mir die Arbeit ziemlich leicht gemacht; ich erledigte sie gestern mittag zwischen halb zwölf und halb zwei. Müller saß den ganzen gestrigen Tag, David gestern und heute vormittag. Um 11 Uhr vormittags Besprechung über unsere Antwortentwürfe. David wurde mancherlei gestrichen; ebenso Müller; ich kam ziemlich gut davon. Mit Rücksicht auf Davids Ausführungen mußte ich meine Einleitung preisgeben.

Das Stockholmer Memorandum.

Auf dem der deutschen Delegation vorgelegten Fragebogen und die ihr im Laufe der verschiedenen Sitzungen unterbreiteten Fragen gab sie die folgende Antwort:

I.

Die deutsche Sozialdemokratie erstrebt einen Frieden der Verständigung. Wie sie die Gewähr der politischen, wirtschaftlichen und kulturellen Entwicklungsfreiheit des eigenen Volkes fordert, so verurteilt sie auch die Vergewaltigung der Lebensinteressen der anderen Völker. Nur ein solcher Friede trägt die Gewähr der Dauer in sich, nur er ermöglicht es den Völkern, die Atmosphäre feindseliger Spannungen zu überwinden und alle ihre Kräfte in den Dienst des sozialen Aufstiegs und der Förderung höchster nationaler und menschheitlicher Kultur zu stellen.

Von dieser allgemeinen Zielsetzung aus haben wir dem Vorschlag des Petersburger Arbeiter- und Soldatenrats auf Frieden ohne Annexionen und Kontributionen auf der Grundlage nationaler Selbstbestimmung unsere Zustimmung gegeben. Daraus ergibt sich unsere Stellungnahme zu den Einzelpunkten wie folgt:

1. Annexionen: Wir sind Gegner gewaltsamer Gebietsaneignungen. Bei Grenzveränderungen auf Grund beiderseitiger Verständigung muß der betroffenen Bevölkerung, soweit sie das Verbleiben bei dem alten Staatsverband wünscht, die rechtliche und wirtschaftliche Möglichkeit der Umsiedelung gesichert werden.

Mit der Verwerfung aller gewaltsamen Annexionen ist selbstverständlich auch die Rückgabe entrissener Kolonien gefordert.

2. Kriegsentschädigungen: Die Aufzwingung einer Kriegsentschädigung ist zu verwerfen. Sie wäre auch nur nach vollständiger Niederschlagung einer der kriegführenden Parteien zu erreichen. Jeder Tag weiteren Kampfes aber erhöht die Summe der Opfer an Gut und Blut für beide Teile so gewaltig, daß schon aus diesem Grunde eine Hinauszögerung des Friedens, um Entschädigungen zu erzwingen, nicht zu verantworten

wäre. Die ökonomische Versklavung eines Volkes durch das andere würde aber auch einen dauernden Frieden unmöglich machen.

3. Wiederherstellung: Soweit mit dieser Frage die politische Wiederherstellung, das heißt die Wiederaufrichtung der staatlichen Unabhängigkeit, gemeint ist, beantworten wir sie mit ja.

Ablehnen müssen wir dagegen den Gedanken einer einseitigen Verpflichtung zur Wiederherstellung von Zerstörungen in den vom Kriege betroffenen Gebieten. Diese Schäden sind auf allen Kriegsschauplätzen von Freund und Feind bei Vorstößen oder Rückzügen, zum Teil als mittelbare Maßnahme zur militärischen Sicherung erfolgt. Eine nachträgliche Feststellung des Ursprungs der einzelnen Zerstörungen und Prüfung auf ihre militärische Berechtigung hin erscheint uns ungemein schwierig. Eine einseitige Schadenersatzpflicht wäre nichts anderes als eine Kriegsentschädigung in verschleierter Form.

Für Staaten, die aus eigener Kraft ihr durch den Krieg zerstörtes Wirtschaftsleben nicht wieder aufbauen können, kann internationale finanzielle Hilfe auf Grund gegenseitiger Vereinbarung vorgesehen werden.

Im übrigen betrachten wir Sozialisten die Zerstörung von privatem Eigentum nur als den geringsten Teil des angerichteten Schadens. Der größte Verlust, der die Menschheit betroffen hat, die Vernichtung von Menschenleben, von Arbeitskraft und Menschenglück, läßt sich nicht ersetzen.

4. Selbstbestimmungsrecht der Nationen: Wir verstehen unter dem Selbstbestimmungsrecht der Nationen das Recht der Völker auf Aufrechterhaltung oder Neuaufrichtung ihrer politischen Unabhängigkeit.

Als erste Gruppe kommen hier die Staaten in Betracht, die wie Belgien sowie Serbien und andere Balkanstaaten ihre Unabhängigkeit in diesem Kriege verloren haben.

Wir sind für die Wiederherstellung eines unabhängigen Belgiens. Belgien soll weder ein Vasallenstaat Deutschlands noch Englands oder Frankreichs werden.

Hinsichtlich Serbiens und der anderen Balkanstaaten schließen wir uns dem von unseren österreichischen Genossen Gesagten an.

Eine zweite Gruppe, für die das Selbstbestimmungsrecht der Nationen in Frage kommt, bilden diejenigen Völker, die ihre ehemalige Selbständigkeit verloren hatten, durch die Ereignisse dieses Krieges aber von der fremden Oberherrschaft sich befreit sehen. Das trifft zu für Kongreßpolen und Finnland. Die Anerkennung des Rechts der Selbstbestimmung darf ihnen nicht versagt werden. Bei anderen fremdstämmigen Gebieten ist, soweit eine staatliche Unabhängigkeit nicht in Frage kommt, mindestens Autonomie zur Entfaltung des eigenen nationalen Lebens zu gewähren.

Eine dritte Gruppe bilden die ehemals selbständigen Völker gehobener Kultur, die früher das Opfer imperialistischer Unterwerfung geworden sind, deren staatsrechtliche Zugehörigkeit aber durch diesen Krieg keine Änderung erfahren hat. Hierher gehören: Irland, Ägypten, Tripolis, Marokko, Indien, Tibet, Korea und andere Länder ehemaligen eigenen staatlichen Lebens. Die deutsche Sozialdemokratie bringt den Bestrebungen aller dieser Völker auf Wiedererlangung ihrer nationalen Freiheit die größte Sympathie entgegen und würde es begrüßen, wenn die Sozialisten der jene Länder beherrschenden Staaten ihre Stimme zugunsten der Befreiung jener Nationen vom Druck der Fremdherrschaft erheben wollten.

5. Autonomie der Nationalitäten: Soweit hierunter die kulturelle Autonomie der innerhalb eines größeren Staatsverbandes eingegliederten fremdsprachigen Teile gemeint ist, wird die deutsche Sozialdemokratie gemäß ihrer seitherigen Stellung auch fernerhin für deren weitherzigste Einräumung eintreten. Für das Deutsche Reich kommen hier die Ansprüche unserer in Nordschleswig, Posen und Westpreußen sowie in Elsaß-Lothringen wohnenden Mitbürger dänischer, polnischer und französischer Muttersprache in Betracht. Wir verurteilen auf das schärfste jede Beeinträchtigung im Gebrauch der Muttersprache sowie sonstige Behinderung der freien Pflege ihrer besonderen nationalen Eigenart und Kultur, solche in das Gebiet eines Staates übergreifenden Teile anderer Nationen sollten nicht Hemmungen und Hinderungen wechselseitiger freundnachbarlicher Beziehungen bilden, sondern Verständigungsbrücken von Volk zu Volk, von Kultur zu Kultur sein. Die Herbeiführung wahrer demokratischer Zustände in allen Ländern wird die Erreichung dieses Zieles ermöglichen.

Was die Verhältnisse der verschiedenen Nationalitäten innerhalb des österreichisch-ungarischen Staatsverbandes betrifft, so schließen wir uns auch hier dem von unseren österreichischen Parteigenossen Gesagten an.

6. Elsaß-Lothringen: Was das in dem Fragebogen des Komitees unter Nationalitäten mitaufgezählte Elsaß-Lothringen anlangt, so ist zunächst zu sagen, daß Elsaß-Lothringen niemals weder ein selbständiges nationales Staatswesen war, noch überhaupt als eine besondere Nationalität angesehen werden kann. Seiner ethnographischen Natur nach, das heißt nach Abstammung und Sprache ist die Bewohnerschaft Elsaß-Lothringens zu beinahe neun Zehnteln deutscher Nationalität. Nur 11,4 Proz. der Bevölkerung sprechen Französisch als Muttersprache.

Elsaß-Lothringen gehört weiterhin auch nicht zu den Gebieten, die durch den Gang des Krieges ihren Besitzer gewechselt haben; es ist, von einem schmalen Grenzstreifen abgesehen, im Machtbereich des deutschen Staates geblieben. Die Aufrollung der Frage seiner staatlichen Zugehörigkeit ist also von diesem Gesichtspunkte aus nicht zu begründen.

Die ursprünglich staatsrechtlich wie ethnographisch zu Deutschland gehörigen elsaß-lothringischen Gebiete sind neben anderen Gebieten von Frankreich seinerzeit auf dem Wege gewaltsamer Annexion aus dem Verbande des Deutschen Reiches herausgerissen worden. Durch den Frankfurter Frieden 1871 erhielten sie die ursprüngliche Staatszugehörigkeit wieder. Es ist sonach gänzlich ungerechtfertigt, von einem historischen

Recht Frankreichs auf diese Gebiete zu sprechen. Die gewaltsame Erzwingung einer Rückgabe Elsaß-Lothringens wäre nichts anderes als eine Annexion und zudem größtenteils eine Annexion fremdsprachigen Gebiets durch Frankreich. Sie ist somit gemäß dem Grundsatz eines Friedens ohne Annexionen abzulehnen.

Die deutsche Sozialdemokratie fordert für die Elsaß-Lothringer die Gewährung voller Gleichberechtigung als selbständiger Bundesstaat innerhalb des Deutschen Reiches sowie den freiheitlichen demokratischen Ausbau seiner inneren Gesetzgebung und Verwaltung. Sie hat dies zuletzt in einer Beschlußfassung des Jenaer Parteitages von 1913, die von elsaß-lothringischen Genossen eingebracht war, festgelegt. Mit der Regelung der elsaß-lothringischen Frage in diesem Sinne bundesstaatlicher Gleichberechtigung und weitestgehender innerpolitischer Autonomie haben sich auch vor dem Kriege die französischen Parteigenossen einverstanden erklärt. Diese Regelung entspricht außerdem den wiederholt und noch neuerdings kundgegebenen Willensäußerungen der aus allgemeinen, gleichen, direkten und geheimen Wahlen hervorgegangenen elsaß-lothringischen Volksvertretung.

Der Grundsatz eines Friedens ohne Annexion schließt freundschaftliche Vereinbarungen über Grenzberichtigungen, wo sie auch immer seien, natürlich nicht aus.

II. **Hauptgrundzüge internationaler Vereinbarungen.**

Das Recht eines jeden Volkes auf politische Unabhängigkeit und wirtschaftliche Entwicklungsfreiheit kann unter Beachtung der berechtigten Lebensinteressen aller Völker nur dann dauernd garantiert werden, wenn es in den Friedensverträgen gelingt, das künftige Völkerrecht in seinen Grundzügen festzulegen. Aufgabe der kommenden Friedensjahre wird es dann sein, das Staatsrecht, das Arbeiterrecht, das bürgerliche Recht, das Handelsrecht international nach einheitlichen Grundsätzen auszubauen, mit dem Ziele, eine immer engere Rechts-, Wirtschafts- und Kulturgemeinschaft der Völker zu schaffen.

1. Völkerrechtliche Bestimmungen: Bereits in den Kriegszielleitsätzen, die der Parteiausschuß und die Reichstagsfraktion der sozialdemokratischen Partei Deutschlands am 16. August 1915 aufgestellt haben, ist die Erstrebung eines durch internationale Rechtseinrichtung dauernd gesicherten Weltfriedens als höchstes sittliches Pflichtgebot gefordert.

In Übereinstimmung mit den Beschlüssen des Kopenhagener internationalen sozialistischen Kongresses von 1910 fordern wir im einzelnen durch die Friedensverträge

> die Anerkennung eines internationalen Schiedsgerichts, dem alle Streitigkeiten zwischen den einzelnen Staaten vorzulegen sind.
>
> Zur Verhinderung der Verletzung völkerrechtlicher Verträge ist eine überstaatliche Rechtsorganisation zu schaffen.

2. **Abrüstung und Freiheit der Meere:** In die Friedensverträge sind Abmachungen über eine Rüstungsbegrenzung zu Wasser und zu Lande aufzunehmen. Das Ziel der Abmachungen muß die Schaffung eines Volksheeres sein zur Verteidigung des Landes gegen kriegerische Angriffe und gewaltsame Unterdrückungen. Für die einzelnen Waffengattungen dieses Volksheeres ist die Dienstzeit durch internationalen Vertrag möglichst kurz zu bemessen.

Die im Kriege zulässigen Kriegsmittel sind vertraglich zu beschränken. Die Rüstungsindustrie ist zu verstaatlichen. Die Lieferung von Waffen und Munition aus neutralen Staaten an kriegführende Mächte ist international zu verbieten. Das Seebeuterecht ist zu beseitigen. Die Bewaffnung von Handelsschiffen ist zu verbieten. Die für den Weltverkehr wichtigen Meerengen und interozeanischen Kanäle sind unter internationale Kontrolle zu stellen.

Für die Sicherung des Welthandels während eines Krieges sind wirksame Garantien zu schaffen. Der Begriff der Bannware ist international festzulegen. Rohstoffe zur Bekleidung und Nahrungsmittel sind von der Bannwarenliste auszuschließen. Das Privateigentum ist gegen Eingriffe der Kriegführenden sicherzustellen. Der Postverkehr zwischen Kriegführenden und Neutralen und den Neutralen untereinander ist auch im Kriegsfalle zu sichern. Der Begriff der Blockade ist neu festzusetzen.

3. **Wirtschafts- und sozialpolitische Fragen:** Damit die Wiederannäherung der Völker nicht gehemmt wird, sind in die Friedensverträge Bestimmungen aufzunehmen, die Sicherheit dagegen gewähren, daß der Krieg als Wirtschaftskrieg fortgesetzt wird.

Durch die Friedensverträge muß die Verkehrsfreiheit zu Lande und zu Wasser wiederhergestellt werden.

Das Schutzzollsystem ist abzubauen. In die Friedensverträge ist die Meistbegünstigungsklausel aufzunehmen. Das handelspolitische Ziel muß die Beseitigung aller Zoll- und Verkehrsschranken bleiben.

Für die Kolonien ist die „offene Tür", das heißt gleiches Recht für wirtschaftliche Betätigung aller Völker, festzulegen.

Internationale Freizügigkeit, Koalitionsrecht, Arbeiterschutz, Arbeiterversicherung, Arbeiterinnen- und Kinderschutz und Heimarbeit sind nach dem bekanntgegebenen Programm des Internationalen Gewerkschaftsbundes zu regeln.

4. **Abschaffung der Geheimdiplomatie:** Wir fordern die Unterwerfung aller Staatsverträge und zwischenstaatlichen Vereinbarungen unter die demokratische Kontrolle der Volksvertretungen.

III. Praktische Durchführung der Ziele.

Wir beziehen uns auf unsere Darlegungen zu 1 und 2. Im Interesse eines baldigen Friedens scheint es uns dringend geboten, in erster Linie die wirtschaftlichen und sozialpolitischen Fragen zu erörtern. Studienkommissionen können zweifellos wertvolle Vorarbeiten für fruchtbringende Auseinandersetzungen über die ökonomischen und nationalen Probleme leisten. Es darf jedoch nicht verkannt werden, daß es sich für den internationalen Sozialismus um die möglichst schnelle Herbeiführung des Friedens handeln muß. Dieser kann nach unserer Überzeugung als ein Verständigungsfrieden auf der Grundlage: „Keine Annexionen, keine Entschädigungen" erreicht werden, ohne daß zuvor besondere Studienkommissionen eingesetzt werden.

IV. Aktion der Internationalen.

Die europäischen Neutralen sind ausnahmslos durch den Krieg in mehr oder weniger große Mitleidenschaft gezogen worden. Sie alle haben ein Interesse am baldigen Frieden. Sie sind deshalb bei der Neuregelung wirtschaftlicher, sozialpolitischer und rechtlicher Fragen internationaler Art heranzuziehen.

Die Mitarbeit der erwählten Volksvertretungen erscheint als eine Selbstverständlichkeit. Angesichts der Erfahrungen, die das Proletariat aller am Kriege beteiligten Länder mit den Parlamentsmehrheiten im bisherigen Verlauf des Krieges gemacht hat, wird deren Mitarbeit freilich nur dann kriegsverkürzend sein, wenn die sozialistischen Parteien mit aller ihnen zu Gebote stehenden Kraft wie auf ihre Regierungen so auch auf die Parlamente im Sinne der baldigen Herbeiführung des Friedens wirken.

Damit sind auch gleich die weiteren Fragen betreffend Mitarbeit der Internationale während der Friedensverhandlungen hinreichend beantwortet. Die Einwirkung der sozialistischen Parteien auf die Regierungen, die Volksvertretungen und auf die offizielle Friedenskonferenz muß seitens der sozialistischen Parteien aller kriegführenden Länder immer stärker werden.

V. Tätigkeit der sozialistischen Parteien für den Frieden.

Damit kommen wir zu der Frage, die auf Antrag der deutschen Delegation am 7. Juni dem Fragebogen noch hinzugefügt worden ist:

> Bericht jeder Delegation über die Arbeit ihrer Partei zugunsten eines dauerhaften Friedens.

Der Vorstand der Sozialdemokratischen Partei Deutschlands hat in zwei Heften eine „Sammlung der Erklärungen, Aufrufe und Reichstagsreden", in denen die Stellung der Partei zum Kriege und zu den Friedenszielen dargelegt wird, herausgegeben. In dieser Dokumentensammlung wird der Beweis geführt, daß die Sozialdemokratische Partei Deutschlands, die gleich allen anderen sozialistischen Parteien grundsätzlich auf dem Boden der Landesverteidigung steht, für den Friedensschluß seit dem ersten Tage des Krieges gewirkt hat, und daß sie für einen Verständigungsfrieden keine andere Voraussetzung kennt, als die Bereitschaft auch der Gegner zu einem solchen Frieden. Mit den in der Sammlung angeführten Parlamentsreden, Aufrufen und Erklärungen hat sich die Sozialdemokratische Partei Deutschlands bei ihrer Friedensarbeit aber nicht begnügt. Sie hat in allen Teilen des Reiches Friedensversammlungen abgehalten, auch im ganzen Reiche Petitionen verteilt und unterzeichnen lassen, in denen unter strikter Ablehnung aller Eroberungspläne die Bereitschaft der Regierung zu Friedensverhandlungen verlangt wurde.

Diese Friedensarbeit ist von großem Erfolge begleitet gewesen. Erfolglos dagegen waren leider die Versuche der Sozialdemokratischen Partei Deutschlands, die zerrissenen Fäden mit den sozialistischen Parteien Englands und Frankreichs wieder anzuknüpfen.

Die Arbeit für den Frieden kann nur dann Erfolg versprechen, wenn sie gleichzeitig auf beiden Seiten unternommen wird. Das könnte geschehen und hätte unseres Erachtens längst geschehen müssen, ohne daß auf der einen Seite von der anderen etwas verlangt worden wäre, was einer Preisgabe der Sache des eigenen Volkes gleichgekommen wäre. Wir sollten auf allen Seiten aussprechen, daß wir nur die Pflicht haben, das eigene Volk zu verteidigen, nicht aber die Aufgabe, andere Völker für die wirklichen oder vermeintlichen Verbrechen ihrer Regierungen zu züchtigen. In diesem Sinne hat die Sozialdemokratische Partei Deutschlands ununterbrochen gewirkt.

VI. **Allgemeine sozialistische Konferenz.**

Wir sind ohne Vorbehalt zur Teilnahme an einer allgemeinen sozialistischen Friedenskonferenz bereit, weil wir es für die selbstverständliche Pflicht eines jeden Sozialisten halten, für den Frieden zu wirken. Eine Auseinandersetzung über das Verhalten der sozialistischen Parteien wird sehr vereinfacht werden, wenn alle Sektionen in der von uns gewählten Form eine Sammlung der Dokumente über ihre Tätigkeit für den Frieden unterbreiten würden.

Von einer Erörterung der Schuldfrage, der wir nicht aus dem Wege gehen, können wir uns eine Förderung des Zwecks der Konferenz nicht versprechen. Es kann sich nicht darum handeln, über Vergangenes zu streiten, es muß sich vielmehr darum handeln, über das Zukünftige sich zu verständigen, nämlich über die möglichst schnelle Herbeiführung eines dauernden, unseren Grundsätzen und Idealen entsprechenden Friedens.

Gegen die Teilnahme aller sozialistischen Minderheitsparteien an der allgemeinen Konferenz haben wir nichts einzuwenden.

Stockholm, den 12. Juni 1917.

Die Delegation der Sozialdemokratie Deutschlands.

Fr. Ebert. Scheidemann. Herm. Müller. Molkenbuhr.
Ed. David. R. Fischer. Sassenbach. G. Bauer. C. Legien.

Ein lebendiger Franzose.

Am 12. Juni erfuhr ich, daß ein französischer Parteigenosse namens Lafont unserem Friedenskomitee einen Besuch gemacht und bei dieser Gelegenheit auch mit Adler gesprochen hatte. Lafont, so ließ mir Frau Nina Bang, die hervorragende dänische Genossin, durch Ebert sagen, sei bereit, mit mir zu reden! Das erschien uns allen nahezu unglaublich. Ich ging ins Grand-Hotel, um von Adler möglichst Näheres zu hören. Ich fand Adler in wahrhaft bejammernswertem Zustand; er lag im Stuhl, lediglich mit Unterhosen und zwei Jacken bekleidet, als sei er schon tot. Erst nachdem ich mehrfach geklopft, die Tür geöffnet und wieder geschlossen hatte, entschloß ich mich, das Zimmer zu betreten, und zwar möglichst geräuschvoll. Nun öffnete Viktor die Augen. Er tat gar nicht erstaunt, und fing sofort an zu murmeln, aber so, daß ich ihn kaum verstehen konnte. Mit Mühe und Not hörte ich dann dies: man habe ihn telephonisch gebeten, ins Bureau zu kommen, da er Gelegenheit hätte, einen „lebenden" Franzosen zu sehen. Danach habe er sich doch längst gesehnt. Und nun weiter: Lafont sei offenbar ein geistreicher Franzose, der aber kaum Fühlung mit Arbeitern haben könne. Er hätte gar zu töricht geredet von der Notwendigkeit, den Krieg eventuell noch drei Jahre fortzusetzen, bis Straßburg wieder in französischem Besitz sei.

Als Adler ihm den Star gestochen und u. a. gesagt hatte, daß niemand in Deutschland Straßburg abzutreten geneigt sei, habe Lafont eine kleine Schwenkung gemacht und sei etwas verständiger geworden. Er sei mit einer Russin verheiratet. Mit seiner Frau habe er sich den Abgeordneten Cachin und Montet zur Reise nach Rußland angeschlossen und sei nunmehr auf der Rückreise. Bei der Erörterung des Themas unserer Stockholmer Konferenz habe er sich sehr vorsichtig, wie es eben nur ein Pariser Advokat — das ist Lafont — könne, ausgedrückt; dabei habe er aber doch zugesagt — aus eigenem Antrieb —, sich mit Scheidemann unterhalten zu wollen.

Adler erzählte dann weiter, daß er sehr pessimistisch in bezug auf Stockholm geworden sei; die Geschichte ginge nicht voran; er gehe ab und zu auf das Bureau, um den Komiteemitgliedern den Kopf zu waschen, aber das helfe ja alles nichts. Trotz alledem würde er es für einen großen Fehler halten, wenn wir, wie wir bereits beschlossen hätten, bis auf Müller alle fortreisen würden. Wenn nicht alle, so müßten mindestens mehrere Genossen hier bleiben, sonst schliefe die ganze Geschichte schließlich ein. Alle Welt sähe auf Stockholm. Was jetzt auch immer geschehen möge in der Friedensfrage, es werde alles von den Völkern angesehen als geschehen unter dem Stockholmer Druck. (Es liegt eine Zeitungsmeldung vor, der zufolge österreichische Offiziere als Friedensparlamentäre ins russische Lager gegangen seien.) Ginge aber alles in die Brüche, weil die Engländer und Franzosen nicht kommen, dann seien wir jeglicher Verantwortung bar, wenn wir bis zum äußersten hier ausgehalten hätten. — Ich eilte dann in unsere Delegationssitzung, um dort zu berichten. Ich erfuhr dort, daß Frau Bang mit der Meldung zurückgekommen sei, Lafont und Frau hätten bereits abreisen müssen, weil sie sonst ihren Dampferanschluß nicht erreicht hätten. An sich wäre bei der Unterredung mit Lafont wahrscheinlich auch nichts herausgekommen. Wir beschlossen noch den Text eines Briefes an den Petersburger Arbeiter- und Soldatenrat, den sein Vertreter in Stockholm besorgen wollte. Diesen Vertreter hatte ich übrigens noch in Adlers Zimmer, gerade als ich mich verabschiedete, kennengelernt.

„Ohne Annexionen" — *für alle, nicht nur für uns!*

Am Nachmittag des gleichen Tages hatten wir wieder eine Sitzung mit dem Friedenskomitee, in der wir uns stundenlang lediglich über Elsaß-Lothringen unterhielten. Dabei kam es zu lebhaften Zusammenstößen mit Branting und van Kol. Wir verteidigten ganz entschieden unseren Standpunkt und wiesen auf unsere schriftliche Antwort hin, davon gingen wir nicht ab.

Wie gewöhnlich entfernte sich Branting, der übermäßig als Redakteur und Abgeordneter beschäftigt war, so daß er die Rede Troelstras, die Öl auf die Wogen goß, nicht hörte.

Am 13. Juni vormittags hatten wir wieder offizielle Sitzung (abermals ohne Branting). Beratung unseres Memorandums. Zuerst „Belgien". Camille Huysmans hielt zur Einleitung eine lange Rede. — David antwortete; dann sprach van Kol in so aufreizender Weise, daß ich meinen Zorn kaum bändigen konnte. Genossin Bang gab mir, als ich mich zum Wort meldete, einen

Zettel über den Tisch: „Bitte, werden Sie nicht heftig, Genosse Scheidemann!" Ich bemühte mich, aber es gelang mir nicht ganz. „Wir brauchen nur die eroberten Gebiete herauszugeben, Elsaß-Lothringen dazu, zahlen an alle Welt Kriegsentschädigungen, teilen unser Land auf, um es zur dauernden wirtschaftlichen und politischen Ohnmacht zu verurteilen usw. usw.; und dann wird uns schließlich verziehen werden, daß wir nicht schon am 4. August 1914 direkt Landesverrat begingen zur höheren Ehre des französischen und englischen Kapitalismus und des Zaren!" Ich wies nachdrücklich darauf hin, was die Formel bedeute: Keine Annexion, keine Kriegsentschädigung, und hob zum hundertsten Male hervor, daß diese Grundlage für a l l e zu gelten habe.

Troelstra goß wiederum Öl auf die Wogen, wobei er kein Wort gegen mich sprach, aber eine harte Strafpredigt gegen seinen Freund und Landsmann van Kol hielt. Wir blieben grundsätzlich bei unserem Text, stellten aber kleine s t i l i s t i s c h e Änderungen in Aussicht.

14. J u n i 1917. Sitzung mit dem Komitee. Branting ist wieder nicht da. Abermals lange Auseinandersetzung über unser Memorandum. Abgesehen von der Konzession in bezug auf Untersuchungen von Schäden nach dem Kriege: statt „halten wir für ganz unmöglich" zu sagen: „halten wir für ungemein schwierig" blieben wir bei unserem Text. Nur in der elsaß-lothringischen Frage unterstrichen wir auf den Wunsch der Genossin Bang noch einmal das Wort „Autonomie".

Dann die üblichen Dankreden: Ebert für das Bureau, Troelstra für uns. Troelstra ließ dabei erkennen, daß er auf unserem Standpunkt stehe. Auf unsere Anfrage erklärte er, daß er mit nach Petersburg gehen werde, wenn das Bureau sich zur Abreise entschließe; er werde dahin wirken, daß die Abreise bald erfolge.

Beim schwedischen Außenminister.

Damit war die Arbeit der Vorkonferenz und — wenn die Pessimisten recht hatten — vielleicht der ganzen Konferenz zu Ende. Die meisten Parteifreunde reisten ab, David, Müller und ich blieben noch, ohne Hoffnungen, nur um der Arbeiterschaft der Welt nicht jeden Glauben an das sozialistische Gewissen der Entente-Parteigenossen zu nehmen und diesen nicht die billige Ausrede zu geben, daß wir ja die Verhandlungen abgebrochen hätten.

Die paar Tage, die wir noch in Stockholm blieben, brachten aber zwei Unterredungen, die bedeutungsvoll waren und deren ich hier deshalb gedenken will. Zuerst war es der schwedische Außenminister Lindmann, der mich durch unsern Parteifreund Lindquist vor der Abreise noch um meinen Besuch bitten ließ. Ich nahm diese Aufforderung gern entgegen und begab mich am 14. Juni ins Ministerium des Äußern, wo ich sehr liebenswürdig empfangen wurde.

„Wie sind Sie mit Ihrer Mission hier zufrieden und wie sind Sie mit Ihrem Genossen Branting fertig geworden?" „Meine Mission ist ja nur vorläufig abgeschlossen; mit Branting haben wir auf kameradschaftlichem Fuße verhandelt; er war offenbar bemüht, objektiv zu sein, wenngleich — —" Minister: „... er vollkommen auf Seite der Entente steht." „Ja, das ist mir bekannt."

Lange Unterhaltung über Krieg und Frieden, Kaiser Wilhelm, Verfassungsänderung usw. — Die Schuldfrage beurteilt er nach seiner Versicherung ebenso wie ich. Er glaube nicht mehr daran, daß der Krieg vor Jahresschluß beendet sein werde. Die Entente rechne wohl bestimmt mit dem Zusammenbruch Deutschlands, deshalb ziehe sie den Krieg in die Länge. Die Einmischung in die inneren Zustände Deutschlands sei absolut unzulässig.

Dann schilderte er, wie er 1908 mit Wilhelm II. sich zweieinhalb Stunden unterhalten habe; dabei sei der Kaiser so offen gewesen, daß er ihn unter direktem Hinweis auf die Daily-Telegraph-Affäre gewarnt habe. Wilhelm II. habe dann gesagt: So sei er; wem er Vertrauen entgegenbringe, dem schenke er es absolut. Er müsse sich gänzlich auf Lindmann verlassen. Lindmann erzählte dann weiter: Wilhelm II. habe so offen geredet über viele Dinge, daß er nicht einmal seinem König alles berichtet hätte. Ich solle es aber nicht falsch verstehen: Wilhelm habe sich vollkommen „frei" gezeigt und den größten Wert darauf gelegt, daß man nicht an seiner unbedingten Friedensliebe zweifeln möge.

Ich sagte u. a.: Die Entente irrt vollkommen, wenn sie mit der Revolution im Kriege bei uns rechnet. Die sei m. E. nur möglich unter den Voraussetzungen, die ich im Mai dieses Jahres skizziert hätte. Darin stimmt er mir auch zu; ebenso in der Beurteilung der Lebensmittelschwierigkeiten in Deutschland.

Er schilderte mir dann, wie sehr Schweden in Mitleidenschaft gezogen sei: Abgeschnitten von der Zufuhr durch England, Torpediergefahr durch Deutschland. Dabei beurteilte er den U-Bootkrieg in überraschend objektiver Weise. Er habe auch Branting stets geantwortet: da ist England doch der Schuldige, wie Sie zugeben müssen, wenn Sie in chronologischer Folge die Etappen aufzählen. Er sagte weiter: Am Tage der letzten Torpedierung schwedischer Schiffe hat die Stockholmer Presse furchtbar auf Deutschland gewütet. Er habe sich dann sofort die Redakteure „in diesen Saal" kommen lassen und ihnen gesagt: Sie haben sich nun einen ganzen Tag lang heftig gegen Deutschland ausgetobt, nun stellen Sie aber, bitte, morgen wahrheitsgemäß fest, wie die Dinge in Wirklichkeit liegen!

Er sprach über alle diese Dinge durchaus offen deutschfreundlich. „Es wäre ein Unglück für unser Land geworden, wenn wir jetzt ein Ministerium Branting bekommen hätten!"

Ich lenkte das Gespräch auf die Möglichkeit der Friedensvermittlung durch die Neutralen. Er: „Es gab eine solche Möglichkeit, solange Amerika nicht am Kriege direkt beteiligt war." — Er kritisierte dann die amerikanische Politik, die vom Dollar beherrscht werde. Dabei bezog er sich auf seine Kenntnis Amerikas. „Alles wird auf den Dollar eingestellt." — In bezug auf die Kriegsziele Deutschlands sagte er, daß er es für selbstverständlich halte, daß die Reichsregierung ehrlich den Frieden wolle und nicht an eine Fortsetzung des Krieges zum Zwecke von Eroberungen denke. Wer nicht ausgesprochener Parteimann sei, müsse zugeben, daß der Reichskanzler nicht mehr hätte öffentlich sagen können, als er gesagt hat. — Schweden beobachte Deutschland gegenüber eine wohlwollende Neutralität. — Er bat mich dann um Aufklärung über den Unterschied zwischen meinen Freunden und den Haase-Leuten. Ich bemühte mich, ganz objektiv zu schildern auf Grund von Tatsachen. Er konnte absolut nicht verstehen, daß man dem eigenen Lande, das in so schlimmer Lage sei, wie das unsere, nicht die Mittel zu seiner Verteidigung bewillige. — Mit der wiederholten Versicherung, daß Schweden Deutschland gegenüber bemüht sein werde, weiterhin zu helfen, soweit es gehe, gab er mir die Hand. Ich sagte ihm, daß man in Deutschland wisse, was Schweden getan habe. Die Unterredung hatte länger als eine Stunde gedauert. — —

„Après la guerre."

Mein letzter Tag in Stockholm brachte schließlich ein indirektes Zusammentreffen mit Albert Thomas, der von Petersburg zurückkam. Frau Bang war mit ihm zusammen gewesen und berichtete mir über die Unterredung. Ich notierte mir folgendes:

18. Juni. Thomas soll wütend gewesen sein über unser Memorandum und besonders über die Stellen, die sich auf die elsaß-lothringische Frage beziehen. Er habe sich ausgedrückt, wie ein Mann, der weder vom Sozialismus, noch von der Politik etwas wisse: eben wie ein Mensch, der nur Munitionsminister sei. Als Frau Bang ihn fragte, ob der Krieg wegen Elsaß-Lothringen, das doch nicht erobert sei, endlos weitergeführt werden soll, habe er geantwortet: Der Krieg geht weiter, wir können nicht anders. Frau Bang war ganz verzweifelt. Sie hat mit Stauning, der in Kopenhagen ist, telephonisch gesprochen und ihn hierher gebeten Ich sprach ihn soeben, direkt nach seiner Ankunft. Thomas hat sich, nebenbei gesagt, gestern Frau Bang gegenüber bereit erklärt, mit Stauning zu reden, wenngleich seine letzte Begegnung mit ihm in Frankreich großen Lärm verursacht habe. Heute früh hat Thomas Stauning wissen lassen, daß er ihn beim Frühstück mit Branting und Huysmans sehen wolle. Er will also nur in Gegenwart Brantings mit Stauning verhandeln. David, Müller und ich haben noch einmal eingehend mit Stauning wegen Elsaß-Lothringen geredet und ihn nachdrücklich auf die Bedeutung unseres Memorandums über Annexionen im allgemeinen und über Elsaß-Lothringen im besonderen aufmerksam gemacht.

19. Juni 1917. Stauning und Frau Bang haben uns über

die Unterhaltung mit Thomas berichtet. Nach dem Essen fand sich beim Kaffee Gelegenheit für sie, ihn allein zu sprechen. Neues hat er eigentlich nicht gesagt: Elsaß-Lothringen gehöre zu Frankreich; unsere Berufung auf den statistischen Nachweis, daß 90 % der Einwohner Deutsch reden, beweise nicht, daß die Einwohner auch deutsch denken und fühlen. In Frankreich wisse man, daß die Elsaß-Lothringer wieder zu Frankreich wollten und dergleichen mehr. Nach langem Hin und Her habe er aber doch von einer „Arbitrage obligatoire après la guerre" gesprochen. Stauning und Frau Bang haben den Eindruck gewonnen, daß die Franzosen nach einer Brücke suchen, um über Elsaß-Lothringen, auf das sie sich festgebissen haben, hinwegzukommen. Ein Schiedsgericht nach dem Friedensschluß sollte also die Frage prüfen, ob Elsaß-Lothringen über seine Zugehörigkeit zu Deutschland oder Frankreich abstimmen müsse. Frau Bang hatte sich in den Gedanken verliebt, daß wir einen solchen Vorschlag machen möchten. Dem widersprach ich. David meinte, daß ein Dritter — vielleicht Dernburg oder Bernstorff — nach beiden Seiten hin Fühler ausstrecken müßten über die Form der Frage, die dann von beiden Seiten angenommen werden könne. Es sei freilich Unsinn, nach dem Kriege eine solche Frage wieder aufzurollen; aber da kein Mensch nach dem Kriege die Frage, ob erneut mit einem Kriege gespielt werden solle, stellen werde, könne man vielleicht, um aus der Affäre herauszukommen, eine Einigung herbeiführen. Das schlimmste ist natürlich für die Franzosen die Frage des Prestiges! — Wir gingen auseinander in der Absicht, eine Lösung zu suchen.

Für 6 Uhr hatte mich Huysmans noch einmal zu sich gebeten. Thomas sei sehr bestimmt, aber doch sehr verständig gewesen. Sofort nach seiner Ankunft in Paris werde er die Pässe für die Sozialisten erzwingen!

Abends 6 Uhr reiste ich mit Stauning nach Kopenhagen, wo ich am Mittwoch noch einmal eine gründliche Aussprache mit dem Grafen Rantzau hatte.

Ein Weg zum revolutionären Rußland.

Begrüßung der Revolution. — Reise Borgbjergs nach Petersburg. — David soll sich mit einem A.- und S.-Rat an der Ostfront treffen. — Borgbjergs Bericht. — Brest-Litowsk. — Der Herzog von Kurland. — Konkurrenzkampf der deutschen Fürsten.

Reise Borgbjergs nach Petersburg.

Daß wir die erste russische Revolution, wie es in der vor Stockholm gefaßten Entschließung des Parteivorstands hieß, mit leidenschaftlicher Anteilnahme begrüßt hatten, ist selbstverständlich. Wir hatten diese unsere Gefühle auch in einem Telegramm an Tscheidse und die Petersburger Duma zum Ausdruck gebracht. In Stockholm hofften wir, bestimmt mit den russischen Genossen zusammenzukommen, und begrüßten es daher außerordentlich, daß am 4. April 1917, also bei Beginn der Vorbereitungen für die Konferenz, dem Vorstand der Sozialdemokratischen Partei die Mitteilung gemacht wurde, unser dänischer Freund, der Reichstagsabgeordnete Borgbjerg sei im Begriff, eine Informationsreise nach Rußland anzutreten. Wir wußten, was das zu bedeuten hatte, und beschlossen sofort, ihn aufzusuchen, um ihm Aufträge mitzugeben. Bauer, Ebert und ich reisten nach Kopenhagen. Die Pässe hatten Hals über Kopf beschafft werden müssen. Das ging nur, wenn wir dem Außenminister offen heraussagten, zu welchem Zweck wir reisen wollten. Zimmermann war heilfroh! Er wünschte uns gute Reise und guten Erfolg. Mit einem freiheitlichen Rußland, so bemerkte er, können wir uns ganz anders verständigen. Aber wer garantiert uns den Bestand?

In Kopenhagen trafen wir sofort mit Borgbjerg zusammen und legten in aller Ausführlichkeit unsere Sorgen und unsere Friedenssehnsucht dar. Borgbjerg, ein prachtvoller Mensch, der die furchtbare Not bei uns kannte, würde seine Sache gut machen, das wußten wir. Unsere heiße Sehnsucht waren baldige Nachrichten von ihm, denn wir gaben uns keinen Täuschungen darüber hin, daß es in Berlin unter der trügerischen Oberfläche furchtbar gärte.

David soll sich mit einem A.- und S.-Rat an der Ostfront treffen.

Einen Monat später, am 8. Mai, schien sich eine neue Möglichkeit zu einem Fühler nach Rußland auftun zu wollen. Der Staatssekretär Zimmermann hatte meinen Parteifreund, Dr. David, zu sich gebeten und hatte ihm folgendes mitgeteilt: Bei der Armee Eichhorn sind, wie nach Berlin telegraphiert worden ist, russische Parlamentäre eingetroffen, die angeblich entsandt worden sind von einer Gruppe des Petersburger Arbeiter- und Soldatenrats, die im Einverständnis mit Tscheidse handle. Die Parlamentäre wollen mit einem deutschen Sozialisten, angeblich auch „mit anderen Parlamentariern" sprechen. Zimmermann hatte nun David gefragt, ob er eventuell gen Osten gehen wolle und ob er nicht von den bürgerlichen Abgeordneten einen zweiten Deputierten vorschlagen könne.

David erstatte Ebert und mir über diesen Vorschlag Bericht und teilte auch mit, daß bei seinen Besprechungen mit Zimmermann der Name Stresemann als des zweiten etwa als Begleiter in Betracht kommenden Abgeordneten gefallen sei. Ebert warf ein: Erzberger — ich: Naumann. Ich war gegen Erzberger, weil mir seine Haltung nach rechts und links nicht ganz eindeutig erschien. Dagegen stehe Naumann, wie ich aus einer Unterredung mit ihm vom gestrigen Tage wisse, in der Frage der Kriegsziele fast g a n z auf dem Boden unserer Formel. — Naumann wäre David sehr willkommen, aber — so warf er ein: Naumann und ich repräsentieren nicht die Mehrheit des Reichstags. — David hatte Zimmermann dann auch wegen der Kriegsziele, über die ja doch gesprochen werden müsse, gefragt. Zimmermann: Wir wollen uns mit den Russen vertragen; also keine Kriegsentschädigung, aber eine Verständigung über Grenzberichtigung! David hatte eingeworfen: Das ist ein sehr dehnbarer Begriff. — Zimmermann: Na, also! V e r t r a g e n wollen wir uns mit ihnen, F r i e d e n wollen wir haben! Das genügt doch wohl. — Das Zugeständnis schien mir allerdings zu genügen. Es war die Akzeptierung unserer Formel, soweit sie zu erreichen war.

David ist dann in Begleitung eines allgemein geachteten, konservativen Abgeordneten, der niemals agressiv in politischen Fragen hervorgetreten war, und von dem versichert wurde, daß er sehr verständig und alles andere denn ein Kriegswüterich sei, an die Ostfront gereist. Es ist bei dem Versuch der Fühlungnahme leider nichts herausgekommen, weil es sich bald herausstellte, daß es sich nur um einen beliebigen Arbeiter- und Soldatenrat gehandelt hatte, der irgendwelche Macht nicht gehabt hat.

Borgbjergs Bericht.

Den Bericht Borgbjergs über seine Petersburger Reise konnten wir am 25. Mai 1917 in der Kopenhagener Wohnung Staunings entgegennehmen, wo wir auf der Reise nach Stockholm Halt gemacht hatten. Anfänglich plauderten wir über vielerlei, zunächst besonders über die neue Torpedierung von drei Schwedendampfern. Unsere dänischen Freunde schilderten die fortwährend steigende Verschlechterung der Stimmung in Schweden und Dänemark gegen Deutschland. Ich versprach ihnen, schnellstens in Berlin wieder einzuwirken.

Dann berichtete Borgbjerg über seine Reise nach Petersburg. Er ist sehr gut aufgenommen worden. Er sprach zuerst mit Tscheidse, der ihn aufmerksam anhörte und zu einer Sitzung im Arbeiter- und Soldatenrat einlud. Als er ihm sagte, daß er zwischendurch auch von Kerenski empfangen werden wollte, waren sie sehr befriedigt. Alle drei haben seinen Bericht über die Unterredung mit Bauer, Ebert und mir mit dem größten Interesse angehört. Das meiste, was er über das Verhalten der Mehrheit in Deutschland mitteilen konnte, war ihnen neu, erschien ihnen jedenfalls in neuem Lichte. Als er dann in einer Sitzung des Arbeiter- und Soldatenrats seinen Bericht wiederholte, wurden ihm viele Fragen gestellt. So diese: „Ist der Reichskanzler einverstanden mit dem, was Ihnen Scheidemann und seine Kollegen gesagt haben?" Darauf habe er geantwortet: „Das kann ich nicht sagen, glaube es aber. Die deutschen Sozialisten sind keine Regierungspartei und stellen ja auch nicht die Mehrheit im Reichstag." Weitere Frage: „Wird die sozialdemokratische Fraktionsformulierung von anderen Kreisen und Parteien gutgeheißen?" Er: „Zweifellos sind nicht unbedeutende Gruppen mit ihnen ganz einverstanden." Darauf neue Frage: „Das heißt, es sind bedeutende Gruppen mit ihnen einverstanden!" Er: „Zwischen dem, was er gesagt hat und der neuen Fragestellung bestehe eine Differenz, aber er könne sie nicht beseitigen."

Er hat dann die Vorarbeiten der holländischen und skandinavischen Genossen geschildert und gebeten, an der Stockholmer Konferenz teilzunehmen. Andere Fragen in der Debatte gingen dahin, ob in Deutschland mit einer Revolution zu rechnen sei? Diese Fragen hat er dahin beantwortet: das sei sehr unwahrscheinlich; im Kriege sei eine Revolution sicher nicht zu erwarten. Ob nach dem Kriege, sei davon abhängig, wie der Krieg ausgehe und wie die Regierung sich zu den im Innern geforderten Reformen stelle. Er hat dann aufmerksam gemacht auf den Unterschied zwischen den Verhältnissen in Rußland und denen der westlichen Staaten Europas. In Rußland bedeute die Revolution einen letzten Ausläufer der großen Bestrebungen zur Beseitigung unhaltbar gewordener Zustände, wie es die Revolutionen in England im 17., in Frankreich und Deutschland im 18., bzw. 19. Jahrhundert gewesen seien. Um es ganz deutlich zu kennzeichnen, habe er auf Dänemark verwiesen. Dort sei eine politische Revolution vollkommen sinnlos, weil dort eine demokratische Verfassung bestehe. Wenn auch in Deutschland noch viel zu bessern sei, so könnte eine Revolution doch ebenso wie in Dänemark nur eine soziale sein, die eine vollkommene Eigentumsgestaltung an den kapitalistischen Produktionsmitteln zum Ziele hätte. Eine solche Revolution sei aber für absehbare Zeit nicht zu erwarten, usw.

Die Debatte sei sachlich und ruhig gewesen. Man habe ihm schließlich gesagt, daß man ihm die Beschlüsse in einigen Tagen mitteilen werde. — Zwei Tage später sei dann ein Delegierter des Arbeiter- und Soldatenrats zu ihm gekommen und habe mit den Worten begonnen: „Ihre Mission ist geglückt!" Der Arbeiter- und Soldatenrat habe aber beschlossen — wie inzwischen durch die Presse bekannt geworden sei —, selbst zu einer Konferenz einzuladen. Dadurch werde es den Engländern und Franzosen leichter gemacht, sich zu beteiligen. Eine Durchkreuzung der anderen Konferenz komme also gar nicht in Frage.

Borgbjerg schilderte weiter: Im Arbeiter- und Soldatenrat säßen alle Gruppen, Lenin selbst nicht. Es sei übrigens vollkommen falsch, von dem großen und wachsenden Einfluß Lenins zu sprechen. Sein Einfluß sei im Gegenteil sehr gering. Lenin selbst habe übrigens seine Auffassungen bereits geändert. Die beiden Flügel Lenin und Plechanoff seien die unbedeutendsten. Bemerkenswert sei, daß die Bolschewiki (die radikale Mehrheit) sich immer mehr den Menschewiki (Minderheit à la deutscher Mehrheit) nähere. Sehr bemerkenswert sei auch, daß der Arbeiter- und Soldatenrat die neue Friedensanleihe (gleich Kriegskredite) gutgeheißen habe. Man bekenne sich also zur Verteidigung des Landes mit allen Konsequenzen. Ich bemerkte dazu: damit nehmen die russischen Sozialisten also jetzt den Standpunkt ein, den wir von vornherein eingenommen haben: Wir **haben** etwas zu verteidigen, also verteidigen wir es auch. Dem stimmten Borgbjerg und Stauning, die unseren Standpunkt billigen, ausdrücklich zu.

Borgbjerg betonte noch, daß von Haß gegen Deutschland nichts zu bemerken sei in Rußland, wenngleich es sich nicht empfehle, deutsch zu sprechen. Borgbjerg sprach seine Überzeugung dahin aus, daß wir mit den Russen wohl zu einer Verständigung kommen könnten, nachdem wir so unzweideutig wiederholt gegen alle Annexionsabsichten Stellung genommen hätten.

Aus diesem Bericht, den ich damals sofort niedergeschrieben habe, geht hervor, wie falsch Borgbjerg über den Einfluß Lenins unterrichtet worden war. Freilich kann sich Lenin heute, also nach jahrelang geübter Herrschaft, auch nur auf Maschinengewehre und Handgranaten, nicht aber auf die Mehrheit des russischen Volkes stützen.

Brest-Litowsk.

Den Abschluß fand das erst so hoffnungsvolle und dann schmerzlichste Kapitel der Kriegspolitik, das Kapitel Rußland-Deutschland, in Brest-Litowsk. Dort hätten mächtige Quadersteine für den Bau des allgemeinen und wirklichen Friedens gelegt, wenigstens aber ein dauernd gutes Verhältnis zu Rußland angebahnt werden können. Politische Unzulänglichkeit, diplomatische Unehrlichkeit und militärischer Machtkitzel ließen es nicht dazu kommen. Der Anteil der Sozialdemokratischen Partei an dieser ausschlaggebenden Aktion der deutschen Außenpolitik war leider ein negativer. Es zeigte sich hier so recht, welche Macht die offenen und versteckten Annexionspolitiker ausüben konnten, wenn sie sich mit den führenden Militärs verbanden. Aber sicherlich wäre ein Nein der sozialdemokratischen Fraktion, eine Ablehnung des dem Reichstag vorgelegten Friedensschlusses, von gewaltiger Bedeutung gewesen und die einzige folgerichtige Konsequenz aus der Parteientschließung vom 19. April, in der wir „unser Einverständnis mit dem Kongreßbeschluß des russischen Arbeiter- und Soldatenrats, einen gemeinsamen Frieden vorzubereiten, ohne Annexionen und Kriegsentschädigungen, auf der Grundlage einer freien nationalen Entwicklung aller Völker" erklärt haben.

In der sozialdemokratischen Fraktion wurde heftig gerungen um das dem Frieden zustimmende Ja oder das ablehnende Nein. Ich trat entschieden für die Ablehnung ein, blieb aber, wie auch in manchen anderen Fällen, in der Minderheit. Allerdings fand sich auch keine Mehrheit für ein Ja und so mußte ich als Vorsitzender im Auftrage der Fraktion im Reichstag erklären, daß wir uns der Abstimmung enthielten.

„Der Herzog von Kurland".

Ich schließe diese Darlegungen unserer leider so spärlichen und wenig fruchtbringenden Beziehungen zum revolutionären Rußland mit einer Episode, die ebenso für unsere innere wie für unsere äußere Politik bezeichnend ist. An der äußeren konnte das Narrenspiel vom „Herzog von Kurland" allerdings nichts mehr verderben. Für die innere aber ist es bezeichnend, daß sich angebliche Politiker so nahe vor dem Ende noch mit dynastischen Abenteuern den Kopf zerbrechen konnten, daß Herr Ludendorff in dem Augenblick, wo er zur letzten, größten und mörderischsten Offensive schritt, sich nicht scheute, seine Demission als Trumpf in dies Intrigenspiel zu werfen. Während nämlich meinen Freunden und mir die Zukunft schier trostlos erschien, zerbrachen sich der Kaiser und seine Anhänger ihre Köpfe wegen der Frage: Wie können wir dem Kaiser am schnellsten den Herzoghut für Kurland sichern? Her mit dem Hut — fort mit Kühlmann! das war die Parole sehr einflußreicher Männer im ersten Drittel des Januar 1918. Von gutinformierter Seite wurde mir in jenen Tagen — die

Notizen tragen das Datum des 7. Januar — u. a. mitgeteilt: „Die Situation ist zurzeit genau so, wie vor dem Sturz Bethmanns. Ludendorff droht mit seinem Abschied, wenn nicht v. Kühlmann gehe. Dieses Spiel treibe Ludendorff in dem Augenblicke, in dem die von ihm eingeleitete Offensive im Westen beginnen soll. Zur Irreführung der öffentlichen Meinung benutze man die gleichen Kanäle wie zur Zeit Bethmann Hollwegs: Kriegspresseamt, Stresemann usw. Die Oberste Heeresleitung suche den Anschein zu erwecken, daß v. Kühlmann große Annexionen wolle, während es für die Oberste Heeresleitung nur auf kleine Grenzberichtigungen ankomme aus strategischen Rücksichten. — In Wirklichkeit also ‚decke sich' die Politik der Obersten Heeresleitung mit der der Reichstagsmehrheit."... Ludendorff habe wiederholt erklärt: „Die Russen würden mit den Grenzberichtigungen einverstanden sein. v. Kühlmann habe illoyal gehandelt, u. a. auch dadurch, daß er in Brest-Litowsk den Versuch gemacht habe, den allgemeinen Frieden unter Einbeziehung Englands vorzubereiten. General Hoffmann sei von Kühlmann eingewickelt worden bei dem Abschluß des Waffenstillstandes. v. Kühlmann habe Hoffmann eingeredet, er werde der zukünftige Reichskanzler sein. . . ."

Konkurrenzkampf der deutschen Fürsten.

In dieser haarsträubenden und lächerlichen Weise wurde damals intrigiert und gelogen. Alles im Namen und zu Ehren des bedrohten Vaterlandes. Daß meine Freunde und ich selbstverständlich außerhalb dieser Narreteien blieben, konnte doch nicht verhindern, daß hier und da selbst an uns ein Spritzer aus dieser Hexenküche flog. Denn wegen des kurländischen Herzoghutes gerieten sich sogar die deutschen Fürsten gegenseitig in die Haare; daß sie dabei von einflußreichen Parlamentariern unterstützt wurden, ist aus dem Fall des Herzogs von Urach bekannt. Ich will die Konkurrenz nicht in allen ihren Einzelheiten schildern, sondern mich mit einer einzigen Tagebuchnotiz begnügen, die wohl für sich selber spricht.

10. F e b r u a r 1918. „Der Kabinettschef des Herzogs von X. hat mich um eine Unterredung im Kaiserhof gebeten. Baron v. Y. setzte mir auseinander, daß sein Herzog ebenso wie mancher

andere Bundesfürst die größten Bedenken gegen die propagierte Personalunion Kurland-Preußen habe. Es sei nicht angängig, daß der Kaiser Herzog von Kurland werde. Wenn die Dinge sich schon so gestalteten, daß die Kurländer selbständig und eine Monarchie werden wollten, dann käme nach seiner und seines Herrn Meinung doch nur ein Fürst in Betracht, der etwas gelernt und etwas geschaffen habe, ein tatkräftiger Mann, der den ernsten Pflichten, die ihm dort erwachsen würden, auch gerecht werden könne. Er denke an den Herzog Alfred Friedrich von Mecklenburg, den er und sein Herr persönlich kennen, der ein ungemein fleißiger und tüchtiger Mensch sei." — Auf meine den Herrn Baron wenig befriedigenden Einwände erhielt ich diese Antwort: Er sei natürlich überzeugt, daß ich nicht für einen Fürsten Propaganda machen könne, damit er Herzog von Kurland werde, „aber es sei vielleicht doch die Möglichkeit gegeben, wenn auf derartige Dinge die Rede komme, durch Hinwerfen einiger Bemerkungen dahin zu wirken, daß immerhin der oder der besser sei als dieser oder jener. . . ."

Berliner Kleinkrieg.

Zurück von Stockholm. — Niemand will die herannahende Katastrophe sehen. — Die Revolution im Reichstag. — Die glückliche Formulierung des Stockholmer Memorandums. — Zimmermann über die Dummheit der O.H.L. — Der Kanzler ist trostlos. — Eine sozialdemokratische Denkschrift fürs Hauptquartier. — Verfassungsausschuß und Regierungssabotage. — Kampf um die Kommandogewalt. — Der unwahrhaftige Kriegsminister.

Wir, die wir von Stockholm zurückgekehrt waren, konnten uns der Überzeugung nicht verschließen, daß die Konferenz als solche gescheitert sei. Die Wiederaufnahme von russischer Seite war überaus zweifelhaft, und daß von ententistischer Seite eine Teilnahme auch künftighin ausgeschlossen sei, ließ gerade die Haltung Albert Thomas' befürchten. Wenn wir trotzdem nur von einer Beendigung der Vorverhandlungen sprachen und uns natürlich für eine etwaige Hauptverhandlung in Stockholm unbedingt bereit hielten, so war das mehr die Pflicht den Völkern gegenüber und die Notwendigkeit, nicht etwa den Vorwurf hervorzurufen, als hätten wir unsererseits zum Abbruch beigetragen. Die Stockholmer Konferenz war ein Unding, weil sie nur von der einen, der Seite der Sozialdemokraten der Mittelmächte, besucht war.

Die Atmosphäre, die wir zu Haus, in Berlin, vorfanden, wirkte auf uns, die wir nun die Weltmeinung wirklich an der Quelle kennen gelernt hatten, einfach niederschmetternd. In die Presse und in die bürgerliche Öffentlichkeit drang nichts von der Erkenntnis unserer verzweifelten Lage, und selbst bei den bürgerlichen Parteien war keinerlei Verständnis für das Herannahen einer Katastrophe. Übrigens gab es selbst Abgeordnete der Sozialdemokratischen Partei, die sich über die Situation keinerlei Rechenschaft geben konnten, sondern noch gutgläubig in den von der O. H. L. und ihrem Kriegspresseamt erzeugten Stimmungstaumel mitschwammen. Meine Erinnerungen aus dem Verfassungsausschuß, die ich diesem Kapitel einfügen will, werden zur Genüge zeigen, daß höchste Regierungsstellen und erfahrenste Parlamentarier weder an den äußeren noch an den inneren Zusammenbruch zu glauben sich gewöhnen konnten, sondern blind und hartnäckig um Lappalien handelten, die am Ende der großen Weltkriegstragödie mit einem Schlag vergessen worden sind.

Ein bezeichnendes Beispiel, in welcher Märchenwelt fast der gesamte Reichstag lebte, ergab sich schon aus der Reichstagsdebatte am 15. Mai 1917, die sich an die konservative Interpellation knüpfte und sich um die eingangs des Kapitels von der Stockholmer Konferenz wiedergegebene Entschließung der sozialdemokratischen Parteileitung drehte. Damals hatte ich mit dem Hinweis auf Stockholm und unter Berücksichtigung der russischen revolutionären Vorgänge in meiner Rede u. a. gesagt:

„Würden heute die englische und französische Regierung so, wie es die russische Regierung schon getan hat, auf Annexionen verzichten und würde die deutsche Regierung, statt durch den gleichen Verzicht den Krieg zu beenden, ihn um Eroberungsziele fortsetzen wollen, dann, meine Herren, verlassen Sie sich darauf, dann haben Sie die Revolution im Lande."

Diese Wendung brachte nicht nur den Präsidenten Kaempf in Wallung, regte nicht nur die höchsten Regierungsspitzen auf, sondern trug mir auch die Vorwürfe von verschiedenen Fraktionskollegen ein, die meine Äußerung „politisch nicht klug" in kleinlichem Fraktionsinteresse fanden. Als ob es sich damals noch um klug oder nicht klug gehandelt hätte und nicht vielmehr um klare Einsicht oder pures Nichtsehenwollen.

Die glückliche Formulierung des Stockholmer Memorandums. — Zimmermann über die Dummheit der O.H.L.

Unsere erste Aufgabe in Berlin war, von unsern Stockholmer Erfahrungen der Regierung Mitteilung zu machen. Am 22. Juni bereits waren Ebert und ich auf Einladung Wahnschaffes in der Reichskanzlei. Wir erzählten den Herren, die ihre Chefs auf die Unterredung mit uns vorbereiten wollten, was wir für gut und in unserem Interesse liegend erachteten, und faßten das Ergebnis von Stockholm in die Forderung zusammen: Klare Friedensbekenntnisse, kein Gerede, an dem sich deuteln lasse oder an dem man selber deutele, und außerdem Demokratisierung!

Am 23. ließ Zimmermann uns zu sich bitten. Mein Tagebucheintrag lautet: Er beglückwünscht mich zu der glücklichen Formulierung des Memorandums. „Sie haben die Sache ausgezeichnet gemacht. Das Memorandum ist wirklich eine ganz ausgezeichnete Arbeit." Ich informierte ihn über die Stockholmer Verhandlungen und schilderte ganz besonders die Bemerkungen Thomas' zu Stauning und Bang über l'arbitrage obligatoire après la guerre. Er hörte alles mit größter Aufmerksamkeit an und meinte dann: Das sind verflucht schwierige Sachen. Wir müssen uns gründlich überlegen, was zu tun ist.

Ich verlangte dann, daß er auf den Reichskanzler einwirke, damit dieser seine Friedensziele a b s o l u t k l a r angebe und sich für die Demokratisierung ganz anders einsetze als bisher. Ich sei doch immer mehr zu der Überzeugung gekommen, daß der Reichskanzler dem Hauptquartier gegenüber nicht stark genug sei.

E r: Das ist falsch. Was wir in der Wilhelmstraße tun können, geschieht, und wir haben den Kaiser ganz auf unserer Seite. Bei der Stellung des Reichskanzlers dürfe man nicht die alldeutsche Hetze vergessen: Für Bethmann Hollweg wolle man einen wilden General, an seine (Zimmermanns) Stelle wünsche man Reventlow. — I c h: Nun wenn schon: Bei einem wilden General wäre innerhalb vierzehn Tagen alles erledigt nach russischem Vorbild. Wir sitzen ohnedies auf einem Pulverfaß. Ein Funke genügt, um alle Betriebe zum Stillstand zu bringen. Die Not ist größer denn je, einen vierten Winterfeldzug will niemand, an einen guten Ausgang des Krieges glaubt auch niemand mehr. Schluß! — das ist die Losung. Das sollen und müssen Sie und der Reichskanzler beachten, und das würden ev. Ihre Nachfolger s e h r schnell zu spüren bekommen.

. Er winkte wiederholt mit den Händen, als wollte er sagen: Um Gottes willen, hören Sie auf! Er bat dann, daß ich alles das dem Reichskanzler selbst nachdrücklich sagen möge. Er sprach noch über die Dummheit der Heeresleitung, die die Kriegsstimmung in England durch das unsinnige und militärisch nutzlose Bombenwerfen über London immer von neuem anfache. Einer unserer Agenten, der soeben von England zurückgekommen sei, habe geschildert, wie man in London die Menschenmassen zu

Tausenden an den Opfern der letzten Bombenwerferei vorübergeführt und dadurch den Haß und den Kriegswillen gegen uns maßlos gesteigert habe. Die nächste Folge werde sein, daß wieder Freiburg, Stuttgart oder eine andere deutsche Stadt büßen, Frauen und Kinder opfern müsse!

Zimmermann erzählte mir dann noch, daß ihn am Tage vorher Ledebour besucht habe, dem auch ein Paß verweigert worden sei, weil er — wie Adolf Hoffmann — in einen Prozeß wegen Landesverrat verwickelt worden sei. Er habe aus Ledebour, dessen energische Erklärungen über Elsaß-Lothringen als deutsches Land er kenne, eine Äußerung herauszuholen versucht. Ledebour habe aber ausweichend nur gesagt, daß gewisse Differenzen beständen zwischen ihm und seinen Freunden, daß er aber darüber nicht reden könne —, was ich sehr verständig von ihm finde. — Zimmermann habe ihm (Ledebour) gesagt, er wolle sich dafür einsetzen, daß ihm ein Paß gegeben werde. — Zimmermann bat mich nun um Rat, was er tun solle. Ledebour sei ihm immer noch der sympathischste von den Unabhängigen, er sei doch im Grunde genommen ein „ulkiger Kerl". — Ich: Gleichviel, wie Sie Ledebour einschätzen, ich empfehle Ihnen dringend, ihm einen Paß zu verschaffen, Sie müssen ihm und allen, die nach Stockholm wollen, Pässe geben!

Der Kanzler ist trostlos.

Am 27. Juni schließlich fand die Besprechung mit dem Reichskanzler statt. Herr v. Bethmann Hollweg hatte Dr. David und mich zu sich gebeten. Hier beschränkten wir uns nicht darauf, lediglich die Stockholmer Ereignisse und Ergebnisse zu referieren. Wir waren mit dem Entschluß, der uns nach Stockholm geführt hatte, nämlich nichts anderes als den Friedensschluß zu betreiben, nach Berlin zurückgekommen, und benutzten nun die erste Gelegenheit beim Kanzler, um ihm zusammenfassend ein Bild von der furchtbaren inneren und äußeren Lage zu geben.

Wir stellten ihm, vielleicht noch eindringlicher als schon so oft, die trostlose Lage dar, in der sich unsere Bevölkerung befand. Er gab uns fast in allem recht, gestand auch zu, daß unsere Stellungnahme eine durchaus konsequente und von unserem Standpunkt aus gesehen wahrscheinlich die einzig richtige sei. „Aber," so fügte er hinzu, „wenn Sie mir wenigstens e i n e n Sozialdemokraten aus Frankreich nennen könnten, der so Stellung nimmt wie Sie; wenn Sie mir nur e i n e n nennen könnten, dann würde meine Stellung nach jeder Richtung hin eine viel bessere sein." Aus den Bemerkungen des Reichskanzlers ging für uns hervor, daß auch er die Lage als geradezu trostlos ansah. In sehr gedrückter Stimmung bat er uns, was wir heute vorgetragen hätten, in einer Denkschrift niederzuschreiben, die er mit ins Hauptquartier nehmen wolle. Es werde einen stärkeren Eindruck machen, wenn er im Hauptquartier unsere Klagen und Vorschläge schwarz auf weiß vorlegen könne, als wenn er lediglich referiere. „Sie sind ja beide schreibgewandte Herren, machen Sie die Denkschrift umgehend, denn ich reise in den nächsten Tagen." Ich fragte ihn, ob er uns bis zum Sonnabend Zeit lassen wolle, darauf antwortete er: Nein, das geht nicht, liefern Sie mir die Denkschrift sofort, Sie werden es gewiß bis zum Donnerstagabend schaffen. Bis 6 Uhr, denn um 7 Uhr reise ich ins Hauptquartier. Wir antworteten ihm, daß wir unser möglichstes tun wollten, und glaubten versprechen zu können, die Denkschrift zum gestellten Termin zu liefern. Wir haben Wort gehalten. Ich gebe den Wortlaut der von uns ausgearbeiteten Denkschrift, die von dem Vorstand der Sozialdemokratischen Partei und auch von der Reichstagsfraktion gezeichnet und damit auch gedeckt wurde, hier wieder.

An Seine Exzellenz den Herrn Reichskanzler
Dr. v. Bethmann Hollweg
B e r l i n.

Exzellenz!

Die Sorge um das Schicksal unseres Landes zwingt uns, der Reichsleitung folgende Darlegungen zu unterbreiten:

Wir unterzeichneten Vorstände der Sozialdemokratischen Partei Deutschlands und der Sozialdemokratischen Reichstagsfraktion befinden uns fortdauernd in engster Fühlung mit der Bevölkerung in allen Teilen des Reiches, vornehmlich mit den Schichten der unbemittelten Volksklassen. Wir sind durch zahlreiche Vertrauenspersonen der Arbeiterschaft über die Lage des Volkes und über die Stimmungen, von denen es erfüllt ist, auf das genaueste unterrichtet. Unsere eigenen Beobachtungen sowie die uns von allen Seiten zugehenden Berichte nötigen uns die Überzeugung auf, daß die innere Widerstandskraft unseres Volkes sich dem Ende nähert. Angesichts dieser überaus ernsten Lage halten wir es für unsere Pflicht, das auszusprechen, was nach unserer Meinung zu geschehen hat, um Schlimmstes zu verhüten. Wir unsererseits wollen keine Verantwortung mittragen, wenn das versäumt wird, was allein unser Land aus dieser furchtbaren Not retten kann.

Die Ernährungsverhältnisse haben sich dauernd verschlechtert. Die Nahrungsmittel, die der Bevölkerung in den größeren Städten und in den Industriegebieten gegeben werden, sind längst nicht mehr hinreichend, die Menschen zu sättigen und ihre Kräfte zu erhalten. Viele Millionen leiden am quälenden Gefühle des Hungers. Zahlreiche Menschen sind stark abgemagert, die Gesichter sind welk und hohl geworden. Trotz der Bemühungen, die Schwerarbeiter reichlicher zu versorgen, ist deren Leistungskraft durch die dauernde Unterernährung selbst in der Rüstungsindustrie so geschwächt, daß sie vielfach zu versagen droht. Auf die schwerwiegenden Folgen, die diese unzureichende Ernährung insbesondere auf die Frau und die heranwachsende Jugend ausübt, sei nur kurz, aber mit größter Eindringlichkeit hingewiesen. Die Stimmung der Bevölkerung ist durch die anhaltenden Entbehrungen aufs tiefste herabgedrückt. Zu dem Nachlassen der körperlichen und geistigen Spannkraft infolge der schlechten Ernährung treten die sonstigen zehrenden Sorgen des Krieges, die quälende Angst um das Schicksal der draußen kämpfenden Söhne und Brüder, Gatten, Väter und Ernährer, der Verfall des Familienlebens, die Furcht vor einer düsteren Zukunft in bitterster Armut und Not.

Die unzureichenden, meist verzögerten oder völlig verspäteten und dann auch noch in Halbheiten stecken bleibenden Maßnahmen der Behörden haben die Mißstimmung noch genährt. Macht sich doch auch zurzeit wieder ein geradezu verbrecherischer Wucher mit den Gemüse- und Obstpreisen unter den Augen der Behörden geltend. So ist denn nicht zu verwundern, daß Hoffnungslosigkeit und Verzweiflung, aber auch Erbitterung und Groll sich stets weiter ausbreiten und vertiefen. Die Bevölkerung mußte erleben, daß wohlhabende Kreise sich noch immer reichlich ernähren können, ja darüber hinaus reiche Gewinne aus Kriegsgeschäften und aus der Not ihrer Volksgenossen ziehen, während Millionen von Minderbemittelten ihre Existenz zusammenbrechen und sich der Verarmung und wachsenden Not ausgeliefert sehen.

Ein weiteres, die Stimmung verderbendes Moment liegt in dem Ausbleiben einer Neuordnung mehrerer innerpolitischen Verhältnisse auf der Grundlage gleichen Rechtes für alle. Hierdurch sind die breiten Schichten des Volkes, die in der Kriegszeit doch ihre ganze Kraft für das öffentliche Wohl eingesetzt haben, aufs tiefste erregt und mit heftigem Unmut erfüllt worden. Zwar sind Anerkennungen für die tüchtige Leistung des werktätigen Volkes ausgesprochen und bedeutsame Zusagen gemacht worden, aber diesen Anerkennungen und Zusagen sind keine Taten gefolgt. Dagegen hat sich der Widerstand der bisher Bevorrechteten gegen eine freiheitliche Neuordnung immer schroffer geltend gemacht. So ist es erklärlich, daß in den Massen des Volkes das Mißtrauen nicht schwand, sondern der Gedanke mehr und mehr überhandnahm, daß die fortdauernde Hinausschiebung politischer Reformen schließlich mit einer schweren Enttäuschung endigen werde. Die günstige Wirkung der kaiserlichen Osterbotschaft konnte deshalb auch nicht von Dauer sein. Mißtrauen und Verärgerung fanden immer neue Nahrung, der Groll steigt von Tag zu Tag höher an.

Hinsichtlich der militärischen Verhältnisse wollen wir lediglich unsere Beobachtungen über die seelische Verfassung der Soldaten verzeichnen. Für die höheren Vorgesetzten ist es nicht leicht, zu einer wirklich zutreffenden Beurteilung der Soldaten in jetziger Zeit zu gelangen. Ihre autoritative Stellung erschwert es außerordentlich, daß sich ihnen gegenüber die innerste Meinung und Stimmung offen äußert. Auch bei den Truppen greift die Kriegsmüdigkeit um sich. Das ist erklärlich genug. Die Kette der an uns gelangenden Klagen über schlechte oder ungerechte Behandlung und namentlich auch über anstrengende, den vom Kampf übermüdeten Soldaten als zwecklose Quälerei erscheinende Exerzierübungen in den Ruhestellungen, reißt nicht ab. Auch die bei zahlreichen Truppenteilen einseitig für die Mannschaften verschlechterten Ernährungsverhältnisse tragen dazu bei, Unzufriedenheit und Verdruß zu steigern. Aber schwerer noch fällt das durch lange Dauer des Krieges erzeugte allgemeine Verlangen nach Rückkehr in normale, friedliche Verhältnisse in die Wagschale. Der Mann im Felde sieht seine Zukunft im Ungewissen, seine seitherige Existenz ist im Kriege vielfach zusammengebrochen, immer schmerzlicher zehrt an den Familienvätern die Sehnsucht nach Heim und Herd, nach Frau und Kindern, die sie vielfach bei völlig unzureichenden Lebensverhältnissen wissen. Der Glaube an die Möglichkeit eines entscheidenden Sieges ist mehr und mehr erschüttert. So bemächtigt sich der Soldaten draußen ebenso wie der heimischen Bevölkerung das Gefühl, alle ferneren Opfer sind ja doch vergeblich, die Überlegenheit der Gegner an Zahl und materiellen Machtmitteln ist zu groß, je länger der Krieg dauert, um so schlimmer wird sich die Lage für uns gestalten.

Bei diesem Stand der Dinge droht das Auftreten und die skrupellose Politik der Alldeutschen vollends zur schwersten Gefährdung für unser Land zu werden. Die Agitation dieser Kreise, die mit großen, nicht zuletzt aus Kriegsgewinnen stammenden Mitteln betrieben wird, erzeugt bei der Bevölkerung die Meinung, daß der Krieg um Eroberungen willen fortgesetzt wird, und daß die Schuld an dem Nichtzustandekommen von Friedensverhandlungen auch auf deutscher Seite liegt. Daher haben auch die Erklärungen zur Friedensbereitschaft, die die Reichsleitung abgab, eine beruhigende Wirkung nicht erzielen können. Diese Erklärungen stoßen auf Zweifel und Unglauben, weil die Regierung die Agitation für Landerwerbungen in Ost und West sowie für große Kriegsentschädigungen ohne entschiedene Gegenwirkung gewähren läßt, und weil zahlreiche zivile und militärische Behörden die alldeutsche Propaganda offensichtlich unterstützen und bevorzugen.

Mit dem rücksichtslosen U-Bootkrieg sind von alldeutscher Seite besonders starke Hoffnungen auf rasche Beendigung des Krieges in der Bevölkerung erregt worden. Aber der U-Bootkrieg, so große Einwirkungen er auch auf die wirtschaftlichen Zustände in den gegnerischen Ländern ausübt, erreichte doch nicht das der Bevölkerung verheißene Ziel, England in Bälde auszuhungern, oder es wenigstens friedensbereit zu machen. Dem Erfolg des U-Bootkrieges steht der Nachteil des Anschlusses Amerikas an die feindliche Koalition gegenüber. Auch in bezug auf Amerika wird der schwere Fehler der Unterschätzung der gegnerischen Pläne und Kräfte bereits offensichtlich. Zweifellos ist der Kriegswille unserer Gegner durch das Hinzukommen dieses überaus mächtigen Bundesgenossen außerordentlich gestärkt worden. Die Seesperre wird immer enger, der Druck auf die europäischen Neutralen wird bis zur Unerträglichkeit gesteigert. Unsere Aussichten auf Bezug von Rohstoffen und Lebensmitteln aus neutralen Ländern schwinden damit fast völlig. Das Eintreten Amerikas in den Krieg bedroht uns mit seiner Verlängerung in den vierten Kriegswinter hinein und weit darüber hinaus.

Auch die Erwartungen, daß die russische Revolution uns dem Frieden näher bringen werde, hat sich bis jetzt nicht erfüllt. Wir müssen mit der Möglichkeit rechnen, daß das neue Rußland auch weiterhin der Entente Gefolgschaft leistet. Der Verdacht, daß Deutschland darauf ausgehe, mit Rußland nur deshalb jetzt zum Frieden zu gelangen, um dann desto größere Forderungen nach dem Westen durchsetzen zu können, hat nicht wenig dazu beigetragen, daß auch im russischen Arbeiter- und Soldatenrat starke Kräfte für die Fortsetzung des Krieges arbeiten. Die Beseitigung dieses Verdachtes ist die Vorbedingung zur Förderung der Strömung in Rußland, die eine entschlossene Friedenspolitik will.

So droht uns ein vierter Kriegswinter. Die Schicksalsfrage erhebt sich: Kann das deutsche Volk ihn noch durchhalten? Kämen wir in ihn hinein, so würden die Leiden der Bevölkerung noch ungeheuer gesteigert. Sind jetzt schon Verzweiflungsausbrüche in verschiedenen Teilen des Reiches zu verzeichnen gewesen, wieviel furchtbarer würde es dann sein: Katastrophen wären unausbleiblich. Man zeihe uns nicht der Schwarzmalerei, und man wiege sich nicht in der Hoffnung, es werde noch so weiter gehen, wie es schon so lange gegangen ist. Die Dinge haben ihre Grenzen. Die Sozialdemokratische Partei hat die Jahre hindurch alles aufgeboten, um die Widerstandskraft der Heimatbevölkerung aufrecht zu erhalten und an der Verteidigung des Landes nach bester Kraft mitzuwirken. Aber wir dürfen uns nicht verhehlen, daß die Kräfte unseres Volkes zu Ende gehen. Übermenschliches ist geleistet worden. Schneller als man denkt, kann die Stunde kommen, wo die Kraft und der Wille zum Widerstand versagen. Wenn die Belastung weiter steigt und nichts Durchgreifendes geschieht, dem drohenden Zusammenbruch vorzubeugen, so gehen wir der größten Gefahr entgegen.

Es gibt jetzt nur einen Ausweg, um schlimmstes Unheil zu verhüten. Die Staatsumwälzung in Rußland bietet eine Anknüpfungsmöglichkeit, die nicht verpaßt werden darf. Der Arbeiter- und Soldatenrat hat die Formel aufgestellt: Friede ohne Annexionen und Kriegsentschädigungen! Die Antwort Eurer Exzellenz im Reichstag war ebensowenig genügend, wie die spätere Erklärung in der „Nordd. Allg. Zeitung". Rußland wird in der Hand der Ententemächte bleiben, solange die deutsche Regierung sich nicht entschließt, einen allgemeinen Frieden auf Grund der Petersburger Formel zuzugestehen. Das wird aufs neue bestätigt durch den jüngsten Beschluß des zurzeit in Petersburg tagenden Kongresses der Arbeiter- und Soldatenräte von ganz Rußland, der zwar die möglichst schnelle Beendigung des Krieges als wichtigste Aufgabe proklamiert, zugleich aber auch den Gedanken eines Sonderfriedens oder separaten Waffenstillstandes ablehnt. Gibt die deutsche Regierung eine jeder Deutungskunst entzogene Erklärung ihrer allgemeinen Friedensbereitschaft im Sinne des russischen Arbeiter- und Soldatenrates ab, so würde das eine mächtige Förderung aller der Kräfte in Rußland bedeuten, die auf einen baldigen Frieden hinarbeiten. Ihren Widersachern und den Werkzeugen der Entente würde die wirksamste Waffe damit aus der Hand geschlagen. Die Entwicklung würde entweder zum Bruch zwischen Rußland und seinen Alliierten treiben, oder aber die letzteren würden sich gezwungen sehen, gleichfalls auf den Boden dieser Formel zu treten. Jede Unklarheit, jeder Schein, als wollten wir uns doch noch Türen offen halten für gewaltsame Gebietsaneignungen oder sonstige Vergewaltigungen der Lebensinteressen anderer Völker muß beseitigt werden. Nur durch eine solche Politik erscheint es uns auch möglich, die Koalition der feindlichen Mächte aufzulösen und das höchste Kriegsziel, dauernd friedliche Verhältnisse in Europa und in der Welt, zu erreichen.

Durch das offene Bekenntnis der Reichsleitung zu einem allgemeinen Frieden ohne Annexionen und Kontributionen würde in allen Ententeländern die aus der Tiefe des Volkes kommende Friedensströmung, die schon durch das Friedensangebot der Zentralmächte sichtlich gefördert wurde, sehr gestärkt werden. Auch die Wirkung einer solchen Erklärung auf die nach Frieden verlangenden Massen unseres Volkes würde die denkbar beste sein. Die Überzeugung würde allgemein und fest begründet werden, daß wir nicht um Eroberungen willen, sondern lediglich zur Verteidigung unserer eigenen Lebensrechte den Krieg führen, daß unsererseits einem baldigen Frieden der Verständigung nichts im Wege steht und daß, wenn trotzdem kein solcher Friede zu erlangen ist, die Schuld lediglich auf der Seite der Gegner liegt.

Die zweite, nicht minder bedeutsame Maßnahme zur Festigung der Stimmung unseres Volkes und zur Stärkung seines Willens zum Widerstand gegen die Bedrohung von außen ist die freiheitliche Neuordnung der Dinge im Innern. Das Volk in seinen weitesten Schichten muß die feste Überzeugung gewinnen, daß es wirklich zu seinem Recht im Reich, in den Bundesstaaten und den Gemeinden kommen soll. Die freiheitliche Fortentwicklung der Reichsverfassung in der Richtung auf eine auf die Volksvertretung gestützte und von ihr ausgehende Regierung darf nicht verzögert werden. Die im Wahlgesetz von 1869 vorgesehene Gleichhaltung des Reichstagswahlrechts durch Berücksichtigung der Bevölkerungsvermehrung muß schleunigst nachgeholt werden. Die Durchführung der verheißenen Reform des Wahlrechts in Preußen im Sinne eines gleichen, direkten und geheimen Wahlverfahrens muß unverzüglich erfolgen. Jetzt ist die rechte Stunde. Das ganze Volk würde freudig zustimmen, und die kleine Gruppe derer, die ihre bisherigen Vorrechte verlieren, muß das Opfer ihrer Sonderinteressen bringen für das Vaterland, das in schwerster Lebensgefahr ringt.

Es geht jetzt ums Ganze! Das Deutsche Reich und seine Zukunft stehen auf dem Spiel. Das Festhalten an Kriegszielen, die über das eigene Recht und zugleich über das Erreichbare hinausgehen, verlängert den Krieg und führt uns dem Abgrund zu. Alle Welt soll wissen, daß das deutsche Volk um nichts anderes kämpft als um sein nationales Recht auf Leben und Entwicklung, und daß es zu jeder Stunde bereit ist, einen Frieden zu schließen, der ihm dieses sein Lebensrecht gewährleistet. Alles, was einen solchen Frieden hinauszögert, muß unterbleiben und alles, was uns ihm näherbringt, muß schleunigst geschehen. Im Innern aber gilt es, dem staatlichen Leben die Formen zu geben, die, wie es in der Osterbotschaft heißt,

„für die freie und freudige Mitarbeit aller Glieder unseres Volkes Raum geben". Nur wenn in den Massen des Volkes die Überzeugung fest verankert wird, daß das Vaterland, für das sie kämpfen und leiden, auch im Innern eine Stätte der Freiheit und der staatsbürgerlichen Gerechtigkeit ist, werden sie ihr Äußerstes daran setzen und ihr Letztes hingeben, um es zu verteidigen gegen jeden Versuch der Knechtung von außen.

Mit ausgezeichneter Hochachtung
ganz ergebenst

Die Vorstände der Sozialdemokratischen Partei Deutschlands
und
der Sozialdemokratischen Reichtagsfraktion.

Fr. Ebert.   Ph. Scheidemann.

Molkenbuhr.   M. Pfannkuch.   Otto Wels.   O. Braun.   Ed. David.
Fr. Bartels.   H. Müller.   G. Gradnauer.   H. Krätzig.   R. Fischer.
A. Gerisch.

Verfassungsausschuß und Regierungssabotage.

Mit diesem, wie heute wohl jeder zugeben wird, unbedingt richtigen Bild der Lage im Kopf und beschäftigt, bald in Berlin bei der eigenen Regierung, bald in Stockholm bei den nicht-deutschen Parteifreunden für Deutschland herauszuholen, was aus dem sich ankündigenden Bankrott noch herauszuholen sei, hatte ich, wie schon gesagt, als Vorsitzender des Verfassungsausschusses noch besonders Gelegenheit, die unglaubliche politische Engherzigkeit, Kurzsichtigkeit und egoistische Hartnäckigkeit zu beobachten und am eigenen Leib zu fühlen, in denen sich vor allem die Regierung und die Konservativen verbündet hatten. Dazu kam der Mangel an jeglichem Mut, der auch die weiter links stehenden bürgerlichen Parteien auszeichnete und es selbst meiner unbedingten Entschlossenheit, mit der Demokratisierung vorwärtszukommen, schwer machte, zu positiven Resultaten zu gelangen.

Ich habe bereits in dem Kapitel über die Stockholmer Konferenz das Übermaß von Arbeit geschildert, das uns aufgebürdet war und in dem die endlosen Sitzungen des Verfassungsausschusses nicht die kleinste Rolle spielten.

Die Konservativen, hier unter Kreths Führung, trieben selbstverständlich Obstruktion. Sie wollten nicht die geringsten Konzessionen machen. Am empörendsten war aber doch das Verhalten der Regierungsvertreter, die ein Verschleppungsmanöver nach dem andern machten, und zwar unter Führung des Ministerialdirektors Lewald, der natürlich im Einverständnis und auf Weisung seines Chefs, des Staatssekretärs Helfferich, handelte. Helfferich verschanzte sich hinter den Hauptausschuß, in dem er unabkömmlich sei; er könne nicht in den Verfassungsausschuß kommen. Als ich um die Entsendung Lewalds oder wenigstens einiger Geheimräte ersuchte, damit wir dauernd verhandeln könnten, antwortete er, daß ihm Lewald im Hauptausschuß unentbehrlich sei. Als ich mich trotzdem weigerte, den Verfassungsausschuß feiern zu lassen, antwortete er gereizt: „Gut, dann werde ich Ihnen einige Statisten schicken!" Er schickte dann aber doch Lewald, weil ihm wohl vor unserm entschlossenen Willen graute.

Der Kampf um die Kommandogewalt.

Die Arbeiten des Verfassungsausschusses waren auch dem Reichskanzler äußerst unbequem. Das geht deutlich hervor aus einem Eintrag in mein Tagebuch vom

7. Mai 1917. ... Abends ½7 Uhr sind Ebert und ich beim Reichskanzler. Er ist äußerst interessiert für unsere Stockholmer Pläne. Er bittet sehr darum, ihn genau zu informieren, sowohl über das, was hinter uns liege an Vorarbeit, wie auch über das, was uns noch bevorstehe. Ebert berichtet sehr eingehend und voll schöner Hoffnung. — Bethmann hörte interessiert zu. Dann sagte ich dazwischen: Er könne uns die Arbeit in Stockholm sehr erleichtern und die Aussichten verbessern, wenn er sich vorher bei unserer Interpellation für unsere Formel entscheide: Keine Annexion! Er gab keine klare Antwort, wiederholte nur immer, daß ihm die Interpellationen sehr unbequem seien, daß er heute wohl sagen könne, was er vielleicht morgen, nicht aber, was er evtl. übermorgen sagen würde. Und dergleichen Banalitäten mehr. Er kam wieder auf Stockholm zurück: Wer alles kommen werde? Auch die Franzosen und Engländer? Es zeigte sich immer wieder, eine wie große Bedeutung er der Konferenz beimißt. Er wies auf die Unklarheit der russischen Zustände hin: Heute so, morgen so. Die provisorische Regierung sage dies,

Miljukow jenes, und der Arbeiter- und Soldatenrat sagt wieder etwas anderes. Kerenski scheine ihm eine sehr zweideutige Rolle zu spielen. — Er habe übrigens Meldungen aus Frankreich, nach denen die Regierung wackele. Ich: Stürzen Sie sie doch — erklären Sie sich zu unserer Formel, und das französische Ministerium kann sich nicht halten, weil dann unsere Minderheit um Longuet zur Mehrheit werde und die Opposition obenauf und offen für den Frieden sein werde. — Er: „Meinen Sie?" — Ich halte es für todsicher. — Er wünscht noch eine Rücksprache vor unseren Reden über die Interpellation. Ich sage zu und erkläre ihm gleich: Wenn er etwas sage, was die Rechte befriedige, so würden wir erklären müssen, daß wir drei Jahre lang uns in einer Täuschung befunden hätten und daraus Konsequenzen ziehen müßten. — Er: Die Rechte! Sie glauben nicht, wie unbequem mir gerade jetzt Ihr Verfassungsausschuß ist. — Ich, sehr erstaunt tuend: Nanu, wieso? — Er: Der Eingriff in die Kommandogewalt bei der Ernennung der Offiziere zum Beispiel. — Was glauben Sie, wie das ausgenützt wird? — Ich fuhr ihm sofort in die Parade, setzte ihm den Kasus auseinander und bedauerte, daß er so „ungenügend" informiert sei. Ich sagte ihm dann weiter, daß ich alles, was bisher im Verfassungsausschuß gemacht worden sei, quasi für „Kleinkram" halte, o h n e den der Reichstag Macht entwickeln könne, wenn er nur wolle. — Er: Für die gesamte Presse der Rechten ist der Verfassungsausschuß eine weitere willkommene Hilfe gegen mich. Vergessen Sie nicht, daß diese Presse in sehr einflußreichen Kreisen gelesen wird. Und einig sind sich die D.T.Z., Kreuzzeitung, Tägliche Rundschau und Herr Georg Bernhard in der Vossischen Zeitung im Kampfe gegen mich. Auf die Dauer bleibt ein solcher konsequenter Kampf natürlich nicht ohne Einwirkung. Was lesen denn die höheren Offiziere anders als diese Rechtsblätter. Und das jetzt im Kriege! Nein, dieser Verfassungsausschuß jetzt — das geht wirklich nicht so weiter. — Ich erhob den entschiedensten Widerspruch. Er: Die Geschichte mit den Offiziersernennungen dürfen wir jetzt unter keinen Umständen an das Plenum kommen lassen. Ich: Das werden Sie nicht verhindern können, denn abgesehen von den paar Konservativen steht der Reichstag geschlossen gerade hinter dieser Forderung. — Er: Wir müssen eine Verständigung finden, das darf jetzt nicht ans Plenum kommen. Wenn Sie wüßten, wie dergleichen oben wirkt.

Bethmann war wenigstens immer offen in seiner Gegnerschaft und griff nicht zu dem Kleingeschütz der Sabotage und der offiziösen Unwahrheiten. Ganz anders andere Regierungsstellen!

Der unwahrhaftige Kriegsminister.

Ich will dies nur an einem Beispiel zeigen, das die ganze Borniertheit und Unehrlichkeit des alten Systems kennzeichnet. Am 15. Mai war eine ziemlich stürmische Sitzung im Reichstag gewesen. Dem Kriegsminister v. Stein waren allerlei wenig freundliche Sprüchlein gewidmet worden. Ich schrieb damals in mein Tagebuch:

„Es gab allerlei Intermezzi mit dem Kriegsminister. Alles das ist in den Zeitungen und in den Stenogrammen zu lesen, nur eines nicht, was ich hier für die Zukunft festhalten will. Der Kriegsminister hatte die Dreistigkeit, zu behaupten, daß er n i c h t zu den Sitzungen des Verfassungsausschusses e i n g e l a d e n worden sei. Das war eine Unwahrheit, die ich leider vor der Öffentlichkeit nicht g ä n z l i c h aufdecken konnte. Ich stellte im Ausschuß nur fest, daß der Vertreter des Reichsamts des Innern in der Kommission gesagt hatte: das Kriegsministerium s e i e i n g e l a d e n worden. Ich hätte aber mehr feststellen können. Lewald hatte mir neulich in der betreffenden Kommissionssitzung auf meine Frage, ob wir mit dem Beginn der Sitzung noch etwas warten wollen, da v. Stein vielleicht noch in der Budgetkommission zu tun habe, geantwortet: ‚N e i n , n e i n , d e r k o m m t ´ n i c h t , e r w i l l n i c h t.‘ — Wenn ich das in der Reichstagssitzung gesagt hätte, so wäre eine Szene entstanden, wie sie nicht allzuoft im Reichstag erlebt worden ist, denn einer der beiden Regierungsvertreter m u ß t e ja die Unwahrheit gesagt haben. Ich zweifle nicht daran, daß sie der Kriegsminister gesagt hat."

Aber so sehr mich die Quertreibereien und Ausflüchte der Herren Helfferich, Lewald und v. Stein auch in meinem Bestreben, die Verfassungsreform vorwärts zu treiben, hemmten und ärgerten, so war meine Empörung über das unsinnige Verhalten, durch das die unabhängigen Abgeordneten den konservativen Reaktionären in die Hände arbeiteten, doch entschieden größer. Die Rabulistik besonders des Abgeordneten Stadthagen war derart töricht, daß sie sogar vereinzelt in den Blättern seiner eigenen Partei verurteilt wurde. Gerade im Verfassungsausschuß kam mir so recht klar zum Bewußtsein, wie dumm eine Regierung handelt, wenn sie sich sträubt, Notwendiges rechtzeitig zu tun. Wieviel Erbitterung hätte erspart werden können, wenn die wiederholt versprochene Reform des preußischen Wahlrechts auch tatsächlich durchgeführt worden wäre! Wäre der Zusammenbruch des morschen Systems als Folge des verlorenen Krieges am 9. November 1918 nicht geradezu automatisch erfolgt, so würde die Regierung durch ihr zweideutiges Spiel mit der Wahlreform, in Verbindung mit zahllosen anderen Sünden, besonders den im Verfassungsausschuß begangenen, die Revolution geradezu erzwungen haben.

Die erste parlamentarische Regierung und der Zusammenbruch.

Max, Prinz von Baden, wird Reichskanzler. — Soll die Sozialdemokratie in die Regierung eintreten? — Ich bin dagegen und werde zum Staatssekretär bestimmt! — Exzellenz Scheidemann. — Die Amnestie, Dittmann und Liebknecht. — Der Brief des Prinzen Max an seinen Vetter Hohenlohe. — Ich bin für Rücktritt des Reichskanzlers und werde überstimmt. — Der Notschrei aus dem Hauptquartier. — Wie es an der Front aussah. — Ludendorff will neue Truppen. — Eine Begegnung mit dem Kaiser. — Sturmvögel von der Wasserkante. — Noske in Kiel. — Trostlosigkeit auf der ganzen Linie. — Noskes Bericht. — Der Kampf um die Abdankung des Kaisers. — Zensurgelüste. — Kein Kabinettsmitglied für das Bleiben Wilhelms II. — Mein Brief an den Kanzler. — Die letzten Tage. — Ultimatum der Sozialdemokratischen Partei. — Nicht schießen lassen! — Der Tag des Zusammenbruchs!

Für jeden Einsichtigen war es immer klarer geworden, daß das Reich an einem furchtbaren Abgrunde stand. Auf den Zauderer von Bethmann Hollweg, der gewiß ein ehrlicher Mann, aber leider aus lauter Zweifeln und Rücksichtnahmen zusammengesetzt war, folgte der Zeitgenosse Michaelis, der in friedlicher Zeit eine bald vorübergehende, erheiternde Abwechslung gewesen wäre. Im Jahre 1917 war seine Berufung ein Verbrechen. Michaelis wurde schließlich von dem vollkommen altersschwachen Hertling abgelöst. Ich habe es erlebt, daß der Freiherr von Hertling als Reichskanzler aus einer wichtigen Sitzung, an der Regierungsmitglieder und Parteiführer teilnahmen, bereits kurz nach 9 Uhr abends sich stillschweigend erhob, um sich zu Bett zu begeben. Er hatte keinem Menschen auch nur ein Wort von seiner Absicht gesagt! Er war einfach verschwunden, mitten aus der Verhandlung heraus.

In diesen Monaten grub die Monarchie sich in Deutschland endgültig das Grab. Wenn sie noch nach irgendeiner Richtung hin zu rechtfertigen gewesen wäre, dann hätte damals unter den zahlreichen Vertretern der regierenden Häuser wenigstens Einer auftreten müssen, um zu zeigen, daß nicht alle unfähig seien, über die eigene Nasenspitze hinwegzusehen. Der Eine aber war nicht da.

In jener Zeit kamen allerlei Ratgeber, auch solche aus Beamten-, Offiziers- und wirklich s e h r „hohen" Kreisen zu mir, um mich zu einer „großen Unternehmung" zu veranlassen. Ich dankte, denn — abgesehen von allem anderen — konnte ich nicht verkennen, daß selbst in den Reihen der führenden Genossen der eigenen Partei Anschauungen vertreten wurden, die mir absolut nicht verständlich waren. Ich werde nicht vergessen, wie einer meiner Freunde noch unmittelbar vor dem Zusammenbruch am 9. November ein akademisch gebildetes Parteimitglied auf das heftigste anfuhr, weil dieses die Forderung nach Abdankung des Monarchen als eine Selbstverständlichkeit bezeichnet hatte. Als ich am 9. November 1918 von einem Arbeiter- und Soldatentrupp aus dem Speisesaale des Reichstages herausgeholt und gezwungen wurde, vor den versammelten Massen zu reden und dann, sozusagen aus dem Handgelenk, aber doch ganz selbstverständlich für einen Sozialdemokraten, die Republik ausgerufen hatte, machte mir derselbe Parteifreund die heftigsten Vorwürfe. Ich hätte kein Recht dazu gehabt, denn „über die zukünftige Staatsform wird die Konstituante zu bestimmen haben". Doch ich will den Ereignissen nicht vorauseilen.

Max, Prinz von Baden, wird Reichskanzler.

Prinz Max hatte im Reichstag einige Freunde, die ihn schon seit Jahr und Tag hatten lancieren wollen. Man erzählte Wunderdinge von seiner Klugheit und seinen modernen Anschauungen. Für den zukünftigen Großherzog von Baden war das allerlei. Ein Freund des Prinzen legte mir schon im Jahre 1917 nahe, mit ihm zu sprechen. Als ich dann den badischen Landtagsabgeordneten Wilhelm Kolb gelegentlich nach dem Prinzen fragte, sagte er mir, daß der „Baden-Max" gewiß ein kluger und hochanständiger Mann sei. Seine politischen Kenntnisse seien wohl auch größer als die aller seiner Standesgenossen. Im Grunde genommen bedeute das aber nicht viel. Aus gründlicher Aussprache mit dem Prinzen wisse er, daß er z. B. von der Bedeutung und den Zielen der Sozialdemokratie nur ganz vage Vorstellungen habe.

Ich fand später, daß die Schilderung Kolbs der Wahrheit am

nächsten kam. Prinz Max machte auf mich den besten Eindruck. Wahrscheinlich hatte er noch im letzten Jahre viel hinzugelernt. Als Ebert, v. Payer und ich die erste Besprechung mit dem Prinzen wegen seiner Kanzlerkandidatur hatten, erklärte er uns auf das bestimmteste, daß er das Amt nur dann übernehmen werde, wenn auch Sozialdemokraten in sein Kabinett eintreten würden. Über seine Absichten als Reichskanzler sprach er sehr frei, und zu meiner Freude sehr weit entgegenkommend. Er war für eine entschiedene Demokratisierung und für einen Frieden der Verständigung so schnell als irgend möglich. Alle diese Fragen waren im Interfraktionellen Ausschuß sehr eingehend beraten worden. Den nicht sozialdemokratischen Mitgliedern des genannten Ausschusses erschien es als selbstverständlich, daß Sozialdemokraten in die Regierung eintreten würden.

Soll die Sozialdemokratie in die Regierung eintreten?

In einer Fraktionssitzung, die am 2. Oktober 1918 stattfand, wurde die Frage, ob wir uns an der Regierung beteiligen sollten, sehr eingehend besprochen. Ebert und ich referierten über die Vorgänge im Interfraktionellen Ausschuß. Die Frage wurde zunächst mehr grundsätzlich erörtert. Ich war entschiedener Gegner der Beteiligung und begründete das erstens damit, daß ich keinem Parteigenossen zumuten wolle, gerade jetzt in ein Kabinett einzutreten, an dessen Spitze ein Prinz berufen werden sollte. Dann aber hielt ich es auch für unangebracht, im Augenblick der schlimmsten Zuspitzung unserer Verhältnisse eine Verantwortung zu übernehmen, die zu tragen wir kaum in der Lage seien. Wolfgang Heine wollte den Eintritt von Sozialdemokraten in die Regierung von gewissen Bedingungen abhängig machen. Landsberg stimmte vollkommen mit mir überein und sprach sich gegen die Beteiligung aus. F ü r die Beteiligung waren unter anderem: Grenz, David, Davidsohn, Südekum, Noske und Giebel. Lebhaft unterstützt in meinem ablehnenden Standpunkt wurde ich auch von dem Chefredakteur des „Vorwärts", Stampfer. Zu einer Entscheidung kam es in dieser Fraktionssitzung noch nicht. Wegen aller der in der Sitzung vorgetragenen Bedenken hatten dann Ebert und ich eine erneute Aussprache mit dem Prinzen Max. Dabei sagten wir ihm, ohne der Fraktion vorgreifen zu wollen: Ganz unerläßlich für den Eintritt der Sozialdemokraten in sein Kabinett sei die vollkommen eindeutige Stellungnahme zur Friedensfrage, außerdem aber gleiches, geheimes, direktes und allgemeines Wahlrecht für alle Bundesstaaten, sowie Änderung zahlreicher anderer Bestimmungen der Verfassung. Der Prinz kam uns in jeder Beziehung entgegen. In der Fraktion sowohl, wie auch im Interfraktionellen Ausschuß wurde unterdessen die Frage besprochen, welche Reichsämter von den einzelnen Parteien besetzt werden sollten.

Am 3. Oktober konnten wir dem Fraktionsvorstand folgendes berichten: Das Zentrum verlangte die Errichtung eines Presse- und Propaganda-Amtes, das Erzberger als Staatssekretär übernehmen sollte. Als Unterstaatssekretär sollten die Fortschrittler einen Mann stellen. Das Arbeitsamt sollte Bauer übernehmen. Das Zentrum wollte dafür Giesberts als Unterstaatssekretär stellen. Falls im Reichswirtschaftsamt Freiherr vom Stein bliebe, sollte ihm ein Sozialdemokrat als Unterstaatssekretär beigegeben werden. Das Reichsamt des Innern beanspruchte das Zentrum, das für diesen Posten Trimborn vorgesehen hatte. Wegen der Besetzung des Auswärtigen Amtes sollten noch Verhandlungen gepflogen werden, jedenfalls aber sollte Dr. David als Unterstaatssekretär eintreten. Ferner sollten dem Kabinett ein Sozialdemokrat und ein Zentrumsmann als Staatssekretäre ohne Portefeuille beigegeben werden. Die beiden letzteren sollten mit den in Betracht kommenden Fachministern dann das engere Kriegskabinett bilden. Das Zentrum stellte für diesen Posten den Abgeordneten Gröber zur Verfügung.

Ich bin dagegen und werde zum Staatssekretär bestimmt.

Ich will nicht alle Einzelheiten aus dem Interfraktionellen Ausschuß, der sozialdemokratischen Fraktion und den Sitzungen des Fraktionsvorstandes schildern, weil das zu weit führen würde. Aber folgendes will ich feststellen: Als wir in einer Vorstandssitzung wiederum Rat hielten, ob wir uns nunmehr an der Regierung beteiligen sollten oder nicht, sträubte ich mich gegen die Beteiligung in der entschiedensten Weise, und zwar gerade im

Hinblick auf die üble Lage an der Westfront. „Wie kommen wir dazu, in diesem Augenblick der größten Verzweiflung in ein ‚bankrottes' Unternehmen hineinzugehen?" Während meiner Rede erschien Ebert, der an einer Besprechung teilgenommen hatte, in der Major von dem Bussche aus dem Großen Hauptquartier einen erschütternden Bericht gegeben hatte. Ebert war geradezu gebrochen. Als er meinen ablehnenden Standpunkt abermals hörte, wandte er sich entschieden gegen mich und vertrat den Standpunkt, daß wir nun erst recht in die Regierung gehen müßten. Zwar glaube auch er nicht, daß wir noch irgend etwas würden retten können, aber wir sollten folgende Erwägung anstellen: Falls nun alles zusammenbricht, außen und innen, wird man uns dann später nicht den Vorwurf machen, daß wir in einem Augenblick unsere Mitwirkung versagt hätten, in dem man uns dringend von allen Seiten darum gebeten hatte? Nach langem Hin und Her, das sich dann in einer Fraktionssitzung fortsetzte, wurde mit erheblicher Mehrheit die Anteilnahme an der Regierung beschlossen, und ausgerechnet ich wurde bestimmt, in Gemeinschaft mit Bauer in das Kabinett des Prinzen Max einzutreten.

Wenig erbaut von diesem Beschluß suchte ich meine Wohnung auf. Am nächsten Abend, als ich in einem Berliner Restaurant mein Abendbrot einnahm, wurde mir telephonisch mitgeteilt, daß mich der Vizekanzler v. Payer gleich erwarte. Selbstverständlich folgte ich der Einladung sofort. Zu meiner großen Überraschung war v. Payer aber nicht in seiner Wohnung, sondern im Kreise der alten und neu ernannten Staatssekretäre in einem Parterre-Konferenzsaal versammelt. Die Herren waren alle in schwarzen Gehröcken erschienen, so daß ich mich in meinem grauen Arbeitsanzug wahrscheinlich recht proletarisch ausgenommen habe. Mein Erstaunen wurde aber noch größer, als mich der Vizekanzler mit den Worten begrüßte: „Exzellenz Scheidemann, ich heiße Sie als Staatssekretär in unserem Kreise willkommen, wir sind bereits inmitten einer wichtigen Beratung." Ich verbeugte mich und nahm Platz.

Später bat ich Herrn v. Payer um eine Aussprache und sagte ihm, daß er meines Erachtens mich vorher hätte informieren müssen über das, was mich erwarte. Ich würde in einer solchen Besprechung dringend gebeten haben, unter allen Umständen von dem Exzellenz-Titel Abstand zu nehmen, jedenfalls bitte ich ihn, von diesem Titel mir gegenüber keinen Gebrauch zu machen. v. Payer lehnte lachend meine Bemerkungen ab. „Mit gefangen, mit gehangen!" Ich bin nachher mit der „Exzellenz" spielend und gründlich fertig geworden.

Die Amnestie, Dittmann und Liebknecht.

Die Arbeit im Kabinett des Prinzen Max begann mit einer Frage, die wohl zur allgemeinen Zufriedenheit der Arbeiter gelöst worden ist. Der erste Beschluß betraf die allgemeine Amnestie. Nur über zwei Männer wurde einzeln gesprochen. Der Abgeordnete Dittmann war zu 5 Jahren Festungshaft verurteilt worden, von denen er 9 Monate bereits verbüßt hatte. Die Frage eines militärischen Vertreters, ob man nicht den Abgeordneten Dittmann ausschließen wolle, wurde glatt verneint. Es wurde sogar von einem gut bürgerlichen Staatssekretär betont, daß der Abgeordnete Dittmann ein durchaus harmloser Mitbürger sei. Ernstliche Schwierigkeiten entstanden wegen Liebknecht. Die militärischen Stellen wollten unter gar keinen Umständen in eine Amnestierung Liebknechts einwilligen. Ich setzte den heftigsten Widerspruch entgegen und machte neben allen prinzipiellen Erwägungen darauf aufmerksam, wie absolut falsch, politisch gesehen, ein solches Verfahren sein würde. Die allgemeine Amnestie werde man in allen Kreisen freudig begrüßen. Behalte man aber den einen einzigen Abgeordneten im Zuchthaus, dann sei für Millionen von Arbeitern die Amnestie ein Nichts. Man müsse die Psyche der Arbeiter kennen, um das zu verstehen. Immerhin dauerte es tagelang, bis auch der Kaiser seine Zustimmung zur Entlassung Liebknechts gegeben hatte.

Der Brief des Prinzen Max an seinen Vetter Hohenlohe.

Die Arbeit im Kabinett war wenig erfreulich. Jeder Tag brachte uns neue schwere Schläge. Zu allem Unglück wurde noch von der „Freien Zeitung" in Bern ein Brief veröffentlicht, den der Prinz Max am 12. Januar 1918 an seinen Vetter, den Prinzen von Hohenlohe, geschrieben hatte. Dieser Brief wurde dem Kabinett von der Gesandtschaft in Bern telegraphisch mitgeteilt. Er hatte folgenden Wortlaut:

„Vielen Dank für Deinen letzten Brief, den ich nur telegraphisch beantworten konnte, und für die freundliche Sendung Deines interessanten und sehr schmeichelhaften Artikels. Mir geht es sehr eigen mit meiner Ansprache. Ich meinte Selbstverständliches zu sagen, und niemand zulieb und niemand zuleid. Es sei denn unsern Feinden zuzureden, und nun finden meine Worte Echo im In- und Ausland, das mich verblüfft. Was für ein Bild machen sich die Deutschen, was für eins die Ausländer von Deutschland. Mich erschreckt dies ordentlich. Die Schweizer Blätter konstruieren einen Gegensatz zwischen Hohenzollern und Zähringen, was ein direkter Unsinn ist. Wenn man das Telegramm gelesen hat, das der Kaiser mir sandte (dies unter uns), in dem er meine „Rede" eine „Tat" nennt und mir zu den hohen und schönen Gedanken, die sie enthalte, Glück wünscht. Die Alldeutschen fallen über mich her, obgleich ich ihnen zum deutschen Schwert den deutschen Geist gebe, mit dem sie Welteroberungen machen können, soviel sie wollten, und die Blätter der Linken, voran die mir höchst unsympathische „Frankfurter Zeitung", loben mich durch ein Brett, obgleich ich deutlich genug die **demokratische Parole** und die **Schlagworte** der Parteidialektik, zumal den **Parlamentarismus**, geißle, „the world is out of joint and people minds out of balance". Ein Wort sachlicher Vernunft ernst gemeinten, praktischen Christentums und nicht sentimentalen Menschheitsgewissens können sie in ihrer **suggerierten Verrücktheit** einfach nicht mehr au pied de lettre nehmen, sondern müssen es erst durch den Dreck und Schlamm ihrer entstellenden Torheit hindurchziehen, um es sich ihrer niederen Gesinnung anzupassen. Da bin ich stolz auf meine Badenser. Sie wissen, daß ich kein Parteimann bin, noch sein kann, noch sein will, und deshalb haben sie mich von rechts bis links verstanden und das aus meinen Worten genommen, was ein jeder sich gern beherzigen möchte. Den Feinden einmal ordentlich an den Kragen zu gehen und ihre affektierte Richterhaltung in Dingen der Schuldfrage und der demokratischen Parole zu verhöhnen, war mir schon lang ein Bedürfnis. Das gleiche Bedürfnis empfand ich, dem heidnischen Gebaren die Bergpredigt entgegenzuhalten und mit dieser Lehre der Liebe auch die Pflicht des Starken, die Rechte der Menschheit zu wahren, in ein deutliches Licht zu stellen, da über beide Dinge eine beklagenswerte Unsicherheit und ein trauriger Wirrwarr der Begriffe entstanden ist. Denn einerseits verfälschen unsre Feinde diese heiligsten Gesichtspunkte durch ihre Lügen, Verleumdungen, und andrerseits reagieren wir unter den Peitschenhieben dieser niederträchtigen Machenschaften auf eine zum Teil geradezu sinnlose Weise. Auf diese feindseligen Anzapfungen entspringt mein Eintreten für Christentum und Menschheitsgewissen meinen innersten

Überzeugungen. So kommt doch auch ein praktisches Moment hinzu, da in der Betonung dieser Anschauungen, die nach meiner Ansicht dem deutschen Geist und seinem Wesen tiefer innen liegen als dem der Engländer und Franzosen, ein Angriff auf die feindliche Suggestion von Pazifismus und Humanität zu finden ist, den man, wenn man will, eine moralische Offensive nennen kann. Ich leugne nicht, daß mir dieser Gedanke unsympathisch ist, da ich von je der Anschauung war, daß Christentum und Menschenliebe für sich allein auftreten sollten und der Gewinn, der in ihnen liegt, nicht in ein besonderes Licht gestellt werden dürfte. Aber dieser Gewinn wohnt ihnen nun einmal inne, und **wenn er dem Frieden dient, so dient er einer guten Sache.** Anfang und Ende waren also mit der **Offensive gegen die Lüge und Suggestion** und mit der sogenannten moralischen Offensive gegeben. Wollte ich aber die demokratische Parole der **Westmächte** verhöhnen, so mußte ich mich mit unseren inneren Erscheinungen abfinden. Da ich den westlichen Parlamentarismus für Deutschland und Baden ablehne, so mußte ich dem badischen resp. deutschen Volke sagen, daß ich seine Nöte verstehe, daß aber die **Institutionen** keine Heilmittel seien. So gewinne ich eine Plattform, bei der ich die Wege, die ich gehen will, selbst in der Hand behalte, und die Badener lassen sich gern führen, wenn sie fühlen, daß man für ihre Sorgen und Nöte Verständnis hat. In der Friedensfrage stellte ich mich auf denselben Standpunkt. Ich wollte nur den **Geist** andeuten, in dem wir an diese Frage herantreten sollten im Gegensatz zu den Machthabern des Westens. Das „wie" ist mir hier deshalb von größtem Wert, weil das „was" so schwer zu bestimmen ist, denn **auch ich wünsche natürlich eine möglichste Ausnutzung unserer Erfolge**, und im Gegensatz zu der sogenannten **Friedensresolution, die ein scheußliches Kind der Angst und der Berliner Hundstage war**, wünsche ich möglichst große **Vergütungen in irgend welcher Form**, damit wir nach dem Kriege nicht zu arm werden. Meine Ansicht deckt sich hier wohl nicht ganz mit der Deinen, denn ich bin heute noch nicht dafür, daß mehr über Belgien gesagt werde, als schon gesagt ist. Die Feinde wissen genug, und **Belgien** ist einem so schlauen und weltklugen Gegner gegenüber, wie es England ist, **das einzige Objekt der Kompensationen, das wir besitzen.** Etwas anderes wäre es, **wenn die Vorbedingungen eines dauernden Friedens schon gegeben wären.** Aber gerade hier haben **Lloyd George und Clémenceau die Brücken abgebrochen.** Damit hast Du also die authentische Interpretation meiner Rede, die in hunderttausend Exemplaren als Flugblatt zur Volksaufklärung vom Ministerium verbreitet worden ist, wovon ich Dir sechs Exemplare einlege. Ich danke Dir nochmals für alles Freundliche, das Dein Artikel und Deine Briefe für mich enthalten. Ich habe all dem gegenüber das Gefühl d'avoir fait de la poésie sans le savoir. Eines nur möchte ich noch dazu sagen. **Die Rede ist ein Ganzes, wer den Anfang wegläßt, mißdeutet das Ende und umgekehrt.** Ich habe eine sehr **schlechte Meinung von der moralischen Verfassung der Machthaber unserer Feinde, von der horrenden Urteilslosigkeit ihrer Völker.** Wir haben hier gegen eine Niedertracht der Gesinnung zu kämpfen, wie sie schändlicher wohl nie bestand. Wir dagegen sündigen durch Dummheit, denn **Alldeutsche und Friedensresolutionen sind beides gleich dumme Erscheinungen,** wenigstens in der Form, in der sie auftreten. Auch sonst gibt es Gemeinheit genug, auch bei uns, aber sie ist weniger bewußt, weniger Sünde gegen den heiligen Geist. Wann wir uns wiedersehen, weiß ich nicht zu sagen. Das Bahnfahren ist kein Vergnügen mehr, und bei der Kälte erst recht nicht. Ich hoffe, das Frühjahr bringt uns wieder einmal zusammen. Bis dahin leb wohl und sei herzlich gegrüßt von Deinem treu ergebenen Vetter Max."

Die „Freie Zeitung" hatte dem Brief folgende Einleitung gegeben:

„Zur Beurteilung des wahren Charakters des neuen deutschen Prinz-Reichskanzlers und seiner demokratischen Weltauffassung bringen wir den folgenden Brief des Prinzen Max von Baden zum Abdruck, der in Anbetracht des neuen deutschen Friedensangebotes besonderes Interesse verdient. Das Dokument zeigt, welcher Wert diesem Friedensvorschlage beizumessen ist. Als Motto möchten wir diesem Briefe einen Passus aus der Reichstagsrede Seiner Großherzoglichen Hoheit des Herrn Kanzlers vom 5. Oktober mitgeben, der also lautet: ‚Was mich selbst betrifft, so müssen meine früheren, vor einem anderen Hörerkreise gehaltenen Reden bezeugen, daß sich in der Vorstellung, die ich von einem künftigen Frieden hege, keinerlei Wandlung in mir vollzogen hat, seitdem ich mit der Führung der Reichstagsgeschäfte betraut worden bin.' Hier der Wortlaut des Briefes, dessen politisch wichtigste Stellen wir durch Sperrdruck hervorgehoben haben."

Gleichzeitig mit dem uns bekannt gewordenen Text des Briefes aus der „Freien Zeitung" wurde uns die Mitteilung gemacht, daß die Zensur den Abdruck des Briefes in Deutschland verboten habe. Ich war natürlich auf das peinlichste berührt und fest entschlossen, unter gar keinen Umständen im Kabinett zu verbleiben, wenn der Prinz nicht eine voll befriedigende Aufklärung geben könne. Es konnte kein Mensch verkennen, daß zwischen dem Brief des Prinzen an seinen Vetter Hohenlohe und der Rede, die er im Reichstag am 5. Oktober gehalten hatte, ein geradezu schreiender Widerspruch bestand. In derselben Kabinettssitzung, in der mir Kenntnis von dem Briefe wurde, bat ich den Prinzen um eine Unterredung sofort nach Schluß der Sitzung. Er war dazu bereit und wollte mich zunächst unter vier Augen sprechen, zog dann aber gern, wie er sagte, auch gleich die Staatssekretäre Erzberger und Gröber hinzu, sowie Unterstaatssekretär Wahnschaffe und Direktor Deutelmoser. Ich sagte ihm ohne viel Umschweife, ob er in der Lage sei, über den Brief an seinen Vetter befriedigenden Aufschluß geben zu können, andernfalls werde es mir nicht möglich sein, seinem Kabinett weiter anzugehören. Der Prinz gab die Echtheit des Briefes unumwunden zu, suchte ihn aber als ziemlich harmlos darzustellen. Ich dürfe nicht vergessen, daß es sich um einen Privatbrief an seinen Vetter handle, und da dieser sein Vetter in der Kriegsfrage eine ganz besondere Stelle eingenommen habe, hätte ihn das natürlich reizen müssen, ihm auch in besonderer Weise zu schreiben. Sein Standpunkt sei der, den er in seiner Reichstagsrede vertreten hätte. „Aber", so fügte er hinzu, „ich bin bereit, sofort zurückzutreten, falls das für nötig gehalten wird. Unter gar keinen Umständen will ich im Amt bleiben, wenn auch nur das geringste Bedenken besteht." Die Staatssekretäre Gröber und Erzberger verhielten sich bei dieser Unterredung sehr passiv. Die Herren Wahnschaffe und Deutelmoser suchten den Prinzen nach Möglichkeit zu decken. Als ich dann sagte: „Bedenken Sie selbst, wie die Veröffentlichung in den feindlichen Ländern wirken muß und wie schwer das Vertrauen bereits in diesem Augenblick Ihnen gegenüber erschüttert sein wird. Vergleichen Sie bitte genau den Wortlaut des Briefes mit Ihrer Rede, und Sie werden sich nicht darüber wundern dürfen, wenn das Ausland erneut von deutscher Zweideutigkeit spricht." Darauf sagte der Prinz: „Ich bin gern bereit, sofort die Konsequenzen zu ziehen . . ." Ich fiel ihm aber ins Wort: „Handeln Sie nicht übereilt, sondern überlegen Sie sich die Sache; ob ich im Amt werde bleiben können, muß meine Fraktion entscheiden."

Ich bin für Rücktritt des Kanzlers und werde überstimmt.

Am nächsten Tag fand eine Fraktionssitzung statt und im Anschluß daran eine Beratung des Interfraktionellen Ausschusses. Ich referierte über den Brief und über meine Aussprache mit dem Prinzen sehr eingehend. Im Interfraktionellen Ausschuß bestätigte der Staatssekretär Gröber ausdrücklich die Richtigkeit meines Referats, sprach aber dann sofort zur Verteidigung des Prinzen. „Er hat öffentlich doch nur Gutes und Einwandfreies geredet", was mich zu dem Zwischenrufe veranlaßte: „Das ist ja gerade das Schlimme, daß er öffentlich so gut, im vertrauten Brief aber so böse gesprochen hat". Erzberger bestätigte gleichfalls meine Angaben, fügte aber die Bitte hinzu, daß wir doch unter allen Umständen bleiben möchten. Ebert billigte ausdrücklich meine Stellungnahme. Dove warf die Frage auf, ob denn etwas gebessert werde, wenn sich jetzt schon wieder ein Wechsel im Reichskanzleramt vollziehe; seiner Überzeugung nach werde das Gegenteil der Fall sein. Der Abgeordnete Stresemann hielt es für zweifelhaft, ob der Prinz bleiben könne, jedenfalls sollte er so lange gehalten werden, bis er die Note (Bitte um Waffenstillstand!) unterzeichnet hätte, solange müßten also auch die Sozialdemokraten unter allen Umständen aushalten. Am meisten hat mir der Abgeordnete Haußmann leid getan, den ich als aufrichtigen Freund des Prinzen kennengelernt hatte und der nun über den Brief ganz unglücklich war. Ich gab dem Interfraktionellen Ausschuß Kenntnis von dem folgenden Brief, den ich für alle Fälle geschrieben und auch von Bauer hatte unterzeichnen lassen:

Brief an v. Payer vom 12. Oktober 1918.

Berlin, den 12. Oktober 1918.

An Seine Exzellenz

    den Herrn Vizekanzler von Payer.

Eurer Exzellenz

beehren sich die Unterzeichneten ergebenst mitzuteilen, daß es ihnen nicht möglich ist, dem Kabinett fernerhin anzugehören, wenn an dessen Spitze Se. Großh. Hoheit Prinz Max von Baden verbleibt.

Der Herr Reichskanzler ist durch den Brief, den er am 12. Januar 1918 an seinen Vetter, den Prinzen Hohenlohe, geschrieben hat, und der jetzt die Runde durch die Ententepresse macht, derart kompromittiert, daß wir von seiner Tätigkeit für die Herbeiführung des Friedens und der inneren Entwicklung Ersprießliches für unser Volk nicht erwarten können.

       Eurer Exzellenz
        ergebenste
         gez.: Scheidemann.
         gez.: Bauer.

Ich gab die Erklärung ab, daß ich allerdings nicht eigenmächtig, sondern nur mit Zustimmung meiner Fraktion vorgehen würde. Haußmann bat sehr, noch mit dem Prinzen zu verhandeln, bevor die Fraktion entscheide. David stellte anheim, die Note von Solf oder von v. Payer unterzeichnen zu lassen. Der Prinz aber müsse erklären, daß er bereit sei, zurückzutreten. Dadurch könne ein guter Eindruck hervorgerufen werden, und jedermann müsse das überzeugen, daß das Kabinett und die Reichstagsmehrheit gewillt seien, mit der Demokratie wirklich Ernst zu machen. In ähnlicher Weise wie David sprach sich Fischbeck aus. Ich gab zum Schluß noch einmal meiner Überzeugung Ausdruck, daß es unmöglich sein werde, den Prinzen zu halten; er müsse gehen.

Dann noch tagelang Kampf um den Brief in den Vorständen, in den Fraktionen, im Interfraktionellen Ausschuß, Sitzungen des Briefes wegen mit dem Vizekanzler, mit dem Prinzen Max, der schließlich selbst im Interfraktionellen Ausschuß erscheint, um Aufklärungen zu geben. Besprechungen im Kabinett, dann gemeinsame Sitzung: Interfraktioneller Ausschuß, Kabinettsmitglieder, Prinz Max und der als Sachverständiger zugezogene Graf Rantzau, unser Gesandter in Kopenhagen. Graf Rantzau gab seiner Meinung dahin Ausdruck, daß auf Grund seiner bisherigen Erfahrungen ein Kanzlerwechsel in diesem Augenblick entschieden das Schädlichere sei. Es wurden zahlreiche Pressestimmen vorgetragen, die beweisen sollten, daß der Brief nicht tragisch genommen werde. Unter der Hand wurde sogar kolportiert, Wilson und Lansing hätten die Absicht, den Brief gänzlich zu ignorieren. Dazu kamen die Auseinandersetzungen über die Freigabe des Briefes für die Presse. Ich trat mit aller Entschiedenheit für die Freigabe des Briefes ein, weil die Unterdrückung auch in schroffstem Widerspruch stehe mit den Regierungserklärungen über die Pressefreiheit. Schließ-

wurde beschlossen, den Brief der Presse freizugeben, aber gleichzeitig den Redaktionen Erläuterungen des Briefes durch den Prinzen zur Verfügung zu stellen und die Bitte auszusprechen, die Erläuterungen nicht wörtlich, aber doch taktvoll zu benutzen. Am 15. Oktober beschloß zunächst der Fraktionsvorstand und nachher auch die Fraktion, eine Kanzlerkrise zu vermeiden. Damit fiel dem Prinzen ein Stein vom Herzen. Allerdings traf uns alle dann auf das schwerste die Antwort Wilsons.

Der Notschrei aus dem Hauptquartier.

Durch die Verhandlungen vor dem Untersuchungsausschuß ist bestätigt worden, was früher bereits alle Welt durch die Presse erfahren hatte, daß die Bitte um Waffenstillstand nur die Folge der Hilferufe des Hauptquartiers an den Prinzen Max gewesen ist. Bei den Verhandlungen im Kabinett über die Fragen des Waffenstillstandes sowohl, wie über die Antwortnote an Wilson hat sich der Prinz Max von Baden in überaus männlicher und ehrlicher Weise benommen. Es wird mir immer in Erinnerung bleiben, wie er in einer Sitzung am 21. Oktober mit Nachdruck erklärte: „Ich habe die Note abgeschickt, weil ich dazu von der Obersten Heeresleitung geradezu gezwungen worden bin. Ich war gegen diesen überstürzten Hilferuf, habe dann aber jede Verantwortung dafür übernommen. Ich bin zu stolz gewesen, mich hinter andere zu verkriechen." Nach seinen Wünschen war die Bitte um Waffenstillstand und um Frieden in jener Situation nicht; wäre es nach ihm gegangen und hätte man ihm Zeit gelassen, dann würde er anders verfahren sein.

Als im Kabinett die Frage erörtert wurde, ob man außer Ludendorff, der einig gehe mit Hindenburg, auch noch andere Heerführer über die Situation hören sollte, wurde erklärt, daß Hindenburg und Ludendorff sofort zurücktreten würden, falls man andere frage. Daran hat sich das Kabinett indessen nicht gekehrt, sondern auch die Generale Mudra und Gallwitz um Auskunft ersucht. Es stellte sich bei der Besprechung mit diesen Herren heraus, daß sie doch in der Hauptsache nur die von ihnen kommandierten Abschnitte, dagegen nicht die gesamte Situation genau kannten. Beide waren sehr erschüttert über die Mitteilungen, die ihnen über die Gesamtlage gemacht wurden. Alles das, was sie anführten, um die Tapferkeit ihrer Soldaten zu preisen, war uns im Kabinett nichts Neues, konnte aber nach keiner Hinsicht das traurige Gesamtbild wesentlich ändern.

Wie es an der Front aussah!

Ich las den Herren einen mir aus der Front zugegangenen Divisionsbefehl vor, den ich im Auszug hier wiedergeben will; darin hieß es:

41. Inf.Div. Div.St.Qu., den 14. August 1918.

Divisions-Befehl.

Das Unglück am 8. August ist entstanden durch den dicken Nebel, unter dessen Schutz die massenhaften Tanks in unsere Linien und unseren Rücken kommen konnten. Sobald es hell wurde, wurden die Tanks zerschossen, und der Engländer konnte bei uns wie an der ganzen deutschen Front am 8. und an den **folgenden Tagen keine nennenswerten Fortschritte mehr machen.** In jener verhängnisvollen Lage sind von Angehörigen aller Regimenter usw. unvergeßliche Heldentaten vollbracht worden. Die Männer, die dazu beitrugen, daß der Feind zum Stehen kam und nicht durchbrach, können bis an ihr Lebensende stolz auf ihre Leistung sein. Ich will allen Leuten, die am 8. August bei ihrem Führer in vorderster Linie standgehalten haben, **oder dorthin freiwillig** zurückgekehrt sind, das Eiserne Kreuz verleihen.

Leider haben aber auch viele Soldaten der Division ihre Pflicht nicht erfüllt. Alle diejenigen, die nicht Front gemacht haben, als der Feind sie nicht mehr drängte, die, anstatt die vorderste Linie aufzusuchen und zu halten, die Front für den Feind freimachten und die Bagagen oder Peronne oder sonst einen sicheren Ort aufsuchten, haben ihre im Fahneneid beschworene Pflicht schwer verletzt. Sie haben vor ihren Vorgesetzten und Kameraden und vor ihrem Gewissen eine schwere Schuld wieder gutzumachen.

Aber ganz ehrlos und vaterlandsverräterisch haben die gehandelt, die ihre **Waffen fortwarfen,** um schneller **fortzukommen** und um nicht wieder in den **Kampf geführt werden zu können.** Alle diese Leute haben nach Prgrph. 85 des Mil.Str.G.B. Zuchthaus, in leichteren Fällen Gefängnisstrafe nicht unter einem Jahre verwirkt.

Ich befehle, daß diese Leute, soweit sie ihr Verhalten nicht rechtfertigen können, ermittelt und auf einer schwarzen Liste des Regiments (bzw. Pion.Batls.) festgelegt werden. Ich will ihnen noch bis zum 8. August 1919 — wenn der Krieg nicht eher beendet ist — Gelegenheit geben, ihre Schandtat durch ehrenhaftes Verhalten gut zu machen. Aber jeder Mann der schwarzen Liste, der sich bis dahin etwas zuschulden kommen läßt, das gegen die militärische Pflicht und Ehre verstößt (z. Bsp. Ungehorsam, unerlaubte Entfernung usw.), wird sofort nach Prgrph. 85

wegen des Feigheitsverbrechens am 8. August 1918 kriegsgerichtlich abgeurteilt. Besonders schwere Fälle sind sofort zur Aburteilung zu bringen. Im besonderen sind Leute, die andere aufgefordert haben, die Waffen fortzuwerfen oder auszureißen, oder die vor dem Feinde den Gehorsam ausdrücklich verweigert haben, sofort zur Aburteilung zu bringen. Ich beabsichtige, die Todesurteile rücksichtslos zu bestätigen.

Durch Beweise hervorragenden Mutes kann sich aber jeder nach Prgrph. 88 des Mil.Str.G.B. sofort alle Straflosigkeit erwerben, so daß er sofort von der schwarzen Liste gestrichen wird . . .

gez. (Name).
Generalmajor und Divisionskommandeur.

Mudra und Gallwitz bekannten beide stolz, daß sie von derartigen Dingen in ihrem Befehlsbereich nichts zu spüren bekommen hätten.

Ludendorff verlangt neue Truppen.

Absolut unverständlich war uns allen das Verhalten Ludendorffs. Erst der dringlichste Ruf nach schnellstem Waffenstillstand und nachher der Versuch, die Geschichte halb so schlimm darzustellen und uns die Möglichkeit vorzutragen, daß man noch weiterkämpfen könne. So verlangte er in einer Sitzung von uns Menschen, Menschen, Menschen, und auf die Frage von mir, wo wir die Menschen hernehmen sollten, um sie in einen absolut aussichtslos gewordenen Kampf zu schicken, meinte er wörtlich: „Herr Ebert wird's schaffen können." Der Kriegsminister Scheuch brachte dann am nächsten Morgen eine Aufstellung mit, nach der er tatsächlich wiederum 600 000 Mann der Front zuführen wollte. Diese 600 000 Mann wollte er folgenderweise aufbringen:

Genesende (davon aus der Heimat 40 000, von der Front 15 000 Mann)	55 000 Mann
Rest des Jahrgangs 1900 (ausgebildete Mannschaften 54 000, noch nicht ausgebildete Mannschaften 196 000 Mann)	250 000 „
In Rußland gefangen gewesen	5 000 „
Aus den Ersatzformationen der Heimat .	75 000 „
Zusammen:	385 000 Mann

	Übertrag:	385 000 Mann
Aus der Etappe		20 000 „
Aus der Industrie		73 000 „
Nachgemusterte		5 000 „
Insgesamt also in Preußen:		483 000 Mann

Erfahrungsgemäß könne er dazu 100 000 Mann rechnen aus Bayern, Sachsen und Württemberg. Ludendorff war froh, als er diese Ziffern hörte, er hätte zweifellos noch weitere Hunderttausende in den aussichtslosen Kampf getrieben.

Selbstverständlich wandte ich mich auf das allerentschiedenste gegen die Pläne Ludendorffs. Von außen gekommene Anregungen, das Volk aufzurufen (Levée en masse), fanden im Kabinett auch nicht die geringste Gegenliebe, jeder sah die Unsinnigkeit solcher Vorschläge ein.

Einen breiten Raum nahm in den Verhandlungen auch die U-Bootsfrage ein. Es war als eine Selbstverständlichkeit bezeichnet worden, daß keinerlei Aussichten auf Waffenstillstand und Frieden gegeben seien, solange der U-Bootskrieg in der rücksichtslosen Weise weitergeführt werden würde. Die Frage, ob man nicht vom rücksichtslosen U-Bootskrieg zum U-Bootskreuzerkrieg zurückkehren könnte, wurde von den Marinevertretern glatt verneint. Glücklicherweise scheiterten aber alle Versuche, von außen auf das Kabinett im Sinne einer Fortführung des rücksichtslosen U-Bootskrieges Einfluß zu gewinnen.

Erfreulich waren in diesen Auseinandersetzungen stets die klaren Darstellungen des Grafen Rödern, der sich dort als ein klug wägender und entschlossen handelnder Mann erwies. „Wir müssen rein sachlich entscheiden," sagte er einmal, als auf die U-Bootsfanatiker verwiesen wurde, „wie oft ist durch Demagogen ‚Stimmung' zum Schaden des Reiches gemacht worden." Über die Frage, ob der U-Bootskrieg aufgegeben werden sollte, wurden übrigens auch deutsche Diplomaten gehört. Graf Brockdorff-Rantzau aus Kopenhagen, Rosen aus dem Haag und Graf Wolff-Metternich aus Wien; alle drei stimmten darin überein, obwohl sie einander in letzter Zeit nicht gesehen hatten, daß keinerlei Aussicht auf Friedensverhandlungen bestände, falls man den U-

Bootskrieg fortsetze. Die Bettelnoten, zu denen das Kabinett infolge des Zusammenbruchs gezwungen war, waren für jedes Mitglied eine Qual. Ich brauche über diese Dinge gar nicht zu handeln, jeder Deutsche empfindet den Ausgang des Krieges wie eine Schmach, die auf jedem einzelnen lastet. Aber als alles sicher verloren war, war Ludendorff wiederum bereit, weitere Hunderttausende deutscher Männer den Mordmaschinen der frischen Truppen der Entente, besonders solchen aus Amerika, entgegenzuschicken.

Eine Begegnung mit dem Kaiser.

Am 20. Oktober erhielt ich eine Einladung zum Empfang beim Kaiser, der sich die neuen Staatssekretäre vorstellen lassen wollte, für Montag, den 21., nachmittags 3 Uhr, im Schloß Bellevue. Ich zitiere aus meinem Tagebuch:

Unter Führung des Reichskanzlers Prinz Max sind alle neuen Reichsbeamten anwesend; von den Sozialdemokraten: Bauer, Dr. David, Dr. August Müller, Scheidemann, Robert Schmidt. Wir waren kaum versammelt, als der Kaiser, mit einem Pappblatt in der rechten Hand, erschien. Er stellte sich einige Schritte vor uns hin, stützte das linke Ärmchen, mit dem er auch den Helm hielt, auf den Säbelknauf, verneigte sich und sagte dann: „Meine Herren, ich habe mir erlaubt, einige Zeilen zu Papier zu bringen", dabei hob er den Pappdeckel mit der Rechten in die Höhe, und wir konnten nun sehen, daß auf beiden Seiten mit der Schreibmaschine vollgeschriebene Blätter aufgeklebt waren. Er lächelte etwas gezwungen und hantierte dabei mit dem Pappdeckel so, als wenn er hätte sagen wollen: „Ihr wißt doch, wie solche Sache gemacht wird." Dann las er mit lauter Stimme den Text vor, der einen ausgezeichneten Eindruck gemacht haben würde, wenn er mehrere Jahre vorher vorgelesen worden wäre. Es hieß darin, daß nirgends in der Welt freiheitlichere Einrichtungen bestehen sollten, als bei uns. Am Schlusse war leider die Rede vom „letzten Hauch und letzten Hieb". Das schien mir in dieser Situation wirklich als Geschmacklosigkeit. Der Kaiser gab dann seinen Pappdeckel dem neben ihm stehenden Clemens Delbrück, der übrigens krank, sozusagen wie ein Gespenst aussah. Der Reichskanzler stellte dem Kaiser jeden einzelnen der Erschienenen vor. Es erwies sich dabei, daß er ausgezeichnet präpariert worden war. Mit Bauer sprach er von Breslau, mit Dr. David, der den größten Teil seines Lebens in Hessen gelebt hat, über Hessen, Robert Schmidt redete er als seinen Berliner Landsmann an und zu mir sagte er: „Wir haben ja zusammen in Kassel die Schule besucht." Ich berichtigte das, soweit seine näheren Angaben falsch waren. Als der Kaiser sich empfohlen hatte, standen wir noch ein paar Minuten mit Delbrück zusammen und überlegten die Frage, ob es empfehlenswert sei, die verlesene Ansprache zu veröffentlichen. Gröber war dafür, ich war dagegen, weil ich der festen Überzeugung war, daß die Ansprache in diesem Augenblick lächerlich wirken müsse. Andere machten ihre Bedenken geltend wegen der schon von mir erwähnten Schlußwendung. Wir einigten uns also dahin, die Rede vorläufig nicht zu veröffentlichen.

* * *

Ich muß hier dem Ablauf der Ereignisse noch einmal zurück- und vorgreifen. Am 30. September 1918 war der Zusammenbruch Bulgariens unter dem Titel eines Waffenstillstandes erfolgt. Am 2. Oktober erklärt Ludendorff dem Befehlsempfänger des Auswärtigen Amts im Großen Hauptquartier, Herrn von Lersner, unser Waffenstillstandsangebot müsse sofort von Bern nach Washington weitergehen. 48 Stunden könne die Armee nicht noch warten. Am 9. Oktober war es in Gegenwart Ludendorffs der Oberst Heye von der O.H.L., der erklärte, „Schritt zum Frieden, noch mehr zum Waffenstillstand ist unbedingt notwendig. Truppe hat keine Ruhe mehr". Am 17. Oktober war es Ludendorff selbst, der bestätigte, daß die Truppe keine Stoßkraft mehr hätte, der aber trotz allem Vorangegangenen aufs neue um Reserven bittet. Als General Scheuch ein letztes Aufgebot von 600 000 Mann, aus allen Ecken zusammengekratzt, als vielleicht möglich in Aussicht stellt — wie sich dieser letzte Blutstropfen Deutschlands qualitätsmäßig zusammensetzen sollte, habe ich bereits berichtet —, sieht Ludendorff bereits wieder vertrauensvoll in die Zukunft, ja, er behauptet, nun wieder hoffnungsfreudig sein zu können. Und Grund und Mittel für diesen sanguinischen Stimmungsumschwung? Er glaubt in diesem Augenblick, wo alles schon halb über dem Abgrund hängt, mit Stimmungsmache etwas erreichen zu können. „Diese (schlechte) Stimmung ist aus der Heimat ins Heer gekommen, und ich bin mir wohlbewußt, daß jetzt umgekehrt die Stimmung, die die Urlauber nach der Heimat bringen, recht schlecht ist." Aus dieser Theorie der gegenseitigen Erdolchung heraus hat er mich gefragt, ob sich dennoch die Stimmung der Massen heben lasse, und er hat von den Möglichkeiten, aus denen sich auch nur die leiseste erfolgreiche Abwehrhandlung errechnen läßt, so wenig Ahnung, daß er behauptet, wir seien fein heraus, wenn die Armee über die nächsten vier Wochen stimmungsmäßig hinwegkommt.

Solcher Blindheit gegenüber, die mit keinen Tatsachen rechnet und sich auf keine Kenntnisse stützen kann, gibt es kein Mittel, es sei denn, daß die Ereignisse selbst die Richtigstellung übernahmen. Das taten sie in der unzweideutigsten Weise, knapp 14 Tage, nachdem ich das Wort „hoffnungsfroh" zum letztenmal aus Ludendorffs Mund gehört hatte.

Sturmvögel von der Wasserkante.

Im Kabinett saß zu meiner Linken zumeist der Staatssekretär des Reichsmarineamts v. Mann. Am 4. November kam er, als die Sitzung bereits begonnen hatte, in das Zimmer, setzte sich neben mich und übergab mir einige Depeschen aus Kiel... Ein Zweifel war nicht mehr möglich — das war die offene organisierte Rebellion, das war mehr, das war der Funke, der ins Pulverfaß fliegen mußte. In Kiel ging alles drunter und drüber, aber — und das war der letzte Hoffnungsschimmer, man rief aus dem Kreise der Matrosen heraus nach einem Abgeordneten der Mehrheit. Ein Abgeordneter der Reichstagsmehrheit sollte sofort nach Kiel kommen, aber man dürfe nur einen energischen Mann schicken.

Noch bevor dem Kabinett Mitteilungen von den Vorgängen gemacht worden waren, hatte ich schon telephonische Verbindung mit Noske, der sich im Reichstag aufhielt. Noske war sofort bereit, zu reisen. Das Kabinett stimmte meinem Vorschlage zu, beschloß aber, den Staatssekretär Haußmann mit Noske nach Kiel zu schicken. Was dann folgte, darf als bekannt vorausgesetzt werden. Nachrichten, ähnlich denen aus Kiel, jagten nun einander: aus Lübeck, Schwerin, Flensburg, Cuxhaven, Brunsbüttel, Hamburg —. Die Forderungen der Matrosen, die Noske dann telephonierte und telegraphierte, begannen mit dieser: erstens sofortiger Rücktritt des Kaisers! Aus allen anderen der genannten Orte liefen die gleichen Forderungen ein: Fort mit dem Kaiser, Amnestie, Waffenstillstand, Frieden, Wahlrecht!

Ich stelle die Notizen hier zusammen, die sich auf diese ersten, nicht mehr zu verkennenden Wetterzeichen, insbesondere auf Kiel, beziehen. Bekanntes vermeide ich nach Möglichkeit und versuche, die Stellungnahme des Kabinetts darzustellen gegenüber den sich überstürzenden Ereignissen der letzten Woche vor der endgültigen Katastrophe. Denn nun geht es unverkennbar mit Windeseile dem Abgrunde zu.

Unterm 5. N o v e m b e r notiere ich:

Generalquartiermeister Groener ist auf Einladung erschienen. Er berichtet summarisch: Der politischen Einkreisung ist die militärische gefolgt. Unsere Schwäche ist die Ausdehnung der Räume. Das Diktaturdreigestirn und die einheitliche Führung auf Seite der Entente hat unsere Niederlage zu einer vollkommenen gemacht. (Auf eine Zwischenfrage:) Wie wir die Truppen aus Kleinasien zurückbekommen sollen, ist zur Stunde nicht zu übersehen. Viele werden sich durchschlagen müssen. Die Truppen aus dem Osten sind für den Westen nicht ohne weiteres zu gebrauchen. Bayerische Truppen sind in den taktisch günstigen Stellungen geschützt, das Alpenkorps muß aus Ungarn sofort heraus. Vielleicht muß der Brenner gesprengt werden. Besetzung Deutsch-Böhmens — Bahnknotenpunkte, z. B. Aussig —, zum Schutz der deutschen Grenzen. Vom westlichen Kriegsschauplatz könne er nach Rücksprache mit den Heerführern über die Bataillonsstärke sagen: Franzosen 600 Mann, Engländer 700, die Amerikaner 1200 Mann, die Deutschen 500 Mann (?). Unsere Truppen kommen längst nicht mehr zur Ruhe, also schnellste Kürzung der Front. Wir müssen weiter zurück, um einen Durchbruch zu verhüten.

Einige Divisionen schlagen sich glänzend, andere versagen. Immer wieder wird gemeldet, daß die neuen Truppen die Stimmung verschlechtern. Obwohl auch die Angriffe der Franzosen schwächer werden, halten unsere Truppen nicht mehr Stand. Der Kern des Heeres sei noch gut, aber — — —. Die Forderung nach Abdankung des Kaisers wirkt auf die Offiziere verheerend. Der Widerstand kann nur noch von kurzer Dauer sein ...

Scheidemann: Trotz dieser Schilderungen wird hier noch immer von weiteren Truppennachschiebungen gesprochen, die doch, falls man die Stimmung der Truppen überhaupt noch verschlechtern könnte, nach dem Bericht Groeners die Stimmung an der Front immer weiter verschlechtern müßten!

v. Payer: Groener wolle offenbar auch nur weiterkämpfen, um Zeit zu Verhandlungen für die Regierung zu gewinnen. Wird die Entente auf unsere Waffenstillstandsforderung überhaupt eingehen? Und wenn ja, was wird sie für Bedingungen stellen? Wenn die Bedingungen unerträglich sind, was dann? Hat es wirklich noch einen Sinn, weiterzukämpfen?

Groener: Wir brauchen Zeit. Augenblicklich ist eine große Rückzugsoperation eingeleitet. Entscheidend für uns ist, an welcher Stelle der nächste Angriff erfolgt.

Staatssekretär Haußmann ist inzwischen aus Kiel eingetroffen und berichtet: Die Matrosen haben Ausschüsse gebildet, sie fordern Abschaffung der Monarchie, Wahlrecht vom 21. Jahre an, Freilassung der politischen Gefangenen usw. — Bei dem knappen Bericht Haußmanns hat jeder das Gefühl, daß es zu Ende geht. Die Aussprache über Haußmanns Bericht wird zurückgestellt, weil zunächst mit General Groener weitergesprochen werden soll.

Prinz Max: Nach dem Bericht Haußmanns haben wir ja nun auch vollkommene Klarheit über die Stimmung in der Flotte. Was soll im Osten, was soll zum Schutze der bayerischen Grenze geschehen?

Groener schildert im einzelnen alle zunächst notwendigen Maßnahmen. An der böhmischen Grenze können wir uns in Kämpfe mit den tschechisch-slowakischen Truppen nicht einlassen, denn sie sind gut und stark, wir aber zu schwach! — — Trostlosigkeit auf der ganzen Linie. An der Front und auch daheim.

Am Abend hatte ich noch eine Unterredung mit dem Prinzen Max unter vier Augen. Ich machte ihn nachdrücklich aufmerksam auf die von den Matrosen überall gestellten Forderungen. Er: „Die Kaiserfrage wird erst nach dem Waffenstillstand gelöst werden. Nach dem Waffenstillstand müsse und werde eine Klärung eintreten." Ich: „Ich bin fest überzeugt, daß es dann zu spät ist."

Noske in Kiel.

6. November 1918. Im Laufe der Nacht ist der erste Bericht Noskes eingelaufen. Noske hat das Stadtkommando übernommen. Er forderte auf, die Waffen abzuliefern. Er fragt an, wie weit das Kabinett den von ihm übermittelten Forderungen der Matrosen entgegenkommen will. Er bittet, nicht etwa die Stadt anzugreifen. v. Payer schlägt für die Antwort vor: Die Stadt soll nicht angegriffen werden, dagegen müsse die Forderung erhoben werden, daß die Bewegung von Kiel aus nicht ins Land getragen werde. Aus diesem Grunde sollten auch die Eisenbahnen gestoppt werden. v. P. fügt seinen Ausführungen noch die Mitteilung an, daß es Noske gelungen sei, für den 6. November die Milchversorgung für Kiel sicherzustellen.

Während dieser Besprechung hatte Noske ein telephonisches Gespräch mit dem Staatssekretär v. Mann, über das letzterer dann dem Kabinett berichtete: Noske sei tatsächlich Kommandant. In seinen Ausführungen habe er großes Gewicht auf die Zusage der Amnestie gelegt. Heute früh herrsche augenscheinlich Ruhe. Jede Stunde könne indessen Zwischenfälle bringen. Rücktritt oder Absetzung des Kaisers sei unbedingt notwendig. Noske glaube an die Wiederherstellung der alten Ordnung, wenn die erforderlichen Konzessionen gemacht würden. — v. Mann fügte diesem Bericht weiter hinzu: Heute nacht sind angeblich 500 Matrosen in Berlin angekommen. — Kriegsminister Scheuch: Diese Nachricht ist sicherlich falsch. Richtig ist, daß 40 Matrosen in Wittenberge angekommen, aber sofort von einer

Kompagnie des 4. Garde-Regiments festgenommen worden sind. Es sei noch unaufgeklärt, ob es sich um Urlauber oder Meuterer handle.

In Lübeck sei der Bahnhof von Meuterern besetzt. Nach Lübeck geschickte Truppen hätten südlich von der Stadt Stellung genommen, sie seien aber noch zu schwach. Ähnlich wie in Kiel und Lübeck hätten sich die Zustände in Schwerin und Cuxhaven und anderen Orten, die er anführte, entwickelt. Von Kiel aus sei der Befehl ergangen, Blutvergießen unter allen Umständen zu verhüten. Scheuch hält das für falsch. In Kiel habe der Soldatenrat beschlossen, daß die Infanterie abziehen könne, wenn sie bereit sei, die Waffen abzugeben.

v. Mann berichtet, von Wilhelmshaven werde gemeldet, daß es unbekannt sei, wo das 3. Geschwader geblieben. In Cuxhaven hätten die U-Boote das Auslaufen verweigert, die dortigen Soldaten hätten sich den Mannschaften angeschlossen. Es wird die Frage erörtert, ob nicht für Souchon Schröder zum Gouverneur von Kiel ernannt werden solle.

Graf Rödern: Die Lage hat sich so verschlimmert, daß es sich nicht empfiehlt, mit Militär einzuschreiten. Er regt an, die Marine aufzulösen.

Scheidemann: Ich halte es für selbstverständlich, daß nach Lage der Dinge an der Front wie an der Wasserkante die erhobenen Forderungen bewilligt werden, soweit es sich nicht um politische Forderungen handelt, die vom Reichstag beschlossen werden müssen. Der Reichstag müsse mit diesen Forderungen sofort beschäftigt werden. Straffreiheit sollte man zusichern, ebenso die Amnestie und die sofortige Entlassung der früher Verurteilten, soweit es sich nicht um schwere Verbrechen handle. Noske müsse selbstverständlich in Kiel bleiben und mit größter Autorität ausgestattet werden. Wenn es uns nicht gelingt, einigermaßen geordnete Zustände herzustellen, wird die Entente das Gesuch um Waffenstillstand glatt ablehnen. Über die Kaiserfrage habe er sich mehrfach so deutlich ausgesprochen, daß er sich jedes weitere Wort darüber ersparen könne.

Erzberger ist für sofortige Amnestie und Entlassung der

Verurteilten, wenn bis abends 6 Uhr die Ruhe in Kiel wiederhergestellt sei. Haußmann spricht sich in ähnlicher Weise aus. Ministerialdirektor Simons gibt die telegraphischen Meldungen eines Freundes aus Kiel wieder. Die Stadt sei ruhiger, nachts sei allerdings viel geschossen worden. Als schlimmster Vorgang werde die Beschießung eines Hotels angesehen. Der Soldatenrat halte die Ordnung aufrecht; alle Behörden arbeiten weiter. Ein überwachter Personenverkehr sei zugelassen. Die gesamte Bevölkerung befinde sich im Zustande der dauernden Panik. Scheuch wendet sich gegen die von dem Grafen Rödern angeregte Frage, die Flotte aufzulösen.

v. Payer teilt mit, daß aus Friedrichsort 10 000 Soldaten der Regierung eine Resolution übermittelt hätten, in der die Beseitigung des Herrenhauses und das Wahlrecht zu allen gesetzgebenden und verwaltenden Körperschaften vom 21. Jahre ab gefordert werden. Alle weiteren Forderungen der Resolution deckten sich mit den dem Kabinett bereits bekannten. Graf Rödern, Erzberger und Trimborn wenden sich entschieden gegen die Forderung, Schröder an Stelle Souchons nach Kiel zu schicken. Graf Rödern fordert außerdem die sofortige Rückkehr des Kaisers nach Berlin. Simons: In dieser Beziehung hat der Prinz bereits alle Stränge gezogen. — In diesem Augenblick kommt der Reichskanzler in das Kabinett. Scheidemann wird von Noske am Telephon verlangt.

Noskes Bericht.

Aus meinem Telephongespräch mit Noske, das von einem das Telephon bedienenden Offizier aufgezeichnet wurde:

Ich führe aus: „Sage den Soldaten und auch den Arbeitern, daß in der Regierung vollkommene Einigkeit besteht in der Amnestiefrage. Wir sind uns auch einig darin, daß Straffreiheit gewährt werden soll, allen denen, die sich jetzt gegen die Manneszucht vergangen haben. Ausgenommen müssen natürlich bleiben für beide Fälle — und da befinden wir uns ja in Übereinstimmung mit den Forderungen, die gestellt worden sind — diejenigen, die gemeine Verbrechen begangen haben. Voraussetzung ist in beiden Fällen, daß die Mannschaften bis heute abend in ihre Stellungen und auf ihre Stationen zurückkehren und daß sie die Waffen und die Munition, deren sie sich gewaltsam bemächtigt haben, zurückgeben.

Wir suchen sofort Verbindung mit dem Kaiser zu bekommen, der ja nach den bestehenden Rechtsverhältnissen die hier gefaßten Beschlüsse sanktionieren muß.

Es ist in den nächsten Tagen mit aller Bestimmtheit der Beginn der Waffenstillstandsverhandlungen zu erwarten, also auch der unmittelbar anschließenden Friedensverhandlungen. Mache aber die Mannschaften ausdrücklich darauf aufmerksam, daß sowohl die Waffenstillstandsverhandlungen wie auch die Friedensverhandlungen, die wir so schnell als möglich wünschen, schwer gefährdet sind, wenn die Feinde von den Ereignissen in Kiel Kenntnis erhalten. Deshalb ist es unbedingt notwendig, daß in Kiel und in den anderen Orten sofort wieder Ruhe einkehrt. Die Mannschaften sollen ihren Dienst wieder aufnehmen, und dann kann man alles als abgetan ansehen.

Sage den Leuten weiter, daß die von ihnen aufgestellten politischen Forderungen, Wahlrecht usw., unmöglich durchgeführt werden können von der Regierung auf lokale Beschlüsse hin. Es ist das eine Angelegenheit, die selbstverständlich nur von der Vertretung des Volkes, also vom Reichstag, erledigt werden kann. Der Reichstag tritt sofort zusammen, wenn die Waffenstillstandsverhandlungen beginnen. Ich hoffe, daß die Mannschaften das einsehen werden und daß dann heute abend wieder Ruhe eintritt."

Auf eine Frage Noskes antwortete ich: „Die Kaiserfrage ist noch in der Schwebe, darüber wird in den nächsten Tagen wohl eine Entscheidung fallen."

Noske sagte dann, daß er nahezu zusammenbreche infolge der Riesenarbeit, die auf ihm laste. Auf die Frage, ob man ihm noch einen Mann zu Hilfe schicken sollte, antwortete er: „Wenn es irgend geht, ja!" Auf die weitere Frage, ob er jemanden aus der Regierung oder lieber aus der Partei haben wolle, sagte Noske: Gegen die Regierung sei in letzter Zeit dermaßen gehetzt worden, daß es empfehlenswerter sei, einen Vertreter der Fraktion zu schicken. Auf den Vorschlag Scheidemanns, ob er den Landtagsabgeordneten Braun oder den Reichstagsabgeordneten Wels schicken solle, da beide robuste Naturen seien, erwiderte Noske: es sei ihm jeder von beiden willkommen.

Das einzige Erfreuliche an der Lage sei im Augenblick für ihn, daß er glaube, beobachten zu können, wie doch über manche der Hauptschreier ein gelindes Grausen gekommen sei, weil ihnen nun die Dinge über den Kopf wachsen.

Noske sagte auf wiederholtes Befragen ausdrücklich zu, daß er selbstverständlich bleiben werde, so lange er sich überhaupt halten könne. Er wolle nicht verschweigen, daß er sich schwer bedroht sehe und auch damit rechne, daß man ihn um die Ecke bringe; denn es seien doch eine ganze Anzahl sehr rabiater Leute, auch im Soldatenrat, tätig.

* * *

Schließlich ein Telegramm Noskes vom 7. November, die letzte amtliche Mitteilung von ihm vor dem 9. November.

„Ich mußte soeben die Leitung der Marineangelegenheit in Kiel übernehmen. Der bisherige Stationschef hat mir die Geschäfte übergeben. Wie die Aufgabe zu bewältigen ist, vermag ich noch nicht zu übersehen. Soeben traf auch Haase noch hier ein. Wenn es Streitigkeiten gibt, ist die Sache natürlich unmöglich zu machen. Heute gab er mir die Versicherung, daß die Einigkeit nicht gestört werden soll. Erwarte dafür Gegenleistung in Berlin. Wahnschaffe sagte mir heute am Telephon, als ich ihm andeutete, wie die Sache hier laufen werde, die Regierung erwarte, daß ich solange wie möglich hier ausharre. Ich bin gespannt darauf, ob sie diese Anschauung jetzt noch hegen wird."

Der Kampf um die Abdankung des Kaisers.

Wenn der Krieg mit einem deutschen Sieg geendet hätte, so würde man den Kaiser überschwenglich gefeiert, ihn vermutlich in den Rang eines Halbgottes erhoben haben, nun aber, da es anders kommen sollte, wurde ein Sündenbock gesucht und in erster Linie im Kaiser gefunden. Das Thema von der Abdankung des Kaisers wurde, wie ja schon aus dem Vorstehenden zu ersehen ist, überall traktiert, in öffentlichen und geschlossenen Versammlungen, an jedem Biertisch und in jedem Bureau, in der Eisenbahn wie auf den Straßenbahnen. Nur in der Presse fand man wenig ganz deutliche Forderungen, weil die Zensur verboten hatte, in den Zeitungen die Frage zu erörtern.

Zensurgelüste.

Wie die Katzen das Mausen nicht lassen können, so konnten die im Kriege von der Obersten Heeresleitung auf die Presse losgelassenen Zensuroffiziere und Zensurbeamten das Genieren der Gazetten, das schon der Alte Fritz nicht leiden mochte, nicht lassen. Bis in die Tage, an denen das alte Regiment wirklich im Sterben lag, wollten die Zensurhelden immer wieder die Pressefreiheit fest in Zügel legen, obwohl sie wußten, daß die Regierung unter dem Prinzen Max auf Grund eines Programms zustande gekommen war, das die Presse grundsätzlich freigab und nur mit Rücksicht auf den immer noch tobenden Krieg einige Sicherungen gegen Indiskretionen der Presse, durch die militärische Interessen gefährdet werden konnten, zugestanden hatte. Noch am 21. Oktober 1918 bat mich ein Legationsrat aus dem Auswärtigen Amt, ihm bei der Fesselung der Presse zu helfen. Ich habe ihm nicht nur gründlich Bescheid gesagt, sondern habe es ihm dann auch noch schriftlich gegeben, was ich von seinem Ersuchen hielt:

„In Ihrem Schreiben vom 21. O k t o b e r 1918 wünschen Sie, daß ich in der von Ihnen gekennzeichneten Richtung meinen Einfluß auf die Presse ausüben soll. Dazu bin ich durchaus nicht in der Lage. I c h w e r d e m i c h e n t s c h i e d e n g e g e n j e d e n V e r s u c h s t r ä u b e n, d e r P r e s s e w e i t e r e F e s s e l n a n z u l e g e n. In dem Programm der Regierung ist genau skizziert worden, unter welchen Umständen die Zensur das Recht hat, einzugreifen. Ü b e r d i e d u r c h d e n K r i e g b e d i n g t e n vier Punkte hinaus darf die Presse unter gar keinen Umständen gehindert werden, frei und offen ihre Meinung zu bekennen.

Das Thema von der Abdankung des Kaisers ist nach meiner Auffassung ein politisches, kein militärisches. Aber selbst wenn man gewaltsam konstruieren wollte, daß das Thema von der Abdankung ein militärisches sei, weil der Kaiser oberster Kriegsherr ist, so könnte die Zensur dennoch nicht einschreiten. Es ist nicht schlechthin die Erörterung eines j e d e n militärischen Themas unter Zensur gestellt, sondern nur Fragen strategischer und taktischer Art und außerdem Fragen, die sich auf die Munitionsherstellung beziehen. Ich kann also nicht einsehen, woher das Recht abgeleitet werden soll, der Presse die Erörterung des erwähnten Themas zu verbieten, oder auch nur zu erschweren."

Kein Kabinettsmitglied für das Bleiben Wilhelms II.

In der Kabinettssitzung an einem der letzten Tage im Oktober brachte Prinz Max die „peinliche Frage" von der Abdankung des Kaisers zur Sprache. Ohne viel Umschweife erklärte er, daß nach ihm gewordenen Mitteilungen ganz allgemein die Frage erörtert würde, ob das Ausland die Abdankung des Kaisers verlange oder nicht, namentlich aber, ob Wilson den Standpunkt einnähme, daß der Kaiser gehen müsse. Er wolle die Erklärung abgeben, daß für ihn eine Abdankung des Kaisers nur als freiwilliger Akt in Betracht kommen könne. So, wie er die Freiheit des Handelns für den Kaiser reklamiere, so müsse er sie auch für sich in Anspruch nehmen. *Der Kanzler wandte sich dann ganz direkt an mich mit der Frage, wie ich als Vertreter der sozialdemokratischen Partei zu dieser Frage stehe.* Ich antwortete ihm, daß ich nicht die Absicht hätte, in diesem Augenblick das Kabinett durch die Forderung zu sprengen, der Kaiser müsse gehen. Ich würde es freilich als die glücklichste Lösung ansehen, wenn der Kaiser sich entschlösse, baldigst freiwillig zu verzichten. Während der weiteren Debatte über diese Frage verließ der Kanzler die Sitzung. Graf Rödern bestand darauf, daß Solf erscheinen solle, der über die Auffassung der Kaiserfrage im Auslande Auskunft geben möge.

Solf, der in seinem Amte dringlich beschäftigt war und nach einiger Zeit kam, wiederholte, was er vermutlich dem Reichskanzler schon vorgetragen, und was diesem Veranlassung gegeben hatte, die Frage heute anzuschneiden. Aus den Wilsonnoten sei nicht unbedingt zu folgern, daß die Abdankung des Kaisers verlangt würde, aber aus vielen anderen Umständen ergäbe sich doch das Resultat, daß man allgemein die Abdankung des Kaisers erwarte. Man verlange offenbar, daß ein weithin sichtbar gewesenes

Symbol des deutschen Militarismus falle. Es sei auch zuzugeben, daß Wilson vermutlich bei den Verhandlungen innerhalb der Entente eine bessere Rolle spielen könne, wenn er den Kaiser zu Fall gebracht habe.

Im übrigen möchte ich feststellen, daß in dieser Kabinettssitzung auch nicht eine Stimme sich erhob, um das Verbleiben des Kaisers zu fordern. Alle Staatssekretäre und Minister gaben zu, daß durch den freiwilligen Rücktritt des Kaisers eine Erleichterung der Lage eintreten werde. Der Kriegsminister Scheuch betonte, daß Tatsachen, die einen Rücktritt des Kaisers forderten, eigentlich nicht vorhanden seien, man rechne nur mit Stimmungen. Jeglicher Zwang, der auf den Kaiser ausgeübt würde, werde seiner Überzeugung nach im Heere verwüstend wirken. Die Generale würden nicht mehr mit dem Herzen bei der Sache sein. Um gar kein Mißverständnis aufkommen zu lassen, sei ausdrücklich festgestellt, daß die Herren im Kabinett sich durchweg auf ihre monarchistische Überzeugung beriefen, es handelte sich für sie alle um eine rein taktische Frage. Erzberger vertrat z. B. den Standpunkt, daß eine Abdankung des Kaisers Nachteile haben werde, die zweifellos größer seien als die erwarteten Vorteile.

Mein Brief an den Kanzler.

Aber immer lauter wurde im Volke die Forderung erhoben, daß der Kaiser gehen müsse, und immer größer wurde bereits die Zahl der Stimmen, die auch die Abdankung des Kronprinzen verlangten. Die Zahl der mir in jenen Tagen zugegangenen Briefe, die sich dahin aussprachen, daß der Kaiser von seinem Amte beseitigt werden müsse, war Legion. Ich empfing Besuche aus allen Kreisen des Volkes; Staatsmänner und auch Offiziere legten mir dar, daß der Kaiser unmöglich bleiben könne. Die Stimmung im Lande wurde nicht von Tag zu Tag, sondern von Stunde zu Stunde schlechter. Wenige Tage vor der Erörterung der Kaiserfrage im Kabinett — am 25. Oktober — empfing ich den Besuch des Obersten Gieffenig aus Münster. Der Oberst erzählte mir außerordentlich ernste Dinge aus Rheinland-Westfalen. Einige unabhängige Abgeordnete „riefen in den Versammlungen ganz offen zur Revolution auf". Der Solinger Redakteur Merkel habe ihm in einer vierstündigen Unterredung erzählt, daß in den nächsten drei Wochen alles erledigt sei. Alle Vorbereitungen seien getroffen. Gieffenig sprach die Überzeugung aus, daß Merkel, soweit er von Vorbereitungen gesprochen habe, sicherlich bei der Wahrheit geblieben sei.

In der Presse wurde jetzt hier und da die Forderung gestellt, daß der Kaiser gehen müsse. Einige Zeitungen wurden verboten. Dieser Eingriff der Zensur widersprach, wie bereits ausgeführt, dem Regierungsprogramm. Ich erhob deshalb Einspruch und verlangte die Freigabe der Erörterungen in der Presse auch für die Kaiserfrage. Dem widersetzte sich das Kabinett. Es wurde immer wieder der Versuch gemacht, die Frage zu verschleppen. Das gab mir Veranlassung, den folgenden Brief zu diktieren und dem Prinzen durch Boten zustellen zu lassen:

Berlin, 20. Oktober 1918.

Eurer Großherzoglichen Hoheit

beehre ich mich folgendes zu unterbreiten:

In der Sitzung der Herren Staatssekretäre vom 28. Oktober ging die vorwiegende Meinung dahin, sich vorläufig mit der Verfügung des Herrn Oberbefehlshabers abzufinden, die der Presse verbietet, die Forderung nach dem Rücktritt des Kaisers zu erheben.

In dem Programm, das für die neue Regierung maßgebend sein soll, und das von Eurer Großherzogl. Hoheit in der Reichstagssitzung vom 5. Oktober d. J. feierlich anerkannt worden ist, wird gesagt, daß die Zensur gegebenenfalls nur noch in Fragen der militärischen Strategie und Taktik, der Kriegsgerätebeschaffung und -verwendung, außerdem nur bei Erörterung der Beziehungen zu den Regierungen ausländischer Staaten eingreifen kann. Es ist demnach das Gebiet der Zensur genau abgegrenzt worden. Entsprechend diesem Programm wurde in einer etwa 8 bis 10 Tage zurückliegenden Kabinettssitzung auf eine Anregung hin, die von Herrn Staatssekretär Erzberger und mir ausging, eine Einigung darüber herbeigeführt, daß alle bestehenden Zensurvorschriften aufzuheben sind und die Vorzensur zu beseitigen ist. In späteren Besprechungen des Kabinetts traten Meinungsverschiedenheiten zutage. Einige der Herren Staatssekretäre waren der Meinung, daß eine Einigung, wie ich sie soeben skizziert habe, nicht herbeigeführt worden sei, daß vielmehr die eine oder andere Zensurvorschrift in Geltung bleiben sollte. Das vom Herrn Oberbefehlshaber erlassene Verbot, die Forderung nach dem Thronverzicht des Kaisers zu erheben, macht den bedauerlichen Rückschritt in der Richtung zu einer schärferen Handhabung der Zensur vollkommen.

Nachdem der Öffentlichkeit die Möglichkeit genommen ist, durch Diskussion eine Frage zu klären, die zu einer brennenden Schicksalsfrage des deutschen Volkes geworden ist, tritt an das Kabinett mit verdoppeltem Ernst die Notwendigkeit heran, sie in seinem Schoße zu erörtern und zum Austrag zu bringen. Aus diesem Grunde sehe ich mich gezwungen, nunmehr die Forderung, die in der Presse nicht gestellt werden darf, im Kabinett zu stellen, nämlich diese: die Herren Staatssekretäre möchten den Herrn Reichskanzler bitten, Seiner Majestät dem Kaiser zu empfehlen, freiwillig zurückzutreten.

Begründung.

Es kann keinem Zweifel unterliegen, daß die große Mehrheit der Bevölkerung des Deutschen Reiches die Überzeugung gewonnen hat, daß die Aussicht zu erträglichen Bedingungen des Waffenstillstands und des Friedens zu gelangen, durch das Verbleiben des Kaisers in seinem hohen Amte verschlechtert wird. Würde ein ungünstiger Friede geschlossen werden, während der Kaiser in seinem Amt verbleibt, so würde später gegen ihn und die Regierung der Vorwurf erhoben werden, daß sie lieber schwere Nachteile für das Volk auf sich genommen, als daß sie aus einer nun einmal gegebenen Sachlage die zum Wohle des Ganzen notwendigen Konsequenzen gezogen hätten.

Es kann weiter nicht bezweifelt werden, daß die Friedensverhandlungen beträchtlich günstigere Aussichten bieten, wenn die im Deutschen Reich vollzogene Änderung des Systems durch einen Wechsel an der höchsten Stelle des Reichs nach innen und außen deutlich sichtbar gemacht wird. Die ganze politische Situation legt die Vermutung nahe, daß der hier vorgeschlagene Schritt nur hinausgezögert, aber doch nicht vermieden werden kann. Deshalb ist es besser, wenn der Kaiser jetzt schon aus der gesamten Situation die Konsequenzen, die nach Auffassung auch zahlreicher deutscher Staatsmänner gezogen werden müssen, so schnell als möglich zieht.

Eurer Großherzoglichen Hoheit
ganz ergebener
gez. Ph. Scheidemann.

Die letzten Tage.

Der Kanzler, der an der Grippe erkrankt war, ließ mich am nächsten Morgen zu sich bitten. Als ich um $\frac{1}{2}10$ Uhr in sein Schlafzimmer trat, sah er bleich und übernächtig aus. Aufgerichtet saß er im Bett. Während er mir die Rechte entgegenstreckte, hielt er mit der Linken meinen Brief hoch. Sein freundliches Lächeln verbarg die ihn beherrschende traurige Stimmung nur kümmerlich. Er tat mir aufrichtig leid. Aber — der Politiker kommt oft in Situationen, die ihn zwingen, die Zähne aufeinanderzubeißen. „Ich danke Ihnen für den Brief. Ich habe mich die ganze Nacht damit beschäftigt. Aber... ich bitte, nehmen Sie ihn zurück! Sie wissen, daß ich bemüht bin, Seine Majestät wissen zu lassen, wie die Stimmung ist. Er wird zurücktreten. Es wird leichter sein, den freiwilligen Rücktritt des Kaisers zu erreichen, wenn ich nicht unter solchem Druck stehe. Versetzen Sie sich in meine Lage! Ich kenne den Kaiser von Kindesbeinen an — wir waren beide so groß (er machte eine entsprechende Handbewegung)... seit einer Woche beschäftige ich mich Tag und Nacht mit der Frage. Mit Eulenburg und Delbrück habe ich bereits gesprochen — —"

„Mir kommt es auf den Rücktritt des Kaisers an, der im allgemeinen Interesse unbedingt notwendig ist, nicht etwa darauf, daß ich Sie unter den Druck des Briefes stelle. Wenn ich Gewißheit hätte, daß die Entscheidung schnellstens fällt, könnte ich den Brief natürlich zurücknehmen. Aber, wie gesagt, es ist keine Zeit mehr zu verlieren!"

„Schnellste Entscheidung — was verstehen Sie darunter?"

„Wenn ich den Brief jetzt zurücknehme, so muß ich die Freiheit meiner Entschließung bald zurückhaben, sonst kann ich nicht im Kabinett bleiben. Um ganz klar zu sein, ich muß innerhalb 24 Stunden wissen, was geschehen ist."

„In 24 Stunden? — — — Wollen Sie mir nicht mehr Spielraum lassen? — — Es handelt sich doch um eine so furchtbar schwere Entscheidung — —"

„ — — seit Wochen."

„Ja, ich weiß es. Wie ist die Stimmung der Bevölkerung?"

„Die Stimmung verschlechtert sich von Tag zu Tag. Ich habe überhaupt noch keinen Menschen getroffen, der sich für das Verbleiben des Kaisers aussprach. Ich habe nicht nur mit Arbeitern und Geschäftsleuten gesprochen, sondern auch mit Staatsmännern von wirklicher Qualität. Ein Bundesratsmitglied hat mir gesagt, daß ein Bundesfürst in einem Brief geschrieben habe: er muß weg! In Bayern wird die Loslösung vom Reich ganz ernsthaft betrieben. Es ist wirklich keine Zeit mehr zu verlieren."

Wir sprachen noch längere Zeit miteinander. Ich nahm die Gelegenheit wahr, ihm noch zu sagen, daß ich seinen Standpunkt durchaus verstände, er sei wie die anderen Staatssekretäre im Gegensatz zu mir Monarchist. Er müsse sich jedoch vollkommen klar darüber sein, daß er, wenn er die Monarchie als Staatsform aufrecht erhalten wolle, gar nichts anderes tun könne, als dem Kaiser den Rücktritt nahezulegen. Kein Mensch kann wissen, was die nächsten Tage bringen. Kommt es aber infolge des Zusammenbruchs der Front und der Notlage im Innern zu einer großen Volksbewegung, dann sei gar nicht daran zu zweifeln, daß man nicht mehr allein den Rücktritt des Kaisers, sondern die Ablösung der Monarchie durch die republikanische Staatsform fordern würde. Ich nahm ihm den Brief, den er mir fortgesetzt entgegenstreckte, ab und sagte: „Also bis morgen mittag."

Die Entscheidung sollte sich aber noch fast eine Woche hinzögern.

Ultimatum der Sozialdemokratischen Partei.

Wenige Tage später, am Abend des 6. November, hielt die Fraktion eine Sitzung ab, in der ich Bericht erstattete und die Ermächtigung zu meinem Rücktritt forderte, falls der Kaiser bis zum andern Mittag nicht zurückgetreten sei. Das Kabinett habe nicht den Mut, absolut notwendige Konsequenzen zu ziehen und verzögere Unaufschiebbares. Dafür könne die Fraktion, dafür könne und wolle auch ich die Verantwortung nicht übernehmen. Es müßte unter allen Umständen ein befristetes Ultimatum gestellt werden. — Es kam zu einer Aussprache, in der einige Zauderer empfahlen, ein solches kurzbefristetes Ultimatum nicht zu stellen, sonst gehe die Reichstagsmehrheit schließlich in die Brüche. Ich war nicht wenig erstaunt über eine derartige Auffassung der Situation und wandte mich sehr entschieden gegen eine Taktik des Zauderns in einer Stunde, in der wir vor den folgenschwersten Entscheidungen der deutschen Geschichte ständen. „Verspürt ihr denn nicht, daß wir unmittelbar vor dem Zusammenbruch des Reiches stehen — und da wird von einem Zusammenbruch der Reichstagsmehrheit geredet?" Jetzt heißt's, sich an die Spitze der Bewegung stellen, sonst gibt's doch anarchische Zustände im Reich. Das müsse man doch in den Fingerspitzen fühlen, daß die von Kiel und Hamburg ausgehende Bewegung heute, morgen oder übermorgen auch nach Berlin übergreifen werde. Vielleicht sei das schlimmste noch zu verhüten, wenn der Kaiser sofort abdanke und außer der Amnestie die restlose Demokratisierung des Reichs, der Staaten und der Gemeinden in bindender Form zugesagt wird.

Es wurde mir nicht gestattet, zurückzutreten. Als überzeugter Demokrat fügte ich mich auch in dieser Situation der Mehrheit. Ich verließ das Reichstagsgebäude mit Groll im Herzen, weil ich fürchtete, daß wir einen großen Fehler begangen hätten, indem wir die Zeichen der Zeit nicht genügend würdigten.

Am Tage darauf, den 7. November, Sitzung der Vorstände der Partei und der Reichstags-Fraktion. Die Arbeiter- und Soldatenräte sind „verboten" worden, ebenso die für heute einberufenen Versammlungen. Ich verlange wiederum und mit erhöhtem Nachdruck, daß wir aus der Regierung austreten. Die Zustände haben sich so katastrophal entwickelt und die Regierung ist so unentschlossen, daß wir die Verantwortung nicht mit tragen können. Wels stimmt mir vollkommen zu. Wer weiß, was der morgige Tag bringt, wir wollen uns nicht mit Blutschuld belasten. David: Der Austritt in diesem Augenblicke nützt uns nichts. Der Rücktritt des Kaisers ist bis heute abend nicht zu haben. Braun spricht ganz im Sinne von Wels und mir. Es wird eine Einigung erzielt, daß der Kaiser bis morgen mittag zurückgetreten sein müsse. Wegen der Versammlungen heute abend soll die Regierung sofort Anweisungen an die Militär- und Polizeibehörde ergehen lassen, damit keine Dummheiten gemacht werden. Daß die Versammlungen stattfinden müßten, sei eine Selbstverständlichkeit. Notwendig sei eine Verstärkung der Sozialdemokraten in der Regierung, auch müßte eine Aufforderung an die Unabhängigen ergehen, gleichfalls in die Regierung einzutreten. Mache die Regierung noch irgendwelche Späne, dann sollten die Sozialdemokraten aus der Regierung ausscheiden.

8. November 1918, 6 Uhr nachmittags, Kabinett. Natürlich ist der Kaiser noch nicht zurückgetreten. Die Herren machen sich große Sorge über den Zustand, der eintreten werde, wenn der Kaiser zurückgetreten sei. Wer wird dann König oder Regent? Aber gleichviel, wer das wird; ist der Betreffende auch ohne weiteres Präsident der deutschen Bundesstaaten? — — — Und während solcher weltfremden Erwägungen kracht es in dem Gebäude des Reiches an allen Ecken und Kanten.

* * *

Der Vorstand der Sozialdemokratischen Partei hatte unterdessen fortlaufend engste Fühlung mit den sozialdemokratischen Vertrauensleuten der Berliner Großbetriebe. Ebert hielt mich fortdauernd auf dem laufenden. Ich war fest überzeugt, daß der Stein, der im Rollen war, nicht mehr aufgehalten werden konnte. Ausgehungert und nervös gemacht durch die jahrelange Spannung, Verhetzung und Verfolgung, waren die Arbeiter, besonders die der Großbetriebe, nicht mehr zu beruhigen. Ebert glaubte bis zum letzten Augenblick, daß eine allgemeine Erhebung noch vermieden werden könnte, wenn sofort Frieden geschlossen und politische Konzessionen gemacht würden.

Am Abend des 8. November nahm ich im Sitzungssaale

des Parteivorstandes an einer Sitzung der Vertrauensmänner aus den Betrieben teil, um zunächst zu hören, wie es in den Betrieben zugehe, und dann über die Situation, soweit sie von der Wilhelmstraße überschaut werden konnte, zu berichten. Es ward für mich absolut klar, daß ein Wunder geschehen müsse, wenn am nächsten Morgen die Berliner Arbeiterschaft n i c h t auf der Straße sein würde. Ich sprach von dem ungeheuren Blutstrom, der seit 1914 geflossen war, und bat auf das eindringlichste, nichts zu tun, was weiteres Blutvergießen im Gefolge haben müsse. Die Gewalt sei unter allen Umständen zu verwerfen, wenn ein aufgestelltes Ziel auf friedliche Weise zu erringen sei. Noch hätte ich nicht alle Hoffnung aufgegeben, daß bis zum nächsten Morgen der Kaiser zurückgetreten sei und bestimmte Erklärungen wegen der übrigen Forderungen, die nunmehr in a l l e n Teilen des Reiches von Arbeitern und Soldaten erhoben worden wären, vorlägen. Falls bis zum nächsten Mittag die Abdankung des Kaisers nicht vorliege, träte ich zurück, um vollkommen frei zu sein.

Aus den Auslassungen der Vertrauensmänner, die ausnahmslos mit der größten Ruhe und Besonnenheit sprachen, wurde mir klar, daß am 9. N o v e m b e r die Berliner marschieren würden.

Nicht schießen lassen!

In den letzten Tagen vor dem 9. N o v e m b e r habe ich mich unausgesetzt im Kabinett und im Gespräch mit den einzelnen Regierungsmitgliedern bemüht, vollkommene Klarheit über die Situation zu schaffen. Ich sprach die bestimmte Erwartung aus, daß es den sozialdemokratischen Arbeitern gelingen werde, Blutvergießen zu verhüten, wenn von den Truppen, die vielleicht noch für den Kaiser zu kämpfen bereit seien, mit dem Schießen nicht begonnen würde. Ich glaubte nicht daran, daß in Berlin und Umgebung noch solche Truppen zu finden seien. Der Verlauf des 9. N o v e m b e r hat ja dann bewiesen, daß in der Tat kein Mensch in Berlin war, der zum Kampfe für den Kaiser bereit gewesen wäre. Die Truppen gingen geschlossen zur Arbeiterschaft über. Wo waren in Berlin noch kaisertreue Formationen — wo waren die Offiziere und politischen Führer, die auch nur mit einem Wort sich für den Kaiser eingesetzt hätten? Ja, wo waren die Offiziere und kaisertreuen Politiker überhaupt? Kein Mensch hat in jenen Tagen einen von denen gesehen oder gehört, die später wieder so tapfer redeten und schrieben.

Der Tag des Zusammenbruchs.

In aller Frühe rief ich am 9. November den Unterstaatssekretär Wahnschaffe an, um ihn zu fragen, ob der Kaiser zurückgetreten sei. „Noch nicht, aber wir erwarten die Nachricht seines Rücktritts jeden Augenblick!" — „Ich will noch eine Stunde warten, ist er dann noch nicht gegangen, dann gehe ich!"

Gegen 9 Uhr rief ich die Reichskanzlei wiederum an. — „Noch nicht! — Vielleicht mittags!" — „So lange brauche ich zu meiner Entschließung nicht. Bitte, sagen Sie dem Reichskanzler, daß ich mein Amt hiermit niederlege. In einer Viertelstunde haben Sie die Meldung meines Rücktritts auch schriftlich dort . . . Ich soll nichts übereilen? Bitte, man soll vor allem auch nichts verzögern, bis es zu spät ist."

Bald nach 9 Uhr vormittags war meine schriftliche Rücktrittsmeldung in der Wilhelmstraße*). Sie hatte folgenden Wortlaut:

Berlin, den 9. November 1918.

An den Herrn Reichskanzler.

Eurer Großherzogl. Hoheit

beehre ich mich mitzuteilen, daß ich mein Amt als Staatssekretär hiermit niederlege.

Genehmigen Sie usw.

Ph. Scheidemann.

---

*) Konrad Haußmann, der mit mir Staatssekretär im Kabinett des Prinzen Max war, schrieb im „Berl. Tgbl." vom 21. Nov 20 — während der Drucklegung dieses Buches —: „Am 9. November, vormittags 9 Uhr, wurde dem Kriegskabinett mitgeteilt, daß Staatssekretär Scheidemann sein Amt niedergelegt habe. Die Kabinettssitzung wurde auf 12 Uhr vertagt . . . Um 11 Uhr traf die Nachricht aus dem Hauptquartier ein, daß „der Kaiser zurücktrete" . . . Nachmittags ging eine Reihe unkontrollierbarer Nachrichten ein: „. . . der Kaiser und der Kronprinz seien aus dem Hauptquartier ins Ausland abgereist; der Reichstagsabgeordnete Scheidemann habe nachmittags am Reichstagsgebäude geredet und mit einem Hoch auf die Republik geschlossen . . ."

Die Revolution.

Die Volksbeauftragten. — Das verschwundene Heer. — Der Kongreß der A.- und S.-Räte. — Die Reichskonferenz der Bundesstaaten. — Die auswärtige Politik und die Unabhängigen. — Die Putsche gegen die Republik. — Der erste Putsch von rechts. — Die blutige Weihnacht. — Die „Regierung" Liebknecht-Ledebour und der Januarputsch.

Der erste Tag der Revolution ist oft genug beschrieben worden. Besonders von den zahlreichen Helden, die den Ruhm für sich in Anspruch nehmen, die Revolution „gemacht" zu haben. Ich will mich nicht in den Streit dieser Fachleute mischen, ob eine Revolution überhaupt von einzelnen gemacht wird. Der Ausbruch war ja von denen, die sich nachträglich den 9. November patentieren lassen wollten, auf einen ganz andern Tag festgesetzt worden, so daß sie schließlich der elementaren Bewegung nachlaufen mußten, um sich, wenigstens vor den Augen ihrer Nachläufer, noch rechtzeitig und einigermaßen an die Spitze setzen zu können. Der Umsturz kam auch nicht von den „revolutionären Obleuten", sondern von meuternden Soldaten. Erst die klangvollen, aus dem russischen Wortschatz übernommenen Phrasen wurden von den Leuten um Emil Barth sozusagen nachgeliefert, damit der Zusammenbruch auch den richtigen Anstrich bekam. Berlin und seine „illegale Organisation" war ja nicht einmal die „Werkstatt der Revolution", sondern Kiel und München waren vorausgegangen. Ich lasse also die Forschung nach der Vaterschaft beiseite und ebenso das Kindermärchen, man könne mit ein paar Kisten geschmuggelter Munition und Revolvern ein großes Reich umstürzen.

Der 9. November war der logische Schluß des verlorenen Krieges, der beispiellosen Entbehrungen und des Abscheus vor den Kriegshetzern, die auch jetzt noch nicht zur Ruhe kommen wollten, sondern mit dem verbrecherischen Gedanken eines „letzten Aufgebots" spielten. Es war der Protest gegen die Fortsetzung eines völlig aussichtslosen Mordens, das zudem — siehe die schönfärbenden Heeresberichte des letzten Kriegsmonats — noch immer von Lügen und Entstellungen begleitet war. Er war der Tag, an dem es eben nicht mehr weiterging, und den wir schon seit Jahren vorausgesagt hatten. Die ganze Schuld für den 9. November fällt auf die, die allen Warnungen zum Trotz innen- und außenpolitisch in tragischer Blindheit verharrten, bis es endgültig zu spät war; die keine andern Mittel als die rohester Gewalt nach innen und außen kannten und nicht einsehen wollten, daß kein Volk diese Belastungsprobe auszuhalten in der Lage sei. General von Linsingen, der am 8. November die Revolution verbot, ist ihr typischer Vertreter. In ihm hat sich die Geistesrichtung mitten in all dem Jammer unsterblich lächerlich gemacht.

Was die Sozialdemokratie wollte, welchen Weg sie für den richtigen hielt, das ist in diesem Buch ausführlich geschildert; daß sie das offizielle Deutschland nicht zum Beschreiten dieses Weges bringen konnte, das ist der Grund der schließlichen Tragödie. Ihr Kampf um die Anerkennung des Verständigungsfriedens ohne Annexionen und Entschädigungen, ihr Ringen um innere Reformen im Verfassungsausschuß, schließlich ihr selbstloser, fast einer Selbstaufopferung gleichkommender Eintritt in die Regierung: alles zeigt sie unermüdlich auf dem Weg der Evolution, den die gemeinsame Lebensgefahr, in der das Volk schwebte, als den einzig möglichen wies. Und am 9. November ist sie ihrer Aufgabe ebenso gerecht geworden. Meine Mahnung, sich nun mit an die Spitze der unvermeidlichen Bewegung zu setzen, um völlig anarchische Verhältnisse zu verhindern, war Gesamtansicht der Partei. Der Sozialdemokratie vor allem ist es gelungen, das Blutbad zu vermeiden, zu dem der 9. November zu werden drohte. Ihre Vertreter, vor allem mein Freund Wels, sind frühmorgens, ehe noch ein Erfolg der Bewegung in Aussicht stand, in die Kasernen gegangen, haben zu den Soldaten geredet und die furchtbare Aufregung in unblutige Bahnen geleitet. Ein einziges entschlossenes Offizierkorps, und die mutigen Mahner wären erledigt, ja vielleicht die ganze Bewegung noch einmal erstickt gewesen. Ein solches Offizierkorps fand sich sowenig, wie ein praktisch königstreuer Befehlshaber. Nichts beweist die logische Folgerichtigkeit des Zusammenbruchs, die innere Aushöhlung dieses alten Regimes und daher das weltgeschichtliche Recht seiner

Umstürzung besser, als die Feigheit und das stillschweigende Verschwinden aller, die bis dahin aus Herkunft und Beruf die eigentlichsten Stützen des Throns gewesen waren. Nicht einer hat eine Hand gerührt. Ich kann mir denken, daß ein hoffnungsvoller Kronprätendent schon jetzt eine Liste von Hochverrätern vorbereitet hat, aber nicht mit Proletariernamen, sondern mit den Namen derer, welche die Front des Hohenzollernschen Königtums kampflos, ohne Sang und Klang geräumt haben.

Die Volksbeauftragten.

Nun saßen die Volksbeauftragten in der Wilhelmstraße, sozusagen ein sechsköpfiger Reichskanzler. Die Unabhängigen waren nur mit Gewalt zu der einzig möglichen Art des Zusammenarbeitens zu zwingen gewesen: nämlich dem der zwei sozialistischen Parteien. Noch am Revolutionstag wollten sie sich zu nichts verstehen, höchstens zu einer Regierung von 24 Stunden, die den Waffenstillstand zu unterzeichnen gehabt hätte. Erst die Versammlung der Arbeiter- und Soldatenräte im Zirkus Busch, in der Liebknecht niedergeschrien wurde, konnte die Freunde Haases an ihre Pflicht gegenüber dem arbeitenden Volke erinnern. Ursprung und Zusammensetzung dieser obersten Regierungsspitze mit dem erborgten russischen Titel ließen wenig Ersprießliches hoffen. Von beiden Parteien waren gerade die Männer delegiert worden, die zwei Jahre lang als Wortführer mit dem gegenseitigen Kampf beauftragt gewesen waren; daß sie früher in der Leitung einer Partei zusammengesessen hatten, machte die Sache eher schlimmer als besser. Dazu kam, daß die Unabhängigen, als Verbeugung vor den „revolutionären Obleuten", deren Mitglied Emil Barth zum Volksbeauftragten gemacht hatten, der, milde gesagt, weder durch geistige Gaben, noch durch seine Vergangenheit auf einen solchen Posten paßte. Es war während der sieben Wochen gemeinsamer Volksbeauftragtenschaft ein ergötzliches Schauspiel, wie Landsberg versuchte, Barth durch Erziehung auf die Stufe einfachster Gesittung zu heben. Beschämend aber war, wie gerade Haase bei jedem einzunehmenden Standpunkt prüfend nach Barth schielte, ob der wohl damit einverstanden sei und nach diesem Kronzeugen des Radikalismus seine Stellung einrichtete. Es war dies die typische Rechnungsträgerei, an der schließlich die Unabhängigen als selbständige Partei Schiffbruch gelitten haben.

Im Rate der Volksbeauftragten hatten Ebert Inneres und Militär, Haase Äußeres, Landsberg Finanzen, Dittmann Diverses, Barth Sozialpolitik, und ich die Presse übernommen. Dabei muß freilich beachtet werden, daß keiner der Volksbeauftragten selbständiger Verwalter seines Ressorts war. Jeder war vielmehr nur der dem eigentlichen Fachminister oder dem entsprechenden Amt beigegebene Kontrolleur. Daraus erwuchsen natürlich allerlei Konflikte, am häufigsten zwischen dem Außenminister Solf und Haase. Ebert kam mit dem Kriegsminister Scheuch ganz gut aus, ebenso Landsberg mit den Männern der Finanz im Ministerium und der Reichsbank. Dittmann hatte sich schnell zu einem fleißigen Bureaukraten entwickelt. Barth hielt uns Fünfen jeden Tag in jeder Sitzung einige donnernde Volksversammlungsreden, die uns zwar lästig waren, aber doch so viel Zeit gewährten, daß wir dringliche schriftliche Arbeiten erledigen konnten, während er sich rethorisch betätigte. Die Entscheidung über alles, was politisch geschehen sollte, lag bei den Volksbeauftragten. Haase und Ebert sollten mit gleichen Rechten den Vorsitz führen. Aber Ebert, der ja auf Ersuchen des Prinzen Max von Baden (am Mittag des 9. November) einen Tag lang Reichskanzler gewesen war, überwog mit seiner Energie den in allem halben Haase vollständig; er saß auch im früheren Reichskanzlerzimmer, während die andern zumeist in Gesellschaftsräumen untergebracht waren, ich im Eßzimmer, das einmal das Arbeitszimmer Bismarcks gewesen war. Unterstaatssekretär war Baacke, Privatsekretär Eberts war Heinrich Schulz und später Franz Krüger, mein Sekretär und späterer Pressechef der Reichsregierung war Ulrich Rauscher.

Das Reich, und insbesondere Berlin, war in diesen ersten Wochen nach dem Zusammenbruch einfach ein Irrenhaus. Ein Volk war aus der zermürbenden Zwangshaft des Krieges ausgebrochen und wußte im ersten Taumel nicht wohin mit seiner Freiheit. Keine behördliche Kompetenz war mehr klar und unbestritten: das Nebeneinander von Behörden und Räten brachte unübersehbare Wirrnisse mit sich. Die Art, wie die Revolution ausgebrochen war, nämlich nicht an einem zentralen Punkt, sondern an mehreren Orten der Peripherie, rein lokal und immer wieder für einen beschränkten Bezirk, bestimmte auch fernerhin den Charakter der neuen Gewalten. Überall provinzielle oder Kirchturms-Eigenwilligkeit, ein isoliertes Regieren im kleinsten Kreis, ohne Zusammenhang mit dem Ganzen. Daraus erklärt sich, daß soundsoviele Städte und Bezirke sich zu selbständigen Räterepubliken ausriefen, vor allem ihre eigene Ernährungspolitik machten, unerhörte Verkehrsschikanen bereiteten und sogar auf dem Gebiet der auswärtigen Angelegenheiten auf eigene Faust dilettierten. Die Tatsache, daß das Bürgertum sich vollkommen tot stellte, erweckte außerdem in vielen A.- und S.-Räten die Vorstellung vom Alleinrecht der Sozialisten, was nicht nur damals ein schwerer, sich bitter rächender Denkfehler war. Daß viele dieser Wächter des Sozialismus dies Wort am 9. November zum ersten Male gehört hatten, machte die Sache nicht besser. Im Gegenteil, diese Allerneuesten übertrumpften an tausend Orten die alten, unterrichteten Parteigenossen und rissen mit ein paar Spartakusphrasen ihre Altersgenossen in der sozialistischen Weltanschauung mit. In diesen Wochen war es einzig und allein der in den politischen und gewerkschaftlichen Organisationen geschulte alte Stamm innerhalb der Arbeiterbewegung, der draußen, und das pflichtgetreue Beamtentum, das unter neuer Führung drinnen einigermaßen die Maschine in Gang hielt. Das Bürgertum als solches hatte nur Angst; die Herren Konservativen gingen ja so weit, ihr monarchistisches Bekenntnis vom Kopf ihrer Zeitungen verschwinden zu lassen und — man höre und staune — die Sozialdemokratie als staatserhaltend anzuerkennen. Dieser Überschwang der Gefühle hat sich seitdem gelegt, auch bei denen, die in den ersten Wochen zu den beamteten Sozialdemokraten kamen und ihrer Sympathie Worte liehen. Ein einzigesmal tauchte das Bürgertum offiziell, aber vorsichtigerweise brieflich, auf: Als der Reichstagspräsident Fehrenbach — am 10. November hatte er, wie die meisten auswärtigen Führer der bürgerlichen Parteien, Berlin schleunigst verlassen, ohne sich um Amt und Auftrag zu kümmern — gegen die Beiseiteschiebung des Reichstags protestierte und mit dessen Einberufung drohte. Er hat auf einen deutlichen schriftlichen Bescheid hin diese papierene Offensive eingestellt.

Privateigentum wurde selbst in den ersten unruhigsten Wochen kaum angetastet; zu politischen Tötungen kam es gar nicht. Das verdient immer wieder festgestellt zu werden, besonders gegenüber den „völkischen" Chronikeuren des Kapp-Putsches, die dessen Mißerfolg hauptsächlich in der mangelnden Verwendung der Wand sehen wollen, an die man die politischen Gegner dutzendweise stellt. Nur in den bürgerlichen Zeitungsbetrieben kam es zu dauernden Scharmützeln. Die „Besitzergreifung" der Berliner bürgerlichen Zeitungen zwar, die am 9. November ganz nach russischem Muster erfolgt war, wurde umgehend, und zwar mit völliger Zustimmung der unabhängigen Volksbeauftragten rückgängig gemacht. Aber noch wochenlang wurde ich mit telegraphischen Beschwerden geradezu bombardiert, die sich gegen ungesetzliche Zensureingriffe irgendeines Soldatenrats, gegen widerrechtliche Besetzung oder gar gegen Zerstörung eines Druckereibetriebes wandten. Als Abgeordneter und erst recht als Staatssekretär hatte ich mit aller Energie gegen die Zensur, diesen hilflosen Ausdruck borniertet Bureaukratie, angekämpft. Und nun hatte ich gerade das Ressort, in dem ich gegen die gleichen, oft noch schlimmeren Übergriffe von Leuten einschreiten mußte, die sich, wenigstens dem Mitgliedsbuch nach, meine Parteigenossen nannten. Dabei war es das trostloseste, daß mir und uns nahezu keine Machtmittel zur Verfügung standen, daß wir nur bitten und ermahnen konnten, ohne unsern Weisungen Nachdruck verleihen zu können. Ich erinnere mich eines urplötzlich radikal und sozialistisch gewordenen Referendars in Allenstein, der das dortige bürgerliche Blatt dauernd schikanierte, manchmal verbot und einmal sogar zwingen wollte, eine Seite zwangsweise zu Parteizwecken abzugeben; er wird wohl inzwischen Kommunist oder deutschnational geworden sein.

Das verschwundene Heer.

Das deutsche Riesenheer war einfach vom Erdboden verschwunden und hatte Krümel zurückgelassen, die Genesungsheime, Lazarette und Kasernen als Obdachlosenasyle betrachten, manchmal, angesichts der Not und des drohenden Winters, so betrachten mußten, sich auf die faule Haut legten, Straßendemonstrationen verstärkten und im übrigen für alles zu haben waren, nur nicht für militärischen Dienst. Meist hatten sie sich die seltsamsten und darum bequemsten Führer gewählt, wie den berüchtigten Spiro, der mit einigen Herrchen aus dem Auswärtigen Amt und hauptsächlich deren Geld in Putschen machte, oder wie den famosen Graf Wolff-Metternich. Die guten Elemente der heimkehrenden Armee, hatten natürlich auf die Dauer etwas Vernünftigeres zu tun als Soldatenrat zu spielen und in Versammlungen herumzukrakeelen; so vollzog sich ein höchst unerwünschter Ausleseprozeß. Das Gute ging, das Schlechte blieb. Die Soldatenräte, denen wir am Anfang Ruhe, Ordnung und Unversehrtheit von mehr als einer Provinz zu verdanken hatten, die hauptsächlich im heimkehrenden Feldheer Vorbildliches geleistet hatten, wurden mehr und mehr zu inhaltlosen Versorgungsstellen und schließlich zum Gespenst ihrer selbst, indem sie zwar weiterbestanden, aber ohne die geringste Formation hinter sich zu haben; die Vertretung eines Proviant- oder Bekleidungsmagazins war noch das Realste unter diesen Schatten. Arbeiter, die dem Sozialismus immer am fernsten gestanden, und bis kurz vor der Revolution die gelben Schützengarden des Unternehmertums gewesen waren, haben — nach Emil Barths ganz treffendem Wort — die Revolution zu einer Lohnbewegung gemacht. Diese Art von Soldaten glaubten sich aus ihr eine dauernde Pension herausschinden zu können.

Eine der beliebtesten nationalistischen Phrasen lautet dahin, wir — lies: die Sozialdemokratie — hätten uns nach dem Zusammenbruch und ersten Waffenstillstand selbst entwaffnet. Das ist unwahr, und jeder Zeitgenosse und Augenzeuge muß das wissen. Natürlich sahen die Volksbeauftragten, aber ebensosehr auch alle bürgerlichen Staatssekretäre, es als eine hauptsächlichste Aufgabe an, das zurückflutende Millionenheer möglichst rasch zu demobilisieren. Das war ja schon aus Ernährungsgründen unbedingt notwendig. Wie damals der Stand unserer Nahrungsmittellage war, bestand nicht die leiseste Aussicht, größere Truppenteile ordnungsgemäß und regelmäßig verpflegen zu können. Man mußte hoffen, daß der einzelne Mann, wenn man ihm den Übertritt ins Zivilleben nach Möglichkeit erleichterte, schneller wieder seinen Platz und damit seine Versorgung im Produktionsprozeß finden werde. Das hat sich auch bewahrheitet. Außerdem war das Zusammenbehalten größerer Verbände bei dem Ekel vor militärischer Disziplin und militärischen Vorgesetzten, der sich als Rückschlag auf die Kriegserlebnisse eingestellt hatte, in den ersten Wochen eine nahezu unlösbare Aufgabe.

Ganz gewiß war es kein schöner Anblick, wenn halbwüchsige Jungen und auch ältere Jahrgänge am 9. November den Offizieren die Achselstücke herunterrissen und zu Boden warfen. Aber noch weniger schön war es gewesen, was sich in zahllosen Fällen vier Kriegs- und lange Friedensjahre hindurch im Glanz dieser Achselstücke abgespielt hatte. Mochten nun manche Unschuldige für viele Schuldige mitbüßen; mochte die Form, in der sich Erbitterung und Vergeltung Luft machten, nicht einwandfrei sein: begreiflich ist dieser Vorgang der Abrechnung leider nur zu sehr, und alle, die sich über den Achselstückmord grämen oder aufregen, mögen nicht versäumen, zur gleichen Zeit immer festzustellen, daß dabei kein Menschenleben vernichtet worden ist. Das kann man z. B. von den Ausbrüchen des Radaupatriotismus im August 1914 nicht sagen.

Vielen mag dieser Kampf gegen eine Uniformäußerlichkeit lächerlich, etwa als Streit um eine Toilettenfrage, erscheinen. Für uns war sie damals keineswegs zum Lachen. Die Feldgrauen wollten ein Symbol vernichten und darin ihren Willen zum Ausdruck bringen, daß es mit der Offizierherrschaft des alten Stils zu Ende sei. In diesem Sinn rückt das Abreißen der Achselstücke gleich neben das Verbrennen Wielandscher „undeutscher" Schlüpfrigkeiten durch den Hainbund oder ähnliche Handlungen der Burschenschaften auf der Wartburg, wodurch ja auch keine unmittelbaren praktischen Ergebnisse gezeitigt wurden. Seinen schärfsten Ausdruck fand dieser Kampf gegen eine Offizierskaste in den sogenannten Hamburger Punkten, die vom ersten Rätekongreß am 16. Dezember angenommen wurden. Auf Grund dieses Beschlusses sollte nun die Regierung diese Punkte durchführen und gleichzeitig eine neue Truppe aufstellen: Eine Quadratur des Kreises, kurzum unmöglich. Diese Verhältnisse in Verbindung mit der vorher geschilderten machten es unmöglich, selbst wenn man wollte, Truppenteile länger zusammenzuhalten. Das beste Beispiel waren die Truppen des Generals Lequis. Sie wurden entweder von der allgemeinen Unklarheit angesteckt und damit militärisch unverwendbar oder gingen stillschweigend nach Hause zu Muttern. Tatsache ist, daß uns beim Ausbruch der „Ledebourschen Revolution", im Januar 1919, nicht ein einziger Soldat zur Verfügung stand, obwohl sich in Berlin auf dem Papier und vor allem in der Löhnungsliste noch eine nach Zehntausenden zählende Garnison befand, und daß die Regierung damals samt Staatsform und Staatsbestand einfach weggefegt worden wäre, hätten nicht unsere unbewaffneten Genossen von morgens bis abends die Wilhelmstraße gefüllt und dadurch einen lebendigen Wall um ihre Regierung gezogen.

Der Kongreß der A.- und S.-Räte.

Es ist eine schwierige Sache, von Hauptaufgaben zu reden, die damals den Volksbeauftragten gestellt waren. Denn so gut wie jede Aufgabe, die jemals und zu irgendeinem Zeitpunkt einer Regierung gestellt werden kann, drängte sich damals in wenigen Wochen. Gleichzeitig mit dem Zusammenbruch des Krieges erfolgte der innere Einsturz, mit dem Zurückfluten der Armeen und dem Freiwerden unzähliger Arbeitskräfte ein geradezu katastrophaler Mangel an Arbeit, ein Stillstand in fast allen Industrien. Unerhörte Waffenstillstandsbedingungen, vor allem Ablieferung in größtem Maßstab, mußten erfüllt werden in knappster Zeitspanne und größter Disziplin, während der amtliche Apparat an keiner Stelle mehr richtig funktionierte und lokale Machthaber mehr als eine Handvoll Sand in die Maschine warfen. Was sich an wirtschaftlichem Leben noch mühsam aufrechterhalten ließ, wurde von unaufhörlichen Streiks bis zur Unkenntlichkeit verwüstet. Das Transportwesen glich nach den Ablieferungen an Maschinen und Wagen fast einem Leichnam, was an Kohlen trotz der ewigen Unruhen gefördert wurde, konnte nicht abtransportiert werden, durch die Besetzung der Rheinlande und der Pfalz brach der Zusammenhang mit dem Westen dank unerhörter Paßschikanen fast völlig ab.

Gleichzeitig erfolgte der Einfall der Polen in Posen und die Bedrohung Ostpreußens und Oberschlesiens. Die neuen bundesstaatlichen Regierungen, insbesondere die überrevolutionäre bayrische unter Eisner, erwiesen sich als nicht minder partikularistisch, als es die alten gewesen waren. Es kam ja sogar zu der Burleske, daß Eisners Gesandter die Beziehungen zum Berliner Auswärtigen Amt abbrach, und zu der weniger lustigen und harmlosen Ernennung Försters zum bayrischen Gesandten in der Schweiz und dem gleichzeitigen Versuch, selbständige Fühlungnahme mit Clemenceau zu suchen. Es entsprach der dilettantischen Politik Eisners, daß er an mildere Friedensbedingungen glaubte, wenn nur erst radikale Pazifisten, also unabhängige Sozialdemokraten, den reaktionärsten Gewaltpolitikern der Welt gegenübergestellt würden.

Aus all dem kann man sich ein Bild von dem Übermaß der Sorgen und Mühen machen, das auf den Volksbeauftragten lastete. Ihre erste Kundgebung brachte die Erfüllung einer Menge demokratischer und sozialistischer Forderungen, um die jahrzehntelang gekämpft worden ist. Aber mit der Verkündigung allein war es nicht getan und war noch keinerlei Beruhigung geschaffen, um so weniger als z. B. im Augenblick der Einführung des Achtstundentags die damals von Rosa Luxemburg geleitete „Rote Fahne" sofort eine wütende Agitation für den — Sechsstundentag einleitete! Zwei Dinge schienen durchaus dringlich: erstens eine Zusammenfassung der neuartigen Revolutionsbehörden, der A.- und S.-Räte, und zweitens eine Festigung des Zusammenhangs innerhalb der Bundesstaaten, die durch den Wirrwarr des Umsturzes ziemlich voneinander isoliert gewesen waren.

Daß die A.- und S.-Räte eine Zentrale, einen Zentralrat haben müßten, wurde allgemein als Bedürfnis empfunden. Bis zum ersten Rätekongreß hatte sich der Berliner Vollzugsrat selbstherrlich dazu aufgeworfen. Dieser Vollzugsrat hat nach und nach all die Größen umfaßt, welche die Revolution „gemacht" haben. Hauptmann von Beerfelde, Oberleutnant Waltz, Richard Müller — der „Leichenmüller" —, Ledebour, Däumig und dazu noch eine ganze Anzahl unbekannter Herren, die in ihm lediglich eine günstige Gelegenheit zu Unterschlagungen oder zur hochbezahlten Unterbringung ihrer Bräute sahen. Er hat nichts geleistet, wohl aber uns das Leben nach Möglichkeit sauer gemacht. Als angebliche Spitze aller A.- und S.-Räte stellte er die oberste Instanz im Staate dar, konnte aber nicht begreifen, daß er sich mit Berufung oder Absetzung der Volksbeauftragten — falls er dazu die Macht hatte —, begnügen, daß diesen aber die Exekutive in vollem Umfang verbleiben mußte. Da er nichts tat als debattieren — Ledebour schwamm in Wonne ob der Möglichkeit, von früh bis spät reden zu können —, hielt er es für richtig, auch uns durch ewige und stürmische Sitzungen von der Arbeit abzuhalten, wobei es sich meist um die lächerlichsten Lappalien handelte.

Der erste Rätekongreß machte dieser Revolutionsromantik erfreulicherweise ein Ende. Er bewies zweierlei: Erstens, wie wenig die Unabhängigen trotz allem Wurzel gefaßt hatten; wir hatten die weitaus überwiegende Majorität und vor allem den Stamm der erfahrenen und erprobten Leute. Und zweitens, welch unberechenbares und unerfahrenes Element die Soldaten in der Politik waren. Sie hatten eine eigene Fraktion gebildet und hörten fast alle zum ersten Male von politischen Dingen reden. Das beweist auch den völlig unpolitischen Ursprung des 9. Novembers.

Dieser Rätekongreß nahm, wie schon erwähnt, die Hamburger Punkte an. In dieser Forderung waren sich die sonst unentschlossenen und direktionslosen Soldatenvertreter durchaus einig. Ferner wählte er einen, das ganze Reich repräsentierenden Zentralrat, in den die Unabhängigen nicht eintraten, weil sie eine den Fraktionsverhältnissen auf dem Kongreß nicht entsprechende Beteiligung verlangt hatten. Und schließlich setzte er, nach unendlichen Kämpfen mit Haase und seinen Leuten, den Termin für die Nationalversammlung fest. Noch am 9. November hatten die Unabhängigen es rundweg abgelehnt, eine Nationalversammlung in Aussicht zu nehmen, auch hierin nicht sich selbst, aber dem russischen Vorbild getreu. Beim Zusammentritt der Volksbeauftragten hatten wir nur erreicht, daß diese ausdrückliche Weigerung fallen gelassen und damit die Frage vertagt wurde. Jetzt stand der Termin fest, von einer „revolutionären Körperschaft" bestimmt, was aber die Extremisten von ihrem Kampf nicht abhielt, sondern im Gegenteil das Signal für die künftigen Januar- und Märzunruhen bildete.

Auch die Verhandlungen des Kongresses versuchte man Tag für Tag unter den brutalsten Druck der Straße zu stellen. Es war die Zeit, wo Karl Liebknecht jeden Morgen seine Anhänger in der Siegesallee um sich sammelte. Treffpunkt: Otto der Faule! Das Prinzip war, nur keine Beruhigung eintreten zu lassen, ständig den „Acheron in Bewegung zu halten", vor allem die Arbeitslosen und — was dasselbe bedeutete — die Soldaten auf die Straße zu treiben. Ich erinnere mich noch an einen regnerischen Sonntagabend im November; Ebert und ich waren im Reichskanzlerhaus mit dem damaligen Kriegsminister Scheuch an der Arbeit. Da kam die Meldung eines heranrückenden Demonstrationszuges. Die Gittertore wurden geschlossen und die Lichter nach vorne zu gelöscht. Der Zug kam durch den dunkeln Abend heran, rote Fahnen, blutrünstige Plakate, unaufhörliche Rufe: Nieder Ebert-Scheidemann, hoch Liebknecht. Der Wilhelmplatz füllte sich mit den Massen; sie standen dicht gedrängt vor den Gittertoren, wir standen in einem dunkeln Vorderzimmer wie auf einer Insel. Allmählich entstand Ruhe; Liebknecht sprach von einem Auto aus. Kurz abgehackt, monoton immer dasselbe, wildeste Aufreizung, wie im Rausch über seine Macht und seine Anhängerschaft. „Dort sitzen sie, die Verräter! Die Scheidemänner, die Sozialpatrioten! Wir könnten das Nest heute schon ausheben!..." Brüllende Zustimmung! Plötzlich aber schlug das Drama ins Satyrspiel um. Am andern Flügel des Reichskanzlerhauses wurde ein Fenster hell und geöffnet. Emil Barth zeigte sich dem Volk! Er war seiner Sache sicher, er konnte nicht als Verräter gelten, er hatte ja die Revolution gemacht, das Volk befreit! „Genossen!" — Aber da kam er an die Unrechten; hier konnte er eine Probe auf das Exempel erleben, was Volksgunst heißt und wie lange man auf so unerschütterliche Verdienste pochen darf, wie er sie sich in der „Werkstatt der Revolution" erworben hatte. „Maul halten! — Auch so ein Sattgefressener! — Hast dir wohl auch schon die Taschen vollgestopft!" Er konnte kaum zu Wort kommen, und die Szene, die mit Liebknechts Pathos begonnen hatte, endete mit einem mehr als volkstümlichen Schimpfduell zwischen den Vätern der Revolution.

Erst war der Rätekongreß das Ideal, eigentlich die Krönung der Bewegung gewesen. Kaum aber stellte sich heraus, daß er

Mensch in Deutschland ein Instrument von solcher Ungeheuerlichkeit erwartete. Kautsky, der damals im Auswärtigen Amt tätig war, vertrat den Standpunkt, die Friedensbedingungen würden nicht so drückend sein wie die Waffenstillstandsbedingungen; besonders rechnete man auf das Zustandekommen von wirklichen Verhandlungen, wenn auch die „Vossische Zeitung" allein da stand in ihrer Verranntheit, als sie noch am Tag der ersten, großen Diktatsitzung triumphierend verkündigte: Es wird natürlich verhandelt!

Direkte Beziehungen zu den feindlichen Ländern hatten wir nicht. Wir mußten also mit gewissen Aufnahmestellungen, vor allem in Kopenhagen und Bern, arbeiten. In Kopenhagen saß noch der Graf Rantzau, der sich während des Krieges wie kaum ein anderer bewährt hatte; in Bern war Herr von Romberg ersetzt worden durch meinen Parteifreund Adolf Müller, der als schlimmste Erbschaft das ganze Gift einer maßlosen, ohne Sinn und Verstand sich gebärdenden Propaganda vorfand, mit der spätere Pazifisten da unten das Rennen hatten machen wollen. Er hat mit wirklich eiserner Hand in diesem Trümmerhaufen verschwenderischer Dilettanten aufgeräumt. Graf Rantzau sowohl wie Adolf Müller genossen das Vertrauen der dänischen, bzw. Schweizer Regierung in hohem Maß und haben durch ihre Berichte entscheidend an der Gestaltung unserer damaligen Außenpolitik mitgearbeitet. Daß Dr. Solf der Aufgabe nicht gewachsen sei, darüber gab es nur eine Ansicht. Es war daher von vornherein vorgesehen, ihm einen Nachfolger zu geben. Akut wurde diese schleichende Solfkrise, als der berühmte Funkspruch Joffes ankam, in dem vor allem dem Volksbeauftragten Haase unter genauer Angabe von Zahlen vorgerechnet wurde, welche russischen Gelder er zur Entfachung der deutschen Revolution erhalten habe. Solf kam mit diesem Funkspruch in die Kabinettssitzung, übersah Haases ihm entgegengestreckte Hand und erhob seine Anklage. Haase hat bekanntlich ebenso wie Barth auf das energischste bestritten, daß er irgendwelche russischen Gelder zu politischen Zwecken erhalten habe. Man muß also als Erklärung zu der überraschenden Annahme kommen, daß Joffe durch ein bewußt unwahres Telegramm seine eigensten Parteigänger diskreditieren wollte; daß die

Angelegenheit dadurch klarer und wahrscheinlicher werde, kann man nicht behaupten. Haase ist Solf übrigens die Antwort auf diesen Angriff nicht schuldig geblieben; er hat ihm auf der bereits erwähnten Bundesstaatenkonferenz attestiert, daß zwischen ihm und Solf weitgehende Meinungsverschiedenheiten bestünden, die durch Solfs Rede noch vertieft worden seien, und daß der Staatssekretär des öfteren mit Erfolg sich der Kontrolle des Beigeordneten Kautsky entzogen habe.

Haase hatte als Volksbeauftragter das Ressort der auswärtigen Politik, Kautsky war Beigeordneter im Auswärtigen Amt. Das muß festgehalten werden, wenn man diejenigen Maßnahmen beurteilen will, die in dieser Zeit in bezug auf Sowjet-Rußland getroffen worden sind. Kurz vor der Revolution war der Gesandte Joffe ausgewiesen worden, weil im russischen Kuriergepäck Propagandamaterial für die Einführung des Bolschewismus in Deutschland gefunden worden war. Es ist selbstverständlich, daß es nach dem Umsturz das erste Bemühen Moskaus war, den Gesandten wieder nach Berlin zu bringen, der in einem Sonderzug in Minsk noch festgehalten wurde, weil den deutschen Vertretern in Moskau die Abreise verweigert wurde. Bereits am 15. November standen Anfragen Tschitscherins auf der Tagesordnung des Kabinetts, ebenso Aufrufe, die sich direkt gegen den Bestand der Regierung der Volksbeauftragten richteten. Am 16. November konnte Haase über ein Gespräch mit Moskau am Fernschreiber berichten, in dem Tschitscherin angegeben hatte, die Entente rücke gegen Rußland vor, und zwar gleichzeitig von der Ostsee her und über Odessa. Daraufhin wurde einstimmig beschlossen, sowohl der Entente gegenüber als auch gegenüber der Sowjet-Regierung neutral zu bleiben, also dieselbe Stellung zu bewahren, wie später die deutsche Regierung im russisch-polnischen Kriege. Am 18. November fand eine gründliche Aussprache über das Verhältnis zu Sowjet-Rußland statt. Haase erstattete in Gegenwart Kautskys und des russischen Referenten Nadolny Bericht. Aus allen Mitteilungen unserer auswärtigen Vertretungen, so führte er aus, gehe hervor, daß die Entente bereit sei, Deutschland unter der gegenwärtigen Regierung entgegenkommende Friedensbedingungen und Lebensmittellieferungen zu gewähren. Aber nur so lange, als der Bolschewismus nicht in Deutschland aufkomme! Es sei daher notwendig, sich gegen die russische Propaganda zu wehren und dabei mit der Sowjet-Regierung auf einem friedlichen Fuß zu leben. Das Ergebnis dieser Besprechung war ein Telegramm, unterzeichnet von Solf und Kautsky, an das russische Volkskommissariat in Moskau, das folgenden Wortlaut hatte:

„Die von den Mitgliedern der russischen Regierung in dem Ferngespräch mit dem Volksbeauftragten Haase sowie in verschiedenen Telegrammen an deutsche Regierungsvertreter gestellten Fragen sind im Kabinett der deutschen Volksregierung auf die Tagesordnung gesetzt worden. Dabei ist folgendes zur Sprache gekommen:

1. Vor Bürgen ist von der Räteregierung ein Funkspruch an alle Arbeiter-, Soldaten- und Matrosenräte Deutschlands gerichtet worden, worin es folgendermaßen heißt:

„Soldaten und Matrosen, gebt die Waffen nicht aus der Hand, dann treiben Euch die vereinigten Kapitalisten zu Paaren. Es gilt, mit den Waffen in der Hand, wirklich die Macht überall zu übernehmen, eine Arbeiter-, Soldaten- und Matrosenregierung, mit Liebknecht an der Spitze, zu bilden. Laßt Euch keine Nationalversammlung aufschwatzen. Ihr wißt, wohin Euch der Reichstag gebracht hat."

Die deutsche Volksregierung kann nicht umhin, in dieser Aufforderung an die Bevölkerung, eine bestimmte Regierung zu bilden, den Versuch einer Einwirkung auf die inneren Verhältnisse Deutschlands zu erblicken, der unter den gegebenen Umständen eine schwere Schädigung des deutschen Volkes zur Folge haben kann. Die deutsche Regierung ist bereit, mit allen Staaten und auch mit den russischen in Frieden und guten Beziehungen zu leben. Sie muß aber verlangen, daß das Recht des deutschen Volkes auf eigene Bestimmung seiner inneren Angelegenheiten geachtet wird und daß Einwirkungen hierauf von außen unterbleiben. Die vorstehende Aufforderung zur Bildung einer Regierung auf anderer Grundlage und mit andern Zielen als die der deutschen Volksregierung läßt außerdem nicht erkennen, welche Stellung die russische Sowjet-Regierung der gegenwärtigen deutschen Regierung gegenüber einnimmt. Wenn die Sowjet-Regierung normale Beziehungen mit ihr unterhalten will, muß die deutsche Regierung darüber im klaren sein, daß die russische Regierung sie anerkennt und nicht die Bildung einer anderen Regierung in Deutschland fördert.

2. Die von der russischen Regierung ausgesprochene Nichtanerkennung der deutschen Generalkonsulate in Moskau und Petersburg kann nicht als berechtigt angesehen werden. Nachdem die russische Regierung diese Behörden zugelassen und lange Zeit mit ihnen gearbeitet und nachdem die deutsche Volksregierung ihr erlaubt hatte, daß die Behörden auch weiterhin als rechtmäßige deutsche Vertretungen zu gelten hätten, war es nicht zulässig, sie plötzlich nicht mehr anzuerkennen. Außerdem hat es nach den eingegangenen Meldungen den Anschein, daß die an und für sich unrechtmäßige Absetzung nicht von deutschen Arbeiter- und Soldatenräten allein und aus eigener Initiative, sondern auf Veranlassung und unter Beihilfe der russischen Behörden erfolgt ist.

Mit Rücksicht hierauf hat die deutsche Volksregierung im Einverständnis mit dem Vollzugsrat des deutschen Arbeiter- und Soldatenrates beschlossen, die russische Regierung vor Wiedererrichtung der beiderseitigen diplomatischen Vertretungen um folgendes zu ersuchen:

1. um eine klare Anerkennung der gegenwärtigen deutschen Volksregierung und der Verpflichtung, sich aller Einwirkung auf die deutsche Bevölkerung zur Bildung einer andern Regierung zu enthalten.

2. um eine Klarstellung der bei der Absetzung der deutschen Generalkonsulate stattgehabten Vorgänge.

Hinsichtlich des Punktes 1 darf die deutsche Regierung einer entsprechenden Äußerung entgegensehen. Als Ausführung des Ersuchens in Punkt 2 erwartet sie, daß die deutschen Generalkonsulate nunmehr endlich ungehindert aus Rußland abreisen und sich nach Deutschland begeben können, und bittet ferner, je ein Mitglied des deutschen Arbeiter- und

Soldatenrates aus Moskau und Petersburg nach Deutschland ausreisen zu lassen, damit sie hier über die Einzelheiten des Zustandekommens ihrer Organisationen Auskunft geben und alle sonstigen, ihre Stellung und Befugnisse betreffenden Fragen erörtern können."

Dies, unter hauptsächlicher Mitwirkung hervorragender Vertreter der Unabhängigen, abgesandte Telegramm zeigt aufs deutlichste, welche Politik das Deutschland der Volksbeauftragten gegenüber Moskau zu treiben gedachte. An eine nähere Verbindung, etwa gar ein Bündnis, war gar nicht zu denken; das hätte unsere Stellung zur Entente, die alle Gewaltmittel der Waffenstillstandspolitik gegen uns führen konnte, ganz unhaltbar gemacht. Man vermied daher sogar Beziehungen, die irgendwie mißdeutet oder beargwöhnt werden konnten; so wurde den Militärbehörden in Kowno, die Instruktionen erbaten, was mit der dort auf Einreiseerlaubnis wartenden russischen Sowjetdelegation zu geschehen habe, am 9. Dezember mitgeteilt, man bitte diese Delegation von ihrem Kommen Abstand nehmen zu wollen. Gleichzeitig wehrte sich das Kabinett gegen die Sowjet-Propaganda und verbat sich die Einmischung in die innerdeutschen Verhältnisse. Es war also gerade bei den Vertretern der Unabhängigen keine Rede davon, gemeinsame Sache mit Moskau zu machen. Noch am 27. Dezember, einen Tag vor dem Austritt der Unabhängigen aus der Regierung, wurde im Kabinett ein polnischer Vorschlag verhandelt, der auf einen Waffenlieferungsvertrag hinauslaufen sollte. Haase war gegen den Vertrag nicht aus Solidaritätsgründen mit Moskau, sondern weil er die Bolschewisten militärisch für stärker hielt als die Polen, im Fall von deren Niederlage wir als ihre Komplizen angesehen und behandelt werden würden. Und Kautsky vertrat den sicherlich sehr richtigen Standpunkt, der ganze Vertrag erscheine ihm nur eine Falle, um uns in Konflikte hineinzuziehen; mit den Bolschewisten müsse man sehr vorsichtig sein, denn sie versuchten den Friedensvertrag Deutschlands mit der Entente zu hintertreiben.

Dies war im Zusammenhang die unter unabhängiger Führung getriebene Russenpolitik der Volksbeauftragten; sie war unseren Bedürfnissen angepaßt und daher die einzig richtige. Auch ist man, zurückblickend, angenehm überrascht, wieviel realpolitischen Blick sich doch die Männer noch bewahrt hatten, deren Nachfolger in großer Zahl im Herbst 1920 sich mit Haut und Haar an Moskau verkauften, dabei aber das frevelhafte Spiel trieben, die Entente durch kindische, lebensgefährliche Provokationen zu reizen.

Die Putsche gegen die Republik.

Das Bild unserer Revolutionsarbeit wäre ein völlig irreführendes, wenn nur das Riesenmaß der zu bewältigenden Probleme dargelegt würde und nicht zugleich die Umstände, unter denen diese Arbeit geleistet werden mußte. Das Bild vom Sitz auf dem Pulverfaß schildert nur unvollkommen die Dauerhaftigkeit und das Behagen unserer Amtssessel. Wir verrichteten unser Tage- und noch mehr unser Nachtwerk in einem ständigen Hagel von Explosionen, die aus der Wilhelmstraße nur zu oft eine belagerte Festung machten, die kaum bewacht und verteidigt war. Es ist nicht meine Absicht, die verschiedenen Miniaturrevolutionen und Putsche eingehend darzustellen, als seien sie die Hauptereignisse der Revolution. Blut floß fast bei allen, und das sichert ihnen ein trauriges und beschämendes Andenken. Man überlege sich: Am 9. November war der Obrigkeitsstaat restlos zusammengebrochen, so restlos, daß von seiner stärksten Stütze, dem Heer, kaum mehr Trümmer zurückblieben. Die Verhältnisse, insbesondere die Waffenstillstandsbedingungen und der drohende Friedensvertrag, zogen natürlich der Umwandlung der bisherigen Einrichtungen gewisse Grenzen. Es war ja nicht möglich, eine Maschine in aller Ruhe abzumontieren und neu aufzubauen, die keinen Augenblick stillstehen durfte, die im Gegenteil durch all die Leistungen aus dem verlorenen Krieg erst recht mit Hochdruck arbeiten mußte. Aber der Zusammenbruch hatte wenigstens die innere Ungleichheit und Unfreiheit beseitigt, jeder legal sich betätigenden Weltanschauung war der Weg freigegeben, die zwei Arbeiterparteien hatten die höchste Regierungsgewalt in Händen. Dennoch riß das „Weitertreiben der Revolution" nicht für einen Tag ab, ja, gewisse Persönlichkeiten hatten es geradezu darauf abgesehen, aus der Revolution einen Dauerzustand zu schaffen.

Daß die Massen nach dem 9. November, nach der Übertragung der Staatsgewalt an ihre Vertrauensmänner, nicht einfach nach Hause gingen und wieder anfingen, wo sie vor dem Umsturz aufgehört hatten, war selbstverständlich. Noch gärte in ihnen gegen den Obrigkeitsstaat all der Haß und die Empörung, die sich in langen Friedens- und Kriegszeiten angesammelt hatten. Sie konnten zum neuen Staat nicht so schnell die notwendige neue Stellung einnehmen, sie konnten, was eben ihr Feind und Unterdrücker gewesen war, nicht von heut auf morgen als ihren Freund oder gar als ihr Besitztum ansehen. Um so weniger, als dieser Freund noch die ganze unselige Erbschaft aus mörderischen Kriegszeiten trug, ihnen also keine Besserung der Lebenshaltung, keine Linderung der Not verschaffen konnte. Außerdem mußte der erste Taumel der ungewohnten Freiheit erst verrauscht sein, man mußte sich in den neuen Verhältnissen erst zurechtgefunden haben, man mußte die neuen Rechte erst kennen und handhaben gelernt haben. Die Revolutionswochen waren für das geschundene, bis aufs Mark ausgepreßte Proletariat wie eine Atempause nach vierjähriger ununterbrochener Arbeit oder Schützengrabenzeit. Giesberts hat einmal gesagt: „Ein Volk, das diesen Krieg hinter sich hat, darf auch ein paar Wochen lang betrunken sein!"

Den Massen war also nicht zur Last zu schreiben, was sich von November bis Januar und noch einmal bis März unter der und gegen die Republik ereignete. Um so mehr müssen wir die blutigen Vorgänge, die Straßenkämpfe, die Zeitungsbesetzungen, die Überfälle jener Wochen auf das Konto derer setzen, die wußten, daß dies alles nichts war und nichts sein konnte als eine Selbstzerfleischung des Proletariats, ein Kampf von Arbeitern gegen Arbeiter. Revolutionsromantik, die sich eine Umwälzung ohne Blutvergießen nicht denken konnte, und Größenwahn, der sich nicht genügend beachtet glaubte, haben in den Straßen Berlins die Orgien gefeiert, bei denen die Masse genau so Kanonenfutter war wie in den Zeiten Wilhelms II. Man hat immer wieder den „Führern" die Schuld an der Uneinigkeit des Proletariats aufgebürdet; wer meine steten Versuche, zur Einigkeit zu kommen, verfolgt hat, wird mir bestätigen, daß ich von solcher Schuld mich frei wissen darf. Aber wenn je sogenannte Führer Blutschuld auf sich geladen und die Kluft zwischen Klassengenossen vertieft haben, dann waren es die, die in der Republik, dieser Schöpfung der Arbeiterschaft, noch mit denselben unwirksamen, selbstmörderischen Waffen gekämpft haben wie unter dem Militärstaat und den unverkennbaren Mehrheitswillen des Proletariats selbst mit Handgranaten und Maschinengewehren zu zertrümmern suchten.

Der erste Putsch von rechts.

„Bluthunde Ebert und Scheidemann!" Berlin hallte wider von diesem Ruf; unablässig zogen Demonstrationen, bis zur Heiserkeit und zum Wahnsinn überreizt, Unter den Linden und in der Wilhelmstraße auf und nieder. Die Seele dieser ewigen Aufputschung waren die sogenannten „revolutionären Obleute" und vor allem Karl Liebknecht.

Die Novemberwochen hatten in ihrer allgemeinen Aufregung und in dem gemeinsamen Bewußtsein der Arbeiterklasse, eine Errungenschaft erkämpft zu haben und nun verteidigen zu müssen, noch nicht den günstigen Boden für die Zersplitterung der ganzen Bewegung gegeben. Wohl kam es täglich in der Siegesallee, die sich Liebknecht merkwürdigerweise zum Sammelpunkt seiner Scharen gewählt hatte, zu Krakeel und Prügeleien. Der Chauffeur des Reichskanzleiautos, mit dem ich des öfteren am Tiergarten entlang nach Hause fuhr, hatte auch schon recht unangenehme Begegnungen. Als er mit dem leeren Wagen die Tiergartenstraße durchfuhr, wurde er von einigen Spartakisten angehalten, die die Wagentüre aufrissen und nach dem „Verräter" fahndeten. Auf der Straße zu Fuß sich sehen zu lassen, war so gut wie ausgeschlossen.

Erneute Aufregung kam in die äußerste Linke, die sich inzwischen durch einen Rat der Arbeitslosen und einen Rat der Deserteure verstärkt hatte, durch eine feierliche Erklärung der Gesamtentente, die bei ihrer Landung in Odessa die Bolschewiken für vogelfrei erklärte; nach Zeitungsmeldungen aus Petersburg sollten infolge dieser unerhörten Proklamation der Gesetzlosigkeit bereits fürchterliche Blutbäder unter der Arbeiterschaft angerichtet worden sein. Daß solche Nachrichten große Aufregung auch in die deutsche Arbeiterschaft tragen mußten, ist selbstverständlich; sie sahen in ihren russischen Klassengenossen diejenigen, die zuerst die Fahne der Freiheit aufgepflanzt hatten, die jetzt von der Entente niedergeholt werden sollte. Aber auch auf der andern Seite machte sich eine Bewegung geltend; die Reaktion witterte Frühlingsluft. Sie glaubte den Zeitpunkt gekommen, mit der ganzen Revolutionsdekoration aufräumen zu können, um vor allem das rein Sozialistische und Proletarische zu den Akten zu legen. Aus diesem Gefühl heraus entstand der lächerliche Putsch am 6. Dezember. Ausgeheckt wurde er von einigen jungen Herren im Auswärtigen Amt, denen naturgemäß die ganze Richtung nicht paßte, Graf Matuschka und v. Rheinbaben, inszeniert war er mit dem Geld des Herrn v. Stumm, der damals die Nachrichtenabteilung leitete. Sie hatten sich zwei außerordentlich schwankende Gestalten gesichert, den schon erwähnten Spiro und einen gewissen Fischer, der später in Kopenhagen eine höchst zweifelhafte Reportertätigkeit ausübte. An der Spitze von ein paar Hundert Soldaten und Studenten zogen diese Helden vor die Reichskanzlei, riefen dort Ebert zum Präsidenten aus, der sich natürlich auf diesen Fastnachtsscherz nicht einließ, und überrumpelten dann das Herrenhaus, wo sie den verhaßten Vollzugsrat „verhafteten". In einer Stunde war zwar alles wieder in Ordnung gebracht, aber nur, weil das ganze Unternehmen eben die Ausgeburt von ein paar lächerlichen Wirrköpfen war, die weder Umsicht noch Mut besaßen. Bezeichnend ist auf jeden Fall, daß im Berlin der Revolution die höchsten Behörden einfach ausgehoben werden konnten, als seien sie ein illegaler Spielklub. Am traurigsten war, daß auch dieser Narrenstreich Menschenleben kostete, denn er platzte in eine ungemein überreizte Stimmung, die sich noch am selben Abend in Straßenkämpfen zwischen Soldaten und Arbeitern entlud, zu denen das Gerücht eines „reaktionären Staatsstreichs" in ungeheuerlich vergrößerter Form gedrungen war. Über 40 Proletarierleichen lagen wieder in den Straßen Berlins.

Die nächsten Bluttaten kamen von der andern Seite. Sie richteten sich unter Führung von Liebknecht merkwürdigerweise gegen den Mann, der später die Seele des größten Putschversuchs werden sollte, nämlich gegen den unabhängigen Polizeipräsidenten Eichhorn. In einer Spartakusversammlung wurde der Beschluß, Eichhorn abzusetzen und das Polizeipräsidium zu stürmen, gefaßt; mehrere hundert Personen zogen auch nach dem Alexanderplatz, und dort kam es zu einem förmlichen Feuergefecht, bei dem wiederum mehrere Tote auf der Strecke blieben.

Der erste Rätekongreß am 16. Dezember stand, wie schon berichtet, vollkommen im Zeichen blutrünstiger Demonstrationen von einzelnen, die niemand hinter sich hatten. Besonders bezeichnend war das Eindringen einer sich fürchterlich radikal gebärdenden Soldatenhorde, die angeblich im Namen von dreißig in Berlin liegenden Truppenteilen sich den Eintritt erzwang und ihre Forderungen während eines unglaublichen Tumults der ganzen Versammlung vortrug. Es stellte sich nachher heraus, daß nicht ein einziger dieser angeblich beteiligten Truppenteile von diesem Schritt etwas wußte. Liebknecht hielt aber inzwischen draußen seine Ansprachen, und während der Kongreß bis zu seinem Zusammentritt als die höchste Macht in Deutschland gefeiert wurde, donnerte Liebknecht jetzt: „Es wird keine Ruhe geben in Berlin! Die Arbeiter werden sich nicht in die Fabriken sperren lassen. Sie werden diesen Kongreß kontrollieren, und sie werden durch gewaltige Demonstrationen, wie die heutige, diesem Kongreß ihre Meinung aufzwingen."

Selbstverständlich wurde ich von den Überradikalen in der unglaublichsten Weise angepöbelt. Kriegshetzer, Volksverräter, Lump, Schuft, dazu Hausschlüsselgepfeife — alle diese Liebenswürdigkeiten empfingen mich, ausgerechnet, als ich zu dem eingebrachten „Einigungsantrag" redete. Als ich auf den Zwischenruf „Erst muß Scheidemann weg" antwortete: „In einer halben Stunde gehe ich sowieso zum Essen", hatte ich natürlich die Lacher auf meiner Seite, und angesichts des immer ungeheuerlicher anschwellenden Lärms schloß ich mit den Worten, die sich dann bewahrheitet haben: „Die Antwort, die Sie von mir hören wollen, werden Ihnen am 19. Januar (dem Wahltag) die deutschen Arbeiter geben."

* * *

Die blutige Weihnacht.

Die folgende Woche war voll dumpfer Spannung. Jedermann hatte das Gefühl, daß neue Eruptionen bevorständen. Die direkte Ursache für den Wiederausbruch blutiger Zwistigkeiten bildete der Kampf um die Auflösung oder wenigstens die Herabminderung und Eingliederung der sogenannten Volksmarine-Division. Der Stadtkommandant Wels, der mit der Räumung des durch die Matrosen besetzten Schlosses beauftragt war, wurde plötzlich von einigen Hundert Matrosen überrannt, mit seinen Mitarbeitern festgesetzt, und gleichzeitig wurde die Reichskanzlei von den Matrosen umringt und damit die Regierung gefangen gesetzt. Ich war in einem befreundeten Haus zu Tisch, und als ich um 4 Uhr in die Reichskanzlei fahren wollte, hielt mich noch zur rechten Zeit der pünktlich eingetroffene Chauffeur davon ab. „Bleiben Sie hier! Die Regierung ist inhaftiert, die Matrosenwache hat gemeutert, die Telephonzentrale wird bewacht, es kann niemand in die Reichskanzlei und niemand kann sie verlassen!" — Nicht gerade angenehm überrascht, fragte ich: „Wie sind Sie denn aus dem Hause herausgekommen, wenn es gesperrt ist?" — „Man hat mich gefragt, wohin ich fahren wolle. Darauf habe ich geantwortet, daß ich Sie abholen müsse. Da hat einer der Matrosen gesagt: Ja, da fahren Sie mal schnell hin, den brauchen wir gerade noch!" — Meine Versuche, telephonische Verbindung mit der Reichskanzlei zu bekommen, scheiterten. Ich rief nunmehr den Kriegsminister Scheuch an, um ihn zu bitten, die Regierung zu befreien. Dann aber fiel mir glücklicherweise ein, daß die Reichskanzlei eine Telephonverbindung hatte, die direkt mit dem Amt verbunden war, ohne über die Hauszentrale zu laufen: 998. In zwei Minuten hatte ich Verbindung mit Ebert. Er schilderte mir, was sich abgespielt hatte. Ich rief ihm dazwischen, daß ich den Minister Scheuch informiert und um Entsetzung gebeten hätte. Ebert war es inzwischen aber auch schon gelungen, sich mit der Außenwelt in Verbindung zu setzen: in der Reichskanzlei befand sich aus der Kriegszeit her ein direkter, den Aufrührern unbekannter Apparat und Draht zur Obersten Heeresleitung, der auch nicht über die besetzte Telephonzentrale ging. Auf diesem Wege war es Ebert gelungen, vor allem auch mit den Truppenteilen, die unter dem Kommando des Generals Lequis eben aus dem Felde zurückgekehrt waren und zur Regierung hielten, Verbindung herzustellen. Gegen Abend erschienen daher Truppen vor und hinter der Reichskanzlei; deren Anwesenheit zwang die Matrosen nach den lärmendsten Verhandlungen zum Abzug. Ohne die d i r e k t e n Telephonleitungen wäre es also einer Handvoll Bewaffneter möglich gewesen, die ganze Reichsregierung lahmzulegen.

Immer noch befand sich aber der Stadtkommandant Wels und seine Mitarbeiter in der Gefangenschaft der Matrosen, die ihn im Marstallkeller untergebracht hatten. Gegen Abend kam von dem Führer der Matrosen, Radke, selber die Meldung, daß er für das Leben von Otto Wels nicht mehr einstehen könne. Wie weit die Bewegung um sich gegriffen hatte, zeigte auch, daß inzwischen der Versuch gemacht worden war, den Vorwärts zu besetzen. Da Wels in keinem Falle im Stich gelassen werden durfte, gaben wir in der Nacht — ich war längst in die Reichskanzlei zurückgekehrt, während die unabhängigen Regierungsmitglieder sich entfernt hatten — dem Kriegsminister Scheuch den Befehl, den Stadtkommandanten zu befreien. Infolgedessen kam es nach vergeblichem Versuch gütlicher Verhandlungen am Morgen des Weihnachtstages zu dem Kampf um das Berliner Schloß. Diese blutigen Weihnachten sind noch in aller Erinnerung. Geschützfeuer zerstörte einen Teil der Marstallfassade. Erneute Verhandlungen führten endlich zum Abbruch des Kampfes und zur Freigabe von Wels. Die Verluste waren auf beiden Seiten groß; 70 Tote oder mehr lagen am Weihnachtsabend auf den Berliner Straßen.

Während des Kampfes hatten sich zwar die radikalen Führer angeblich um eine Beilegung des Bürgerkriegs und Brudermordens bemüht, aber schon am 25. abends brach der Kampf aufs neue aus, indem die von den revolutionären Obleuten aufgeputschten Massen das Vorwärtsgebäude stürmten und besetzten. Am 26. wurde diese erste Besetzung noch einmal gütlich beseitigt. Die nächsten Tage waren sozusagen der Generalmusterung der beiderseitigen Anhängerschaft gewidmet. In riesenhaften Demonstrationen zeigten die Sozialdemokraten, wie wenig ihre Anhänger mit diesen blutigen Verfechtern des Umsturzes zu tun haben wollten.

In diesen Tagen fand auch die erste Reichskonferenz des Spartakusbundes statt, bei der Rosa Luxemburg und Karl Liebknecht gegenüber den Überradikalen bereits in der Minderheit blieben. Gleichzeitig waren die Unabhängigen aus der Regierung ausgeschieden, angeblich, weil sie die Verantwortung für das doch von ihren Anhängern heraufbeschworene Blutvergießen nicht tragen wollten. Die preußische Regierung beschloß im Anschluß an diese Vorgänge die Absetzung des unabhängigen Polizeipräsidenten Eichhorn, der am 24. Dezember, als er von dem Kampf um den Marstall hörte, in eigenster Person die Arbeiter der spartakistisch organisierten Betriebe, wie Schwartzkopff usw., aufgefordert hatte, sofort die Arbeit einzustellen und sich beim Polizeipräsidium Waffen zu holen. Bezeichnend für Eichhorn war, daß er in jenen Tagen noch von der Rosta, dem Nachrichtenbureau Moskaus, Gehalt bezogen hat. Am 5. Januar wurde mein Parteifreund Eugen Ernst zum Nachfolger Eichhorns ernannt. Am selben Tage fanden überall in Berlin Riesenwahlversammlungen zur Nationalversammlung statt. Am selben Abend brach der Bürgerkrieg aufs neue und mit bisher ungeahnter Stärke aus, indem unter Führung von Ledebour und Liebknecht, die sich als neue Regierung aufgetan und die Regierung Ebert-Scheidemann auf dem Papier abgesetzt hatten, die Besetzung des Zeitungsviertels und zahlreicher öffentlicher Gebäude stattfand.

Die „Regierung" Liebknecht-Ledebour und der Januarputsch.

Ich befand mich zum ersten Male seit dem 9. November mit Freunden im Theater, als ich ans Telephon gerufen und mir der erneute Ausbruch des Kampfes gemeldet wurde. Der Versuch, in die Wohnung eines Bekannten zu gehen, um dort telephonisch nähere Mitteilungen zu erhalten, mißlang, denn die Haustüre war bereits von Soldaten besetzt. Mit knapper Not konnten wir uns in der Nacht in der Reichskanzlei versammeln — wenige Tage vorher waren Noske und Wissell für die ausgeschiedenen Unabhängigen in die Regierung eingetreten — und saßen nun hier, ohne einen bewaffneten Mann zur Hilfe zu haben oder dem räuberischen Unwesen in Berlin wehren zu können. Das Wichtigste schien daher unbedingt, sich eine Waffe zu verschaffen. Noske wurde damit beauftragt und fuhr sofort ab, um sich nach Mitarbeitern umzusehen. Den Montag über haben, wie ich bereits ausführte, unsere unbewaffneten Parteigenossen mit ihren Leibern wie ein Wall die Wilhelmstraße geschützt, wo von den Linden und von der Leipziger Straße her revolutionäre Stoßtrupps mit Maschinengewehren vorzurücken suchten.

In der Nacht zum Dienstag kamen die ersten Unabhängigen, Kautsky, Breitscheid und Dittmann, die selbst vor der Herrschaft der blutigen Putschisten ein Grauen faßte, um ihre Vermittlung anzubieten. Während sie mit uns zusammensaßen, führte aber der Spartakusbund seine Straßenkämpfe weiter und besetzte die Reichsdruckerei, die Eisenbahndirektion und zwei Proviantämter. Ganz Berlin stand unter dem Terror der Straßenkämpfer; ein in anderer Druckerei hergestellter „Vorwärts" wurde von ihnen mit vorgehaltenem Revolver beschlagnahmt und in die Spree geworfen. Die Verhandlungen — eine unerhörte Zeitvergeudung, denn die Unterhändler hatten ihre Barrikadenkämpfer nicht in der Hand — gingen weiter, konnten aber zu keinem Erfolg führen, da sich die revolutionären Obleute unter bestimmten Voraussetzungen wohl zur Freigabe der bürgerlichen Zeitungsbetriebe bereit erklärten, den Vorwärts aber auf keinen Fall herausgeben wollten. Der Spartakusbund verhandelte überhaupt nicht. —

Inzwischen hatten wir von Noske, der in Dahlem in tage- und nächtelanger Arbeit eine bescheidene Truppe zusammenraffte, so gut wie keine Nachrichten. Es waren wohl die aufregendsten Tage, während denen ich keine Minute nach Hause kam, sondern in der Reichskanzlei unter ewigem Maschinengewehrschießen, unterbrochen von den Detonationen der Handgranaten, nächtigte. Es war dort auch ein gemeinsamer Mittagstisch eingerichtet worden, zu dem außer den Volksbeauftragten auch der neue Außenminister Graf Rantzau, Baake und Rauscher gehörten. Am Donnerstag endlich erklärte sich eine Deputation, der Mitglieder aller sozialdemokratischen Parteien angehörten, bereit, auch den „Vorwärts" freizugeben, wenn in der Nacht auf den Freitag keine militärische Aktion von uns stattfinden werde. Aber die Besatzungen der verschiedenen Zeitungsbetriebe und Regierungsgebäude erklärten einfach, sie dächten nicht daran, ihre Eroberungen aus der Hand zu geben, und würden nur der Gewalt weichen. Das stimmte auch zu der Haltung Eichhorns, der sich in der Bötzowbrauerei mit seinen Anhängern und den von ihm verschafften Waffen verschanzt hatte und wie ein Räuberhauptmann den Norden Berlins beherrschte.

Fünf Tage war also verhandelt worden, zehn Tage nur trennten uns von den Wahlen zur Nationalversammlung. Noske war am Freitag in die Reichskanzlei gekommen, trotz aller Versuche der Spartakisten, ihn auf der Fahrt dorthin abzufangen. Wir beschworen ihn, jetzt endlich einzugreifen, obwohl er mit seinen Vorbereitungen noch nicht zu Ende war und er unter allen Umständen einen Mißerfolg vermeiden wollte. Am Samstag zog er mit einer bunt zusammengewürfelten Truppe durch das regnerische Berlin, und am selben Morgen wurde von Potsdamer Truppen der Vorwärts gestürmt und befreit. Bis Sonntag abend waren das Polizeipräsidium und sämtliche Zeitungsbetriebe wieder den Räubern entrissen, und in riesenhaften Demonstrationen erklärte sich die alte Sozialdemokratische Partei am selben Sonntag gegen die mörderischen Putschversuche der verflossenen Spartakuswoche. Es dauerte dann noch einen Tag, bis mit sämtlichen Nestern, die sich da und dort noch gebildet hatten, aufgeräumt worden war, aber genau eine Woche vor unserem Sieg in den Nationalversammlungswahlen war die Regierung Liebknecht-Ledebour und ihre Gefolgschaft von Fanatikern und Räubern abgetan.

In der Mittwochnacht nach der blutigen Woche war ich nach Kassel gefahren, um mich meinen Wählern wenigstens in einer Versammlung vorzustellen. Ich war auch sofort nach meiner Ankunft auf Wunsch des Generals Groener auf die Wilhelmshöhe gefahren, um mit ihm und dem Feldmarschall von Hindenburg dienstliche Angelegenheiten zu besprechen. Dort erreichte mich die Nachricht von der letzten und schrecklichsten Folge der Spartakuswoche, von der Ermordung Karl Liebknechts und Rosa Luxemburgs. Die Regierung bat mich dringend, so schnell wie möglich nach Berlin zurückzukehren. Es wurde ein Extrazug zusammengestellt, der mich in der Nacht nach Berlin zurückbringen sollte. Der Zug mußte über die unglaublichsten Strecken geleitet werden, weil immer wieder von der nächsten

Station die Meldung kam, daß er dort von Spartakisten abgefangen und ich festgehalten werden sollte. Am Freitag morgen, den 17. Januar, kam ich in Berlin an, mittenhinein in die ungeheure Aufregung, die der Tod der zwei Spartakusführer unter den langsam bekannt werdenden furchtbaren Umständen verursacht hatte. Ich kann nur wiederholen, was ich unter dem ersten Eindruck der Nachricht in der Versammlung in der Kasseler Stadthalle ausgeführt hatte: „Ich bedauere den Tod der beiden aufrichtig und aus guten Gründen. Sie haben Tag für Tag das Volk zu den Waffen gerufen und zum gewaltsamen Sturz der Regierung aufgefordert. Sie sind nun selbst Opfer ihrer eigenen blutigen Terrortaktik geworden."

Das waren die Verhältnisse, unter denen wir zu arbeiten hatten. Es gibt das beste Bild der in steter furchtbarer Aufregung und ebenso ständiger Bedrohung geleisteten Arbeit, wenn ich feststelle, daß wir am Tage nach der Ermordung Liebknechts das Programm für unsern Anteil am Friedensschluß aufstellen mußten, also die höchsten Lebensinteressen Deutschlands zu beraten hatten, während draußen ein in Not und Jammer wild gewordenes, von gewissenlosen Führern aufgeputsches Volk sich selbst und vielleicht den ganzen Erfolg unserer Arbeit zerstörte.

www.ingramcontent.com/pod-product-compliance
Lightning Source LLC
Chambersburg PA
CBHW021702230426
43668CB00008B/698